역사 선생님이 들려주는
동아시아 맞수 열전

역사 선생님이 들려주는

동아시아 맞수열전

역사의 세찬 물줄기에 맞선 뜨거운 사람들의 이야기

| 전국역사교사모임 지음 |

북멘토

한 가지가 아닌
다양한 삶의 발견과 개척을 위하여

올해로 3년째 코로나19 위기가 계속되고 있습니다. 마스크 없이 동아시아 각국을 자유롭게 드나들었던 때가 아주 오래전 이야기 같습니다. 그럼에도 불구하고 동아시아와 세계 각국의 교류는 여전히 지속되고 있습니다. 선사 시대부터 이어져 온 동아시아 지역의 교류가 우리 삶과 문화에 녹아들어 있는 데다가, 교통과 통신의 발달로 더욱 긴밀해진 이웃 나라와 교류는 우리 일상에서 필수 불가결한 일이 되었기 때문입니다.

중국이나 일본 거리를 지날 때 한국과 비슷한 느낌이 들어 놀랍기도 합니다. 사계절이 뚜렷한 기후, 높은 산맥과 큰 강으로 이루어진 자연환경, 쌀을 주식으로 하는 식생활, 유교를 바탕으로 한 예의범절을 중시하는 태도 등 동아시아는 정말 닮은 게 많습니다. 그리고 그곳을 가꾸고 지켜 온 사람들도 비슷한 점이 많습니다. 동아시아 사람들은 자신이 태어난 시대와 나라에서 최선을 다해 충실하게 살았습니다. 물론 자신의 이익만을 생각해 남에게 피해를 입히고 '그럴 수밖에 없던 시대였다'며 변명하는 사람도 있었습니다. 역사는 똑같이 반복되지는 않지만 운율이 있다는 말이 있습니다. 따라서 이 책에서 소개하는 인물들이 맞닥뜨린 상황을 우리가 똑같이 경험하는 일은 없겠지만, 이들의 고민과 선택은 다가오는 역사를 살아갈 우리에게 지혜와 교훈을 줄 수 있습니다.

《동아시아 맞수 열전》은 유사한 상황에서 비슷한 길을 걷거나 전혀 다른 선택을 한 동아시아의 인물, 단체 등을 서술하고 있습니다. '맞수'라고 하면 흔히 맞서고 대립하는 구도를 떠올립니다. 하지만 이 책에서는 대립 구도를 보여 주기 보다는 시대에 '맞서' 같거나 다른 방식으로 각자의 삶을 치열하게 산 사람들이나 단체, 개념을 이야기하고자 했습니다.

타임머신을 타고 현재에서 출발해 점점 먼 고대를 향해 여행하듯, 이 책은 현대에서 고대로 거슬러 올라가는 거꾸로 된 연대기 방식으로 구성되어 있습니다. 가까운 과거부터 먼 과거에 이르기까지, 사람 냄새 물씬 풍기는 동아시아 맞수들의 치열하고 박진감 넘치는 스물두 편의 이야기를 통해 지금 여러분이 당면하고 있는 상황과 앞으로 맞이하게 될 상황에 대처하는 데 도움이 되는 혜안을 얻을 수 있기를 바랍니다.

이 책은 전국역사교사모임에서 활동하는 전·현직 교사 일곱 명이 함께 만들었습니다. 그렇다고 학생들만 읽는 학습서는 아닙니다. 동아시아 역사와 사람들의 삶에 관심이 있다면 누구든 흥미롭게 이 책을 읽을 수 있습니다. 동아시아 국가 간의 교류가 더욱 긴밀해지고 교류와 소통이 사회의 필수 요소가 될수록 동아시아 지역의 갈등도 두드러지고 있습니다. 무역 갈등, 코로나바이러스 감염증 확산으로 인한 특정 국가 혐오 등은 이웃 나라를 향한 마음의 거리를 멀어지게 만듭니다. 이러한 상황에서 글쓴이들은 이 책에 한층 넓은 역사와 문화 이야기를 담아냄으로써 이 책을 읽는 모든 이들이 함께 더 나은 사회를 고민할 수 있기를 바랍니다. 그래서 맞수들의 이야기를 읽고 난 후 더 생각해 봤으면 하는 사안들을 질문 형태로 제안했습니다.

　지금껏 시도하지 않은 색다른 구성의 책이기에 기획부터 출판까지 상당히 오랜 시간이 걸렸습니다. 이 모든 것을 인내하고 기다려 주었을 뿐만 아니라 애정을 실어 멋진 책으로 만들어 준 북멘토 출판사 여러분께 감사드립니다. 우리는 독자 여러분이 이 책을 통해 동아시아 전체를 조망하면서 다양한 삶의 방식을 발견하고 개척해 나갈 수 있기를 바랍니다.

2022년 9월 글쓴이들

차례

수요시위

피해자의 투쟁과 가해국 시민의 양심

금요행동

수요시위

| 1992 ~ 현재 |

- 1991년 김학순, 일본군 '위안부' 피해 최초 증언
- 1992년 제1차 일본군 성노예제 문제 해결을 위한 정기 수요시위 개회
- 2013년 제1차 세계 일본군 '위안부' 기림일 공동 행동
- 2015년 피해자의 동의 없는 한·일 일본군 '위안부' 협상 합의
- 2021년 제1500차 돌파

금요행동

| 2007 ~ 현재 |

- 1998년 나고야 미쓰비시 조선여자근로정신대 소송을 지원하는 모임(나고야 소송 지원회) 결성
- 1999년 조선여자근로정신대 피해자와 유족 일부, 나고야 소송 제기
- 2007년 제1차 금요행동 시작
- 2012년 미쓰비시 중공업을 상대로 광주지법에 손해 배상 소송(2018년 한국 대법원 원고 승소 확정)
- 2020년 제500차 돌파

어느 수요일, 서울 종로구 주한 일본 대사관 앞에 피켓을 든 인파가 모여들었습니다. "소녀상을 철거하라!", "위안부 앵벌이 STOP!"
어느 금요일, 도쿄의 미쓰비시 중공업 본사 앞에서는 조롱 섞인 외침이 들려옵니다. "너희가 일본 사람이냐, 한국 사람이냐? 한국이 좋으면 한국에나 가서 살아라!"
전자는 일본군 '위안부' 문제 해결을 촉구하는 '수요시위'를 반대하는 집단의 구호이고, 후자는 근로정신대 피해자 문제 해결을 위해 열리는 '금요행동'에 쏟아진 야유입니다. 일제가 벌인 전쟁 범죄의 피해자들과 그들에게 공감하는 시민들은 왜 거리에 나서야 했을까요? 상식적 요구를 하는 시민들에게 비난을 쏟아 낸 이들은 대체 누구일까요?

일본군 '위안부'와 강제 동원의 역사적 배경

1920년대 말, 세계 대공황이라는 경제 위기 속 일본에서는 군부가 크게 성장했습니다. 일본 군부는 1931년 만주 사변을 일으켰고 이듬해에는 만주국이라는 괴뢰국을 세워 만주 일대를 지배했습니다. 일본 국민의 지지를 등에 업은 군부는 쿠데타를 통해 권력을 장악했습니다. 일제는 국제 연맹을 탈퇴하면서까지 침략 전쟁을 이어 나갔습니다. 1937년에는 중일 전쟁을 도발해 중국과 전면전에 돌입했고, 같은 해 히틀러의 독일, 무솔리니의 이탈리아와 방공 협정을 완성하며 추축국의 일원이 되었습니다. 1939년 제2차 세계 대전이 발발하자, 일제는 유럽 각국이 식민지 관리에 소홀한 틈을 타 연합국의 텃밭인 동남아시아를 점령하기 시작했고, 미국 등은 전쟁 확대를 차단하고자 일본에 석유와 철강 등 전략 물자 수출을 제한했습니다. 그러자 일제는 1941년에 하와이 진주만의 미군 기지를 공습해 아시아 태평양 전쟁*을 도발했습니다.

• 미국은 1941년 일본군의 하와이 미군 기지 공습으로 촉발된 전쟁을 '태평양 전쟁'이라고 불러 왔다. 그러나 태평양 전쟁이라는 용어는 같은 시기 일본이 아시아에서 전개한 무력 분쟁을 포괄하기 어려우며 일본을 제외한 아시아의 전쟁 당사국을 제2차 세계 대전 역사에서 배제시킬 우려가 있다. 그래서 이 책에서는 '아시아 태평양 전쟁'이라는 대안 용어를 사용했다.

일제는 아시아 태평양 전쟁을 '대동아 전쟁'이라고 포장해 선전했습니다. 대동아 전쟁이란, 아시아 민족이 서양의 식민 지배에서 벗어나 일본을 중심으로 '대동아 공영권'을 건설하자는 의미가 담긴 표현입니다. 그러나 일제가 중일 전쟁 때 저지른 난징 대학살, 전시 체제하의 민간인 강제 동원과 일본군 '위안부' 운영 등에서 알 수 있듯이 일제는 자국의 이익을 추구하기 위해 아시아 민족의 자유와 평화를 서슴없이 짓밟았습니다.

1938년 일제는 국가 총동원법을 제정해 모든 사람과 물자를 의회의 승인 없이 전쟁에 동원할 수 있게 만듭니다. 긴 전쟁으로 일본 국민의 삶도 궁핍해졌지만, 식민지 조선인의 고통은 이루 말할 수 없었습니다. 수많은 조선인이 일본군 '위안부'로, 군수 노동자로 강제 착취당하며 죽어 갔습니다. 일본군 '위안부' 문제에 대한 일본 정부의 사죄와 배상을 요구하는 수요시위, 조선여자근로정신대 피해자에 대한 미쓰비시 중공업의 손해 배상을 요구하는 금요행동은 이런 역사의 연장선에서 시작되었습니다.

● 위안부라는 용어는 일제가 저지른 성폭력을 축소하는 표현이다. 그러나 이것이 실제로 사용된 역사적 표현이며, 그 표현에 담긴 일제의 기만성을 드러낼 필요가 있어 한국에서도 위안부라는 표현을 사용한다. 단 일본군이 범죄의 주체임과 용어의 기만성을 밝히기 위해 작은따옴표를 붙여 일본군 '위안부'라고 표기한다.

일본군 성노예제 문제 해결을 위한 정기 수요시위

아시아 태평양 전쟁이 끝난 지 45년이 지나도록 일본군 '위안부' 문제는 세상에 알려지지 않았습니다. 가해국인 일본에서는 자성의 목소리가 없었고, 가부장적 문화가 강하게 남아 있던 한국에서는 피해자의 목소리가 나오기 어려웠습니다.

1991년에서야 피해자 김학순이 최초로 일본군 '위안부' 피해를 고백했습니다. 이후 용기를 낸 몇몇 피해자들이 연대해 일본 정부에 배상을 청구하는 소송을 제기했습니다. 이 소송이 화제가 되어 일본 사회에도 일본군 '위안부' 문제가 알려지기 시작했습니다.

1992년 1월 8일 수요일, 당시 일본 총리였던 미야자와 기이치의 방한을 계기로 최초의 수요시위가 한국에서 열렸습니다. 서른 명 정도가 집결한 최초의 수요시위에서는 "일본 정부는 정신대 희생자 위령비를 건립하

1992년 1월 8일 수요일, 첫 번째 수요시위 풍경. 첫 수요시위는 30여 명이 집결해 조촐한 규모로 열렸다.

라!", "역사 교과서에 정신대 강제 연행 사실을 명기하라!"고 쓴 현수막이 걸렸습니다. 이후 '일본군 성노예제 문제 해결을 위한 정기 수요시위'가 정례화되어 종로에 있는 주한 일본 대사관 앞에서 매주 수요일 정오 무렵에 열리게 되었습니다.

　　수요시위를 정례화하는 데에 정대협(한국정신대문제대책협의회, 지금의 정의기억연대)을 비롯한 여성 단체, 사회단체, 종교계, 평화 운동 단체 등이 큰 힘을 보태었습니다. 시위가 반복되며 전문가들의 지원도 증가했고 자원봉사자도 많아졌습니다. 세계 각국의 평화 운동가들도 일본군 '위안부' 문제 해결을 위해 팔을 걷어붙였습니다. 일본군 '위안부' 문제가 한국만의 문제가 아닌 세계 시민 사회의 공동 의제가 된 것입니다.

2011년 1000번째 수요시위를 기념해 만든 평화의 소녀상은 전 세계 '위안부' 운동의 상징이 되었다.

　　2011년에는 1000번째 수요시위를 기념해 '평화의 소녀상'이 제작되었습니다. 주한 일본 대사관 앞에 설치된 평화의 소녀상은 '위안부' 운동의 상징이 되었고 운동을 시각화하고 확산하는 데 큰 영향을 주었습니다.

나고야 소송 지원회와 금요행동

제2차 세계 대전이 끝난 후 일본에서는 박경식 등 재일 조선인 역사학자들이 조선인 강제 동원 문제를 연구하기 시작했습니다. 박경식이 저술한 《조선인 강제 연행의 기록》은 일본 사회에 조선인 강제 동원 문제를 알린 선구적 연구입니다. 박경식의 연구 활동은 일본 지식인 사회에 큰 영향을 미쳤습니다. 고등학교 역사 교사였던 다카하시 마코토는 박경식의 강연을 듣고 조선인 강제 동원이라는 중대한 사건이 일본의 역사 교과서에 실리지 않은 것을 의아하게 여겼습니다. 그리고 군수 산업 중심지인 나고야의 조선인 강제 노동 문제를 파헤치는 데 전념했습니다. 그 과정에서, 미쓰비시 중공업에 강제 동원된 조선여자근로정신대 여섯 명이 지진으로 희생되었는데도 회사 측에서 의도적으로 숨겼다는 것을 알아냈습니다. 그는 이 사실을 폭로하여 일본 내에 큰 반향을 일으켰습니다. 한편 희생자 유족과 접촉해 나고야 소송 지원회*를 결성했고, 1999년부터 미쓰비시 중공업을 상대로 근로정신대 피해자들의 손해 배상 청구 소송에 나섰습니다. 그러나 재판부는 피해자의 손을 들어주지 않았습니다.

* '나고야 미쓰비시 조선여자근로정신대 소송을 지원하는 모임'을 말한다. 이 책에서는 줄여서 '나고야 소송 지원회'라고 표기했다.

"한일 청구권 협정으로 어떠한 손해 배상 청구권도 주장할 수 없다."

2005년 2월, 나고야 지방 재판소는 한일 청구권 협정에서 개인 청구권 문제가 모두 해결되었다는 논리를 펼치며 피해자의 청구를 기각했습니다. 6년간의 법정 투쟁이 무색하게 1심 재판의 판결 시간은 불과 10분

2007년 5월, '나고야 소송' 항소심에서 원고 청구 기각 판결이 나자 허탈함을 이기지 못한 원고가 주저앉았다.

도 걸리지 않았습니다. 피해자들과 나고야 소송 지원회는 곧바로 항소했습니다. 2007년 5월에 열린 항소심에서는 재판부의 입장에 진전이 있었습니다. 현 일본 정부와 전범 기업의 책임을 조금이나마 인정한 것입니다. 그러나 한일 청구권 협정으로 개인 청구권 문제가 모두 해결되었다는 결론에는 변함이 없었고, 1심과 마찬가지로 원고의 청구가 기각되었습니다.

2007년 7월 20일 금요일, 나고야 소송 지원회는 미쓰비시 중공업 본사가 있는 도쿄 시나가와역 남쪽 출입구 앞에서 조선인 강제 동원 피해자 문제 해결을 위한 시위에 나섰습니다.

"5·31 나고야 고등 재판소, 미쓰비시 중공업의 강제 연행 강제 노동을 단죄!"
"5·31 나고야 고등 재판소 판결에 근거해 조선여자정신대 피해자의 구제 실현을!"

나고야 소송 지원회는 두 장의 현수막을 들고 통근자가 가장 많은 오전 8시 45분부터 한 시간 동안 시나가와역 앞에 머물렀고, 이후에는 미쓰비시 중공업 본사 현관 앞으로 이동해 12시 45분까지 시위를 지속했습니다. 다섯 명이 함께한 조촐한 시위, 금요행동의 시작이었습니다.

나고야 소송 지원회는 2007년 7월 20일 금요일을 시작으로 현재까지 '금요행동'을 이어가고 있다. 금요일은 미쓰비시 중공업 주요 사장단 회의가 열리는 날이다. 지원회는 나고야에서 도쿄까지 360km의 거리를 오가며 피해자의 목소리를 대변하고 있다.

수요시위와 금요행동, 어떤 변화를 가져왔을까?

2021년에 제1500차를 맞은 수요시위는 명실상부한 세계 최장기 지속 집회입니다. 금요행동은 2020년에 제500차를 맞았고 지금도 진행되고 있습니다. 이는 한국과 일본 시민 사회의 성숙함을 보여 주는 자랑스러운 기록이지만, 한편으로 일본군 '위안부' 문제와 강제 동원 피해자 문제가 아직도 해결되지 않았다는 것을 보여 주는 지표이기도 합니다.

수요시위는 많은 변화를 불러왔습니다. 한 자릿수에 불과했던 공식 피해자가 238명으로 늘었고, 30여 명의 인원으로 출발한 시위 인원은 연간 8만여 명이 참여하는 거대한 사회 운동으로 진화했습니다. 피해자의 용감한 고발이 해외로 파급되어 일본군 '위안부' 피해가 아시아만의 문제가 아니라는 것도 밝혀졌습니다. 김학순이 피해 사실을 고발한 8월 14일은

2012년에 '세계 위안부 기림일'로 지정되어 세계 여성 단체 연대의 장이 되었습니다. 또한 일본군 '위안부' 피해자들은 한국 내 활동을 넘어 전 세계의 전쟁 성폭력 문제 해결을 촉구하는 인권 운동가로 활동하고 있습니다.

금요행동 이후 피해자들의 투쟁에도 많은 변화가 있었습니다. 2008년 도쿄 최고 재판소에서 원고의 청구가 최종 기각되었으나 피해자들은 포기하지 않고 광주 지방 법원에 미쓰비시 근로정신대 손해 배상 청구 소송을 제기했습니다. 2018년 11월, 대법원은 미쓰비시가 피해자 1인당 1억~1억 5,000만 원을 배상하라고 최종 판결했지만 미쓰비시는 배상을 거부했고, 2019년에는 대전지법에서 미쓰비시의 한국 내 자산을 압류하라는 결정까지 내렸습니다.•

• 2020년 압류 자산을 매각해 현금화할 수 있는 근거가 마련되었으나 미쓰비시의 항고로 2023년 5월 현재까지 실제 지급은 이루어지지 않았다.

나고야 소송 지원회의 헌신으로 지금도 금요행동은 지속되고 있습니다. 지원회의 꾸준한 노력이 한국에도 여러 차례 조명되었습니다. 2019년에는 한국의 한 다큐멘터리 감독이 나고야 소송 지원회의 활동을 담은 다큐멘터리를 제작했고, 유명 방송사에서도 다큐멘터리를 제작했습니다. 2020년에는 나고야 소송 지원회의 주축인 야마카와 슈헤이의 에세이가 일본과 한국에서 출간되기도 했습니다.

누가 그들을 비난하는가?

일본 정부는 일제의 식민 지배와 전쟁 범죄에 대해 어떤 입장을 취해 왔을까요? 일본 정치권에서 사과가 전혀 없었던 것은 아닙니다. 고노 담화와 무라야마 담화는 한일 관계의 새로운 가능성을 보여 주었습니다.

고노 담화

위안소의 설치·관리 및 위안부 이송에 구 일본군이 관여했다. 몸과 마음에 씻을 수 없는 상처를 입은 모든 분께 사과와 반성의 마음을 드린다. 같은 잘못을 결코 반복하지 않겠다.

_1993년 8월, 고노 요헤이 관방장관

무라야마 담화

식민지 지배와 침략으로 아시아 각국에 많은 손해와 고통을 주었다. 의심할 여지없는 역사적 사실을 겸허하게 받아들여 통절한 반성의 뜻을 표하며 진심으로 사죄한다.

_1995년 8월, 무라야마 도미이치 총리

그러나 이후 이어진 일본의 정권들은 지속적으로 고노 담화와 무라야마 담화의 정신을 파기하고자 했습니다. 게다가 2015년에는 한일 정부가 '위안부' 피해자의 의사는 무시한 채 합의하고 일본군 '위안부' 문제가 '최종적으로 불가역적으로' 종결되었다고 선포해 운동에 중대한 차질을 빚기도 했습니다. 수요시위, 금요행동에 대한 무분별한 비난도 운동의 동력을 훼손하고 있습니다. 한국에는 수요시위를 반대하는 조직적인 움직임이 있으며, 일본에도 금요행동에 공격적으로 반응하는 시민이 많습니다.

현재 세계에서는 과거에 발생했던 역사적 상황이나 사실을 부정, 은폐, 왜곡하는 역사 부정의 흐름이 역사 해석의 장을 크게 뒤흔들고 있습니다. 진보적인 사회 변화에 반발하는 정서가 세계 여러 나라에서 표출되고 있으며, 온라인 플랫폼은 역사 부정주의자를 수월하게 결집하도록 합니다. 역사 부정주의자의 온라인 콘텐츠가 실제 수익으로 연결될 뿐 아니라 이를 정치적으로 이용하는 세력까지 합세해 상황을 더욱 악화시키고 있습니다.

금요행동의 핵심 인물인 야마카와 슈헤이는 그의 에세이에서 이렇게 말했습니다.

가해자가 피해자에게 사죄하고 배상하는 것 말고는 길이 없다. 가해자가 배상하지 않으면 누가 피해자에게 배상할 것인가? 이것은 회피주의와 인도주의의 싸움이다. 이 싸움에 참가하는 것이야말로 나 자신이 인간으로서 살아가는 보루(양심)인 것이다. (…) 인류의 역사는 인도주의에 의해 지탱되었다.

_《인간의 보루》

'인도주의'라는 '인간의 보루' 외에는 기댈 곳이 없는 사람들은 또다시 주한 일본 대사관 앞에, 미쓰비시 중공업 본사 앞에 섭니다. 인도주의에 기반한 공동체가 일본 정부의 정치 논리와 전범 기업의 배상 거부 그리고 역사 부정주의에 맞서 승리하는 날이 언제쯤 올까요?

더 생각해 볼까요?

- 일본군 '위안부' 피해자들은 어떻게 세계 여성 인권 운동에 투신할 수 있었을까요?
- 근로정신대 문제 해결을 위해 일본의 양심적 시민 단체가 앞장서고 있다는 사실이 우리에게 시사하는 바는 무엇일까요?
- "인류의 역사는 인도주의에 의해 지탱되었다"라는 말은 어떤 의미일까요?

역사 부정과 일본군 '위안부' 문제

역사 부정Historical Denial은 역사적 상황이나 사실을 부정, 은폐, 왜곡하는 움직임을 말합니다. 역사 부정론자들은 일정한 논리와 목적을 가지고 세계 곳곳에서 전쟁 범죄, 독재, 인권 탄압 등을 은폐하고 있습니다. 역사 부정론자들은 기존과 다른 시각으로 역사를 바라본다는 뜻에서 자신을 '역사 수정주의자'라 말하기도 합니다. 일본군 '위안부' 문제와 관련해서도 많은 역사 부정론자들이 활동하고 있습니다. 놀랍게도 한국에서도 일본군 '위안부' 문제의 실체를 부정하거나 그들을 자발적 매춘부로 매도하는 이들이 있습니다.

하버드대학 존 마크 램지어 교수가 2021년 1월에 발표한 〈태평양 전쟁의 성 계약〉이라는 논문은 최근 화제가 된 역사 부정 사례입니다. 1990년대 후반부터 일본 우파 정치인과 극우 인사들은 일본군 '위안부'나 강제 동원이 합법적인 일이며, 당사자들도 돈을 벌기 위해 자발적으로 참여했다고 주장해 왔습니다. 램지어는 역사 부정론자가 제시하는 자료에 기반해 논문을 썼고, 피해자의 아픔과 인권을 무시했습니다.

램지어는 미얀마 지역에서 일본군 '위안부' 생활을 강요당했던 문옥주를 예로 들었습니다. 램지어는 문옥주가 "파티에서 팁을 많이 받았다"고 했으나 문옥주는 노래를 잘해 특별히 팁을 받았을 뿐, '계약'에 의해 수익을 올린 것이 아닙니다. 게다가 문옥주가 받은 팁은 대부분 군자금 조달을 위해 발행한 군표여서, 일본군이 미얀마에서 철수한 후에는 휴지 조각이 되었습니다. 결국 문옥주는 모아 놓은 돈을 돌려받지도 못하고 눈을 감았습니다. 램지어는 그런 피해자의 상처를 '계약'이라는 말로 왜곡한 것입니다.

램지어의 논문이 발표되자 하버드대학 학생들이 이를 비판했고, 수많은 연구자, 언론, 세계 각국의 시민이 분노했습니다. 램지어는 계약의 증거가 있다고 말했지만 결국 증거를 내놓지 못했고 자신의 오류를 인정했습니다. 역사 부정이 학문적 견해로 존중될 수 없는 이유는 분명합니다. 그것이 피해자들의 인권과 국제 평화를 저해하는 행위이기 때문입니다.

오윤

힘없는 서민의 삶에 주목한 화가

도미야마 다에코

오윤

| 吳潤, 1946~1986 |

- 1946년 한국 부산 출생
- 1965년 서울대학교 조소과 입학
- 1969년 '현실동인' 결성에 참여
- 1979년 '현실과 발언' 창립에 참여
- 1984년 〈원귀도〉 제작
- 1986년 한국 서울에서 사망

도미야마 다에코

| 富山妙子, 1921~2021 |

- 1921년 일본 고베 출생
- 1939년 조시미술전문학교 입학
- 1961년 라틴 아메리카 여행
- 1980년 5·18 민주화 운동 판화 연작 제작
- 1985년 〈남태평양 해저에서〉 제작
- 2021년 일본 도쿄에서 사망

오윤과 도미야마 다에코. 두 사람은 현실 사회의 문제와 서민들의 신산한 삶을 정면으로 직시하고 작품으로 표현한 화가입니다. 이들의 작품은 인권과 평화, 민주주의를 지향하는 시민운동에 크게 기여했습니다.

오윤은 1980년대 한국 민중 미술의 상징적인 존재로, 서민들의 고통과 슬픔, 즐거움과 흥겨움을 판화에 담아냈습니다. 도미야마 다에코는 1980년 5·18 민주화 운동의 상황을 가장 빠르게 해외에 알린 인물 중 한 사람입니다. 그는 신군부가 광주를 피로 물들인 뒤 채 한 달도 되지 않은 시점에 광주의 실상을 판화로 남겼습니다.

이처럼 두 사람은 평생을 화가로 살며 부당한 권력을 고발하고 비판하는 작품 활동을 했습니다. 오윤과 도미야마 다에코에게 예술이란 무엇이었을까요?

약자들의 삶에 주목하다

1921년 일본 고베에서 태어난 도미야마 다에코는 외국 기업에서 일하는 아버지를 따라 1930년대 초 중국의 만주 지역에서 청소년기를 보냈습니다. 당시는 일본 정부가 한반도를 지배하며 중국 침략에 박차를 가하고 있던 때였습니다. 도미야마는 만주 거리에 쓰러져 있는 현지인의 시신과 노숙인들을 보면서 제국주의 침략이 평범한 사람들의 삶을 얼마나 처참하게 만드는지 뼈저리게 느꼈습니다. 1930년대 말 미술학교 진학을 위해 일본으로 돌아가는 길에 도미야마는 식민지 한반도의 황폐한 토지와 일본 헌병에게 끌려가는 한국인 청년들의 모습을 목격했습니다.

이처럼 제국주의의 침략이 도처에서 자행되던 공간에서 성장기를 보낸 도미야마는 도쿄에 있는 조시미술전문학교에 진학했습니다. 그러나 가난한 노동자들의 현실을 표현하는 미술 운동에 참여했던 일이 사회주의 활동으로 간주되어 도미야마는 퇴학 처분을 받고 말았습니다.

이후 그는 탄광 노동자들의 삶을 주제로 본격적인 작품 활동을 시작했습니다. 1950년대 말 일본에서 석탄 산업이 쇠퇴해 일부 광부들이 광업이 발달한 브라질로 떠나자, 도미야마도 광부들을 따라 1961년 라틴 아메리카로 향했습니다. 이때 라틴 아메리카 각 지역을 여행한 도미야마는 훗날 이렇게 말했습니다.

"동남아시아, 아프리카를 거쳐 라틴 아메리카의 여러 나라를 돌아다녔어요. 모두 과거에 식민지였던 이 나라들을 다니면서 알게 되었지요. 서양 강대국들의 번영은 원래 아메리카에 살았던 주민들과 흑인 노예들의 희생으로 가능했다는 것을."

도미야마는 주로 탄광과 광부를 그리는 '탄광 화가'였습니다. 그러나 1년여의 라틴 아메리카 여행 후 화가로서 그의 시야와 사상은 더욱 넓고 깊어졌습니다. 그의 눈에 비친 라틴 아메리카의 나라들은 무늬만 독립국일 뿐, 여전히 자본주의와 서양 강대국들의 영향에서 벗어나지 못하고 있었습니다. 제2차 세계 대전이 끝나 식민지였던 나라들도 독립을 했지만 강한 나라가 약한 나라를 지배하고, 군대를 앞세워 폭력과 돈으로 세상을 지배하는 구조는 조금도 변하지 않은 것처럼 보였습니다.

도미야마에게 라틴 아메리카 여행은 예술가로서 세상을 바라보는 시선을 가다듬고, 어떤 예술을 할 것인가라는 근본적인 물음에 답을 찾도록 했습니다. 또한 미국과 유럽 중심의 국제 질서에 저항하는 라틴 아메리카 예술가들의 벽화 운동과 판화 작품 활동도 이후 도미야먀의 작품에 중요한 영감을 제공했습니다.

전쟁과 독재를 경험하다

오윤은 광복 이듬해인 1946년 부산 동래에서 태어났습니다. 유년 시절 그는 바다가 훤히 내려다보이는 집에서 6·25 전쟁을 경험합니다. 6·25 전쟁 때문에 부산은 피난 온 사람들로 넘쳐났고 어린 오윤에게 비친 세상은 굶주림과 질병으로 가득한 참혹함 그 자체였습니다.

소설가인 아버지를 따라 초등학교 4학년 때부터 서울에서 살게 된 오윤은 1965년 서울대학교 조소과에 입학했고 본격적인 미술 인생이 시작되었습니다. 박정희 정권의 독재 정치가 본격화할 무렵인 1969년, 대학 4학년이던 오윤은 동료들과 함께 미술 단체인 '현실동인'을 결성했습니다. 현실동인은 선언문에서 "예술이 사회 현실에 눈감아서는 안 되며 끊임없이 현실과 함께 호흡해야" 함을 강조했습니다. 그러나 박정희 정권과 대학 당국의 탄압으로 전시회는 열리지 못했습니다. 오윤의 예술 세계가 형성되는 과정에서 이러한 대학 시절은 매우 중요한 비중을 차지했습니다.

1970년대에 들어서자 오윤은 현실 속 평범한 사람들의 실제 삶과 그들의 예술 표현 등을 탐구하기 위해 탈춤, 판소리, 민속놀이 같은 전통 예술 현장을 찾아다녔습니다. 1975년에는 서울 수유동에 있는 가오리에 작업실을 마련했습니다. 가오리는 손수레꾼, 목수 등 날품팔이로 하루하루 먹고사는 가난한 사람들이 모인 동네였습니다. 오윤은 독재 정권 아래에서 날마다 힘겨운 노동을 하면서도 씩씩하게 살아가는 이웃들과 가족처럼 어울려 지냈습니다. 오윤은 민중이란 다름 아닌 '나'이며, 나의 가족이며, 바로 지금 함께 사는 이웃이라는 것을 깨닫게 됩니다.

국경을 넘어 아픔에 공감하다

도미야마는 마흔일곱 살이던 1968년에 서남아시아, 중앙아시아, 인도를 여행했습니다. 여행 중에 그는 이스라엘에서 쫓겨난 팔레스타인 난민들과 굶주린 인도 사람들을 만났습니다. 1970년에 그의 발걸음은 한국으로 향했고 어릴 적 만주 지역에서 함께 학교를 다녔던 한국인 친구들과 다시 만나게 되었습니다. 훗날 그는 한국인 친구들과 다시 만난 일을 두고 이렇게 말했습니다.

"매일 밤 울면서 한 사람, 한 사람이 일본의 식민지 지배를 받던 시기의 일과 6·25 전쟁, 남북 분단의 슬픔을 저에게 말해 주었어요. 그날 이후 한일 문제는 남의 일이 아닌 나 자신의 주제가 되었습니다."

도미야마는 1970년대 박정희 정권의 독재 정치와 한일 관계, 일본의 전쟁 책임 문제에 관심을 갖고 작품 활동을 전개했습니다. 이러한 도미야마의 활동은 당연히 박정희 정권의 환영을 받지 못했습니다. 그는 독재에 저항했던 시인 김지하˙의 시를 소재로 작품을 만들었다는 이유로 1978년 이후 한국 입국을 거부당하기도 했습니다.

도미야마가 쉰아홉 살이던 1980년, 한국의 광주에서 는 전두환을 비롯한 신군부 세력의 폭력과 지배에 맞선 5·18 민주화 운동이 일어났습니다. 당시 일본 도쿄에 있 던 도미야마는 TV 뉴스로 이 소식을 전해 들었습니다. 그는 뉴스 영상과 신문 보도 사진을 바탕으로 광주 시민들이 군인들에게 폭행당하고 학살당 하는 모습, 시민들이 군대의 폭력에 맞서 강인하게 일어서는 모습 등을 울 면서 판화에 담아냈습니다. 5·18 민주화 운동을 다룬 그의 작품 〈광주의 피에타〉는 독일로 보내졌습니다.

도미야마의 작품이 실린 1981년 달력은 독일에서 제작되어 일본으로, 또 몰래 광주로 들어갔습니다. 한 연구자의 표현에 따르면 이러한 도미야마의 작업은 "군부에 의해 고립된 광주에 힘과 희망을 주는 등불"과 같았

• 1970년대 유신 독재 시절 사회 현실을 풍자한 시 〈오적(五賊)〉을 발표하여 감옥에 갇히는 등 '독재 에 저항한 시인'으로 주목받았다. 특히 박정희 유신 독재에 지속적 으로 저항하여 1974년에는 사형 을 언도받기도 했다.

도미야마 다에코, 〈광주의 피에타〉, 1980, 실크스크린, 41.5×56cm
5·18 민주화 운동 당시 죽은 아들을 무릎에 눕히고 눈물을 흘리는 여인과 그 옆에서 처절하게 울부짖는
여인의 모습을 표현했다.

습니다.

　이후 도미야마는 일제 강점기 한국인 강제 징용 문제, 일본군 ‘위안부’
문제 등을 소재로 삼아 과거의 침략 전쟁에 대한 일본 정부의 책임과 반성
을 묻는 작품 활동에 집중했습니다.

　도미야마의 작품 활동은 역사적으로나 사회적으로 고통스런 상황에
놓인 이들에 대한 상상과 공감에서 비롯되었습니다. 이처럼 도미야마는
어떤 예술을 할 것인가라는 뚜렷한 고민에서 출발해, 미술의 목적은 아름
다움으로 칭찬받는 것이 아니라 돈과 권력과 탐욕으로 물든 세상을 고발
하고 진실을 말하는 것임을 증명하는 데 평생을 바쳤습니다.

도미야마 다에코, 〈남태평양 해저에서〉, 1985, 캔버스에 유채, 162×130cm
남태평양 섬에 끌려와 성노예로 수난을 겪다 숨진 뒤 바닷속에 버려져 갈 곳 없이 떠도는 외로운 넋이 된 일본군 '위안부'의 백골을 표현했다.

'현실'의 삶을 미술로 '발언'하다

오윤은 서른네 살이던 1980년에 '현실과 발언' 창립 전시회 출품을 시작으로 본격적인 작품 활동을 시작했습니다. 4·19 혁명 20주년 기념 전시를 준비하는 과정에서 결성된 '현실과 발언'은 군사 독재 사회라는 현실에서 미술이 나아갈 방향을 고민하는 모임이었습니다. 사실 미술 단체의 이름에 '발언'이라는 말이 들어간 것 자체가 당시로서는 매우 충격이었습니다. 미술은 '표현'하는 것이라는 관점이 지배적이던 시대에 미술을 통해 '발

오윤, 〈원귀도〉(부분), 1984, 캔버스에 유채, 462×69cm
제5회 현실과 발언 동인전에 출품된 작품으로, 6·25 전쟁을 주제로 한 작품이다.

언'한다는 발상 자체가 매우 도발적이었습니다. '현실과 발언'은 창립 취
지문에서 이렇게 밝힙니다.

> "기존의 미술은 진정한 자기와 이웃의 현실을 외면해 왔고, 심지어는 고
> 립된 개인의 내면적 진실조차 제대로 발견하지 못했다."

현실과 발언의 동인 화가들은 미술을 소수의 전유물로 여기는 기존의
제도와 관행에 맞서 다양한 장르와 형식을 작품으로 녹여 내고자 했습니
다. 주제 면에서도 이들은 한국 사회에 대한 문제의식을 숨김없이 드러냈
습니다. 그것은 급격한 산업화와 도시화가 낳은 도시와 농촌의 불균형, 한
국의 정치와 사회 전반에 지배적인 영향력을 행사하는 미국에 대한 문제

제기 등이었습니다.

　오윤의 대표작 중 하나인 〈원귀도〉는 6·25 전쟁을 주제로 한 작품으로 팔다리가 잘린 상이군인들, 목이 없는 군악대원들, 군복을 입고 행군하는 해골들, 굶어 죽은 사람들의 영혼, 좌익과 우익의 대립으로 낫에 찍히고 목이 잘려 죽은 사람들의 모습 등이 표현되어 있습니다. 전쟁의 참혹상이 파노라마처럼 펼쳐진 이 그림은 끝없이 이어지는 죽음의 행렬을 통해 평범한 사람들이 굶주리고, 미치고, 죽어 나가 원귀가 되어 떠도는 모습을 상상하게 합니다.

　오윤은 묻습니다. 전쟁은 누구를 위한 것이냐고. 어떤 사람은 오윤의 〈원귀도〉를 파블로 피카소의 작품 〈게르니카〉에 빗대어 '한국의 게르니카'라고 평가하기도 했습니다.

　분단이 가져온 참혹한 현실 속에서 오윤은 〈통일대원도〉를 그렸습니다. 이 작품은 전통 축제를 통해 통일을 기원하는 걸개그림입니다. 분단의

피카소, 〈게르니카〉, 1937, 캔버스에 유채, 349×776.6cm ©2022-Succession Pablo Picasso-SACK(Korea)
에스파냐 북부 바스크 지방의 작은 마을인 게르니카는 에스파냐 내전 중에 일어난 무차별 폭격으로 폐허가 되었다. 이 사건을 전해 들은 피카소는 전쟁의 비극과 민중들의 분노, 슬픔을 작품으로 담아냈다.

응어리를 사회적으로는 통일로 풀고, 예술적으로는 모두 어우러져 춤을 추는 것으로 신명 나게 풀자는 오윤의 의지가 잘 드러나 있습니다. 오윤의 판화에는 춤이 자주 등장합니다. 그에게 춤은 현실의 억압이 낳은 한을 푸는 방법이었습니다.

평범한 사람들을 주인공으로 삼아 한국의 역사와 문화, 전통을 아우르고자 했던 오윤은 1986년 마흔한 살이라는 젊은 나이에 간암으로 세상을 떠났습니다. 산업화 사회의 극단적인 과학주의˙를 거부하면서 그가 남긴 말은 우리에게 긴 여운을 남깁니다.

• 과학이 모든 문제를 해결할 수 있다고 주장하는 태도로 과학 지상주의, 과학만능주의라고도 한다.

"산업화를 촉진한 과학은 인간 사고를 거기에 매몰시켜 버린 셈이 됐다. 우리는 과학주의 속에서 잃어버린 것, 잃지 말아야 했을 것들을 되찾아

오윤, 〈통일대원도〉, 1985, 캔버스에 유채, 138×349cm

민중들이 어우러져 춤을 추는 모습을 담았다. 서로 어울려 온 세상이 번영하고 화합하는 대동 세상의
꿈을 담은 이 그림은 분단된 조국의 통일을 염원하는 작품이다.

야 한다. 그것은 극단적인 과학주의를 거부하는 것이며 하늘과 말을 나누듯, 모든 자연과 더불어 대화하듯, 순수하고 착한 본성으로 인간들이 어우러지는 따뜻함의 회복에 있다."

오윤과 도미야마, 광주에서 만나다

2018년 광주시립미술관과 5·18 기념 재단에서는 '민주·인권·평화 〈세계 민중 판화〉전'을 개최했습니다. 이 전시회는 오윤과 도미야마 다에코, 독일의 민중 화가 케테 콜비츠의 작품을 한자리에서 볼 수 있도록 기획되었습니다.

전시회 관계자는 전시의 기획 취지를 이렇게 말했습니다.

"이번 전시를 통해 왜 우리 인류는 평화의 길로 나아가야 하는지, 그리고 불행한 역사가 반복되지 않기 위해서 우리는 무엇을 해야 하는지 깊이 생각해 볼 수 있는 시간이 되었으면 좋겠습니다."

이 전시회에서 오윤과 도미야마 다에코는 '해당 시대와 그 시대를 살았던 약자의 삶을 판화에 담아 세상에 말을 건넨 예술가'로 소개되었습니다.

1921년에 태어나 2021년 100년간의 생을 마감하는 순간까지 국경을 초월해 날카로운 비판 의식으로 세상의 부조리를 보여 주었던 도미야마 다에코. 1946년에 태어나 6·25 전쟁을 겪고 박정희, 전두환 두 정권의 군사 독재를 지나며 혹독한 현실을 온몸으로 받아 내면서 평범한 사람들의 삶을 예술로 승화시킨 오윤. 두 사람이 작품을 통해 세상에 하고 싶었던 말은 무엇이었을까요? 우리는 두 사람의 예술을 통해 무엇을 느끼고 배울 수 있을까요?

더 생각해 볼까요?

- 전쟁과 독재는 오윤과 도미야마 다에코의 예술에 어떤 영향을 주었을까요?
- 두 사람은 왜 판화라는 형식을 선택했을까요?
- 두 사람은 왜 약자의 삶에 주목했을까요?

Nobel
prize
for
peace

김대중

노벨 평화상을 수상한 민주화 운동의 거목

류샤오보

김대중

| 金大中, 1924~2009 |

- 1924년 한국 전남 신안 출생
- 1971년 대한민국 제7대 대통령 선거 출마
- 1980년 김대중 내란 음모 사건으로 구속, 사형 선고
- 1997년 대한민국 제15대 대통령 당선
- 2000년 노벨 평화상 수상
- 2009년 한국 서울에서 사망

류샤오보

| 劉曉波, 1955~2017 |

- 1955년 중국 지린성 창춘 출생
- 1989년 톈안먼 사건으로 구속
- 2008년 공산당 일당 독재 체제 종식 등을 요구하는 〈08 헌장〉 발표
- 2009년 국가 전복 선동 혐의로 구속
- 2010년 노벨 평화상 수상
- 2017년 가석방 후 사망

김대중과 류샤오보. 각각 한국인, 중국인으로서 처음으로 노벨 평화상을 수상했다는 공통점을 지닌 두 사람은 독재 권력의 끊임없는 탄압 속에서도 꿋꿋이 민주화 운동을 주도해 인권 신장에 크게 공헌했다는 평가를 받고 있습니다.

김대중은 독재 정권에 의해 납치되어 살해당할 위기에 처하기도 했고, 사형 선고를 받기도 했습니다. 류샤오보는 오랜 기간 감옥살이 끝에 세상을 떠났습니다. 두 사람은 마음만 달리 먹으면 부유하고 편안한 삶을 살 수도 있었습니다. 그런데 이들은 왜 편한 삶을 선택하지 않고 독재 권력에 끊임없이 맞섰을까요? 이들이 꿈꾼 세상은 어떤 모습이었을까요?

냉전의 그늘 속에서 독재가 판치다

김대중과 류샤오보는 약 30년의 차이를 두고 태어났습니다. 하지만 이들이 성인이 되어 활발하게 활동한 시기는 모두 냉전이라는 먹구름이 전 세계를 가득 덮었던 때였습니다. 1940년대 후반부터 본격적으로 시작되어 1980년대 후반까지 전개된 냉전 시기에는 많은 나라가 자본주의 진영과 사회주의 진영으로 나뉘어 서로 대립했습니다. 이러한 상황에서 각 진영의 독재자들은 '단결', '애국'이라는 명분 아래 반대 세력을 간첩으로 몰아 탄압하고 권력을 강화해 나갔습니다. 특히 한반도와 중국 대륙의 상황은 더욱 심각했습니다.

한반도는 1945년 해방 이후 38도선을 기준으로 남쪽은 미군이, 북쪽은 소련군이 일본군의 무장을 해제한다는 명분으로 점령하면서 분단의 그늘이 짙게 드리워졌습니다. 결국 남과 북에는 각각의 정부가 세워졌고, 6·25 전쟁을 거치면서 남북한의 집권 세력은 남과 북 상호 간의 적개심을 이용해 권력 기반을 확대해 나갔습니다.

중국 대륙은 1949년 사회주의 국가인 중화 인민 공화국이 수립되면서 공산당의 일당 독재가 전개되었습니다. 모든 정책은 당의 지시대로 운영되었고, 당 간부들의 권력은 매우 막강했으며 부정부패도 많았습니다. 또한 1970년대 말부터 추진된 경제 개방 정책과 이에 따른 물가 폭등, 분배의 불평등 문제 등은 사회적으로 다양한 불만을 초래했습니다.

정치로 독재에 맞서다

김대중은 1924년 한반도 남해안의 작은 섬 하의도에서 농부의 아들로 태어났습니다. 초등학교 4학년 때까지 하의도에서 살다가 목포로 이사한 뒤 북교초등학교를 졸업했고, 이후 목포상업학교에 진학했습니다. 목포상업학교를 졸업한 김대중은 일제의 강제 징집을 피해 일본인이 운영하던 해운 회사인 목포 상선에 취직했고, 해방 후 일본인들이 물러간 뒤 이 회사의 재산 관리인이 되었습니다. 그는 사업에도 뛰어난 수완을 보여 전남 선박 목포 조합장, 대양 조선 사장 등을 지냈으며, 〈목포일보〉를 인수해 언론인의 길을 걷기도 했습니다.

사업가와 언론인으로 활발히 활동하던 김대중은 부산 정치 파동[•]을 계기로 정치에 투신하기로 결심하고 1954년 제3대 국회 의원 선거 출마를 시작으로 본격적인 정치 활동을 시작했습니다. 출마한 선거마다 연거푸 낙선했지만 포기하지 않았고 결국 서른 일곱 살이던 1961년 5월, 강원도 인제 국회 의원 보궐 선거에 당선되었습니다. 그러나 국회 의원에 당선된 지 며칠 만에 박정희 등이 주도한 5·16 군사 정변이 일어나 국회에는 들어가 보지도 못하고 의원직을 박탈당하는 불운을 겪었습니다.

• 6·25 전쟁 중이던 1952년, 이승만 정권이 재집권을 위해 제출한 개헌안을 강제로 통과시키기 위해 개헌안에 반대하던 국회 의원들을 강제로 연행해 억류한 사건을 말한다.

쿠데타로 정권을 잡은 군인들은 언론을 비롯해 민주주의를 요구하는 국민의 다양한 목소리를 '무질서', '혼란', '공산주의'로 몰아 억압했습니다. 특히 1961년 5·16 군사 정변 직후 세워진 중앙정보부는 정부에 비판적인 인물이나 민주화 운동가들을 마음대로 체포하고 수사했으며, 각종 뒷조사, 협박, 미행, 도청, 납치, 테러 등의 불법을 저질렀습니다. 국민에게 중앙정보부는 그야말로 '공포' 그 자체였습니다.

이러한 상황에서 김대중은 1963년 목포에서 다시 국회 의원에 당선되었고, 이후 정치인으로서 두각을 나타내기 시작했습니다. 국회 도서관을 가장 많이 찾는 국회 의원으로 알려질 만큼 공부하는 정치인이었던 그는 박정희 정부의 비리를 폭로한 동료 의원이 부당하게 구속되는 것을 막기 위해, 국회 본회의에서 이를 조목조목 비판하며 다섯 시간 넘게 발언하는 기록을 남기기도 했습니다.

이러한 과정을 거치며 김대중은 점차 박정희 정부를 견제하는 야당의 주요 정치인으로 떠올랐고, 마흔일곱 살이던 1971년 4월에는 야당의 대통령 후보로서 박정희의 상대 후보로 대선을 치렀습니다. 대통령 선거 유세 과정에서 박정희의 장기 독재를 강하게 비판한 김대중은 서울에서 박정희보다 40만 표 가까이 앞서는 등 크게 선전하며 무려 46퍼센트의 득표율을 기록했습니다. 비록 낙선했지만 이 선거로 그는 박정희에게 매우 위협적인 정치 라이벌로 급부상했고, 이후 박정희 정부의 집중적인 탄압을 받게 됩니다.

1972년, 병을 치료하기 위해 일본에 머무르던 김대중은 박정희의 독재 권력을 극도로 강화하는 유신 헌법이 발표되자, '재일 한국 민주 회복 통일 촉진 국민 회의(한민통)'를 결성하는 등 독재 반대 운동을 전개했습니다. 이러한 상황에서 1973년 중앙정보부가 일본 도쿄에서 김대중을 납치해 동해를 통해 강제 압송했다가 129시간 만에 서울의 자택 부근에서 풀어 주는 사건이 발생했습니다. 일본 현지에서 발생한 이 사건은 당시 한일 간의 외교 문제로 번지기도 했습니다.

김대중의 시련은 여기에서 그치지 않았습니다. 1979년 박정희 사망

직후 또다시 군인들, 즉 전두환을 필두로 한 신군부 세력이 쿠데타를 일으켜 정권을 장악한 것입니다. 신군부 세력도 민주화를 요구하는 국민을 폭력으로 억압했습니다. 대표적인 사건이 바로 5·18 민주화 운동입니다. 1980년 광주에서 민주화를 요구하는 시위가 계속되자 신군부는 광주에 군대를 보내 시민들을 학살했습니다. 신군부는 언론을 통제하며 "광주에서 공산주의자들이 폭동을 일으켜 무법천지가 되었다"라고 거짓 보도를 하게 하면서 국민이 진실을 알 수 없게 만들었습니다.

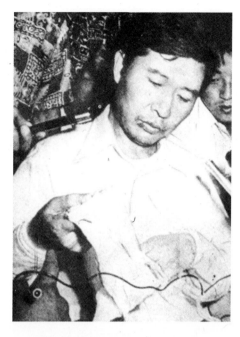

1973년 일본에서 납치당한 뒤 자택으로 귀환한 김대중이 기자 회견을 하고 있다.

당시 신군부 세력은 김대중에게 내란을 꾸몄다는 죄목을 씌워 사형을 선고했습니다. 이 소식이 알려지자 세계 각국의 지도자와 인권 단체들이 김대중을 살리기 위해 나섰습니다. 미국 대통령의 안보 보좌관이었던 리처드 앨런은 김대중이 사형당하면 한미 관계는 회복하기 어려울 것이라며 압박했습니다. 결국 전두환 정부는 국제 사회의 압력에 못 이겨 2년 반 만에 김대중을 풀어 주었습니다.

이후 김대중은 미국으로 망명했다가 귀국해 '민주화 추진 협의회' 공동 의장에 취임했고, 1987년 6월 민주 항쟁으로 전두환 정부가 국민들의 민주화 요구에 굴복할 때까지 큰 역할을 했습니다. 1987년부터 2000년까지 14년 연속으로 노벨 평화상 후보에 오른 김대중은 한국 민주주의의

• 넬슨 만델라(1918년~2013년)는 남
아프리카 공화국의 인권 운동가
이자 최초의 흑인 대통령이다. 흑
인 인권 신장을 위해 투쟁하다가
종신형을 선고받고 27년여간 복
역했다.

상징으로 여겨졌으며, '아시아의 넬슨 만델라'로 불리기
도 했습니다.

펜으로 독재에 맞서다

류샤오보는 1955년 중국 지린성 창춘시에서 지식인 부모의 아들로 태어
났습니다. 중등학교 졸업 후 농장과 건설 현장에서 노동자로 일하다가 지
린대학 중국 문학부에 입학해 공부하며 작가의 꿈을 키웠습니다. 서른세
살이던 1988년에는 베이징사범대학에서 문학 박사 학위를 취득했고, 노
르웨이 오슬로대학, 미국 하와이대학 등에서 문학, 철학, 정치학 등 다양한
주제로 학생들을 가르쳤습니다.

1989년 5월, 류샤오보의 인생을 송두리째 바꾸어 놓은 사건이 일어났
습니다. 중국에서 '톈안먼 사건'이 발생한 것입니다. 전국의 학생 대표들이
수도 베이징의 톈안먼 광장에 모여 전반적인 사회 개혁을 요구하며 단식
투쟁을 벌였고, 이들의 투쟁은 곧 100만여 명이 참여하는 대규모 시위로
확대되었습니다. 중국 정부는 이를 '공산주의 혁명에 반대하는 폭동'으로
규정하고 6월 4일 군대와 탱크, 장갑차를 앞세워 톈안먼 광장의 시위 군중
을 잔인하게 진압했습니다. 지금도 정확한 사망자 수는 공개되지 않고 있
는데, 기밀 해제된 미국과 영국의 외교 문서에 따르면 사망자만 수천 명에
이른다고 합니다. 시민을 학살하는 중국군의 모습은 당시 중국·소련 정상
회담 취재차 중국에 들어와 있던 서양 기자들에 의해 전 세계에 보도되었
습니다.

톈안먼 사건 당시 미국 컬럼비아대학에서 객원 연구원 자격으로 체류하고 있던 류샤오보는 귀국해서 시위에 참여했습니다. 그는 6월 2일 단식 투쟁을 주도하며 시위의 평화적 해결을 주장하고 정부와 학생 모두의 반성을 촉구했습니다. 그가 외친 구호는 다음과 같습니다.

"증오와 폭력으로는 우리의 지혜와 중국의 민주화 과정을 막을 수 없다!"
"우리는 중국 국민이다!"
"우리는 죽음을 원하지 않는다. 참된 삶을 원한다!"

류샤오보는 중국 정부에 의해 체포되어 '반혁명 선전 선동죄'로 유죄 선고를 받고 구속되었습니다. 20개월 후 석방되었으나 석방 후에도 중국에 남아 문필 활동, 인권 운동, 민주주의 운동에 참여하면서 지속적으로 정부에 개혁을 요구했습니다. 그의 이러한 행보는 톈안먼 시위를 이끌었던 지도부 인사 대부분이 해외로 망명했던 것과 달랐습니다.

류샤오보는 톈안먼 사건에 대한 재평가 촉구, 중국의 일당 독재 체제 개혁 요구 등 대부분 중국 정부가 불법으로 간주하는 활동들을 쉼 없이 해 나갔습니다. 이로 인해 1990년 후반, 사회 질서를 교란했다는 혐의로 법원으로부터 노동 개조 3년 형을 선고받고 재교육 수용소에서 복역하기도 했습니다.

수용소에서 풀려난 후에도 류샤오보는 정치 평론과 논문을 집필하면서 중국 정부를 비판하는 잡지에 글을 실었고, 중국 독립 문필회 회장으로 활동하며 해외 단체로부터 언론 자유 수호상을 수상하기도 했습니다.

2008년 12월에는 중국 정부에 비판적인 학자, 법률가, 기자 등 300여 명의 지식인과 함께 중국의 정치·사회 체제 개혁, 중국 공산당의 일당 독재 체제 종식, 인권 상황의 개선 등을 요구하는 〈08 헌장〉을 인터넷을 통해 발표했습니다. 다음은 〈08 헌장〉의 내용 중 일부입니다.

"법률은 있지만 법치가 없고, 헌법은 있지만 헌정은 없다. 이것이 모두가 알고 있는 중국 정치의 현실이다. 집권 세력은 여전히 철권 통치를 유지하면서 정치 개혁을 거부하고 있다. 인권은 사라지고 도덕은 땅에 떨어졌다. 사회 양극화는 날로 심해지고 있으며, 경제 규모의 기형적인 성장은 자연환경과 인문 환경 모두에 막대한 타격을 주고 있다. 인민의 자유와 재산 그리고 행복을 추구할 권리는 제도적인 보장을 받고 있지 않다. 각종 사회 모순과 불만은 날로 쌓여 가고 있다. 특히 정부와 인민 사이의 대립은 날로 더해 가며, 시위 또한 나날이 늘어나고 있다. 이제 중국 정치는 변화하지 않을 수 없는 단계에 접어들었다."

결국 류샤오보는 대중을 선동하고 국가를 뒤엎으려 했다는 혐의로 구속되었고, 징역 11년 형을 받아 랴오닝성 진저우 교도소에 수감되었습니다. 베이징 고급 인민 법원은 2010년에 열린 항소심 재판에서 류샤오보의 항소를 기각하는 한편 징역 11년 형에 더하여 정치적 권리 박탈 2년 형을 추가로 선고했습니다.

극과 극의 상황에서 노벨 평화상을 수상하다

김대중은 수차례 살해 위협과 정치 탄압에도 활동을 포기하지 않았고, 결국 1997년 제15대 대통령 선거에서 야당 후보로 당선됨으로써 한국 역사상 최초로 선거에 의한 평화적 정권 교체를 이루어 냈습니다.

　김대중의 대통령 재임 기간에는 사회적·경제적 취약 계층 지원을 위한 국민 기초 생활 보장법이 제정되었으며, 여성부와 국가 인권 위원회가 신설되는 등 국민 인권 신장을 위한 제도적 기반이 마련되었습니다. 특히 남북 대립을 해소하기 위한 '대북 화해 협력 정책(일명 햇볕 정책)'을 추진해 세계적인 주목을 받았습니다. 금강산 관광 등 남북 교류와 협력이 본격적으로 진행되었고, 2000년에는 분단 이후 처음으로 남북 정상 회담이 개최되었습니다. 정상 회담 결과 발표된 〈6·15 남북 공동 선언〉에 따라 이산가족의 방문이 재개되고 남북 간에 끊어진 철도가 연결되었습니다. 이 밖에도 남북 간의 교류 협력이 다양한 분야에서 진전되면서 한반도에 화해와 평화의 기운이 움텄습니다.

　물론 북한의 도발 등으로 햇볕 정책을 둘러싼 정치적 공방은 끊이지 않았습니다. 그러나 대화와 교류를 통해 위기를 합리적으로 관리함으로써 한반도 평화를 위한 중장기적인 해결책을 모색했다는 점에서 햇볕 정책은 대북 정책의 의미 있는 진전으로 평가받고 있습니다.

　2000년 10월, 노르웨이 노벨 위원회는 "한국과 동아시아에서 민주주의와 인권을 위한 김대중의 노력, 특히 북

노벨 평화상 메달과 상장을 수여받은 김대중. 2000년 12월 10일, 노르웨이 오슬로 시청에서 열린 시상식에서 군나르 베르게 노벨 위원회 위원장으로부터 메달과 상장을 받고 수상 연설을 했다.

한과의 평화와 화해를 위한 노력"을 높이 평가해 김대중을 노벨 평화상 수상자로 선정했습니다. 현직 대통령으로서 권력의 정점에 있을 때 받은 노벨 평화상이었습니다.

10년 뒤인 2010년, 류샤오보는 교도소에서 노벨 평화상 수상 소식을 전해 들었습니다. 노벨 위원회가 발표한 수상 배경은 "중국의 기본 인권을 위한 길고 긴 비폭력 투쟁"이었습니다.

류샤오보의 노벨 평화상 수상 소식과 교도소에서 수감 중이었던 그의 상황은 국제 사회의 주목을 받았습니다. 미국, 캐나다, 독일, 스위스 등 서양 여러 나라에서 중국 정부에 류샤오보의 석방을 요구했으며, 학자, 작가, 변호사, 인권 운동가들의 석방을 촉구하는 서명 운동이 줄을 이었습니다.

중국 정부는 이를 내정 간섭이라며 강하게 반발했습니다. 또한 노벨 평화상 자체의 공정성과 정치적 목적에 대해 거센 비판을 쏟아 내며 류샤오보가 노벨 평화상 시상식에 참석하지 못하도록 수단과 방법을 가리지 않았습니다. 노벨상 시상식에 류샤오보 본인이 참석하지 못한 것은 물론, 그의 아내조차 집에 갇혀 외부와 접촉하지 못했습니다. 또한 노벨 평화상 시상식에 초대된 64개국 대표 가운데 17개국이 중국 정부의 압력으로 시상식에 불참했습니다.

결국 2010년 노벨 평화상 시상식은 빈 의자와 함께 거행되었습니다. 노벨 평화상 수상자가 시상식에 불참한 것은 1935년 히틀러의 탄압으로 불참했던 독일 언론인 카를 폰 오시에츠키 이후 처음이었습니다. 중국 정부는 류샤오보와 관련된 보도를 철저히 금지하고 인터넷 검열을 강화했습니다. 시상식 당일 중국에서는 외국의 주요 언론 웹사이트와 노벨 위원회

홈페이지 접근이 차단되었습니다. 심지어 '빈 의자'라는 말의 검색 결과조차 차단했으며, 관련된 글을 쓰거나 사진을 올린 사용자의 계정을 취소하고 사진을 삭제했습니다.

2010년 노벨 평화상 시상식에 참석하지 못한 류샤오보의 노벨상이 빈 의자 위에 놓여 있다.

하지만 노벨 평화상 수상도, 중국이라는 거대한 공간에서 고립된 채 싸우고 있는 류샤오보의 상황을 바꾸지 못했습니다. 그는 이후에도 계속 감옥에 갇혀 있었고, 2017년 5월 간암 말기 판정을 받고 가석방되었으나 두 달 뒤인 7월에 세상을 떠났습니다.

김대중과 류샤오보, 두 사람은 민주주의와 인권 신장을 위해 노력한 공로를 인정받아 노벨 평화상을 받았지만, 수상 당시와 수상 이후의 상황은 너무 달랐습니다. 김대중과 류샤오보는 자신이 노벨 평화상을 받게 되었다는 소식을 들었을 때 어떤 생각을 했을까요?

더 생각해 볼까요?

- 냉전 체제와 독재 정치는 어떤 관련이 있을까요?
- 김대중과 류샤오보는 왜 민주화 운동에 앞장섰을까요?
- 두 사람의 노벨 평화상 수상이 갖는 의미는 무엇일까요?

박헌영

서로 다른 운명의 이인자

저우언라이

4

박헌영

朴憲永, 1900~1956

- 1900년 대한 제국 충남 예산 출생
- 1925년 서울에서 조선 공산당 결성
- 1928년 모스크바 국제레닌학교 수학
- 1933년 일본 경찰에 체포되어 6년간 수감
- 1946년 남조선 노동당 부위원장
- 1948년 조선 민주주의 인민 공화국 부수상
- 1956년 북한에서 미국 간첩 혐의로 처형

저우언라이

周恩來, 1898~1976

- 1898년 청나라 장쑤성 화이안 출생
- 1922년 중국 공산당 파리 지부 창설
- 1924년 황푸 군관학교 부주임
- 1935년 중화 소비에트 인민 공화국 중앙 혁명 군사 위원회 위원, 부주석
- 1937년 중국 공산당 수석대표
- 1949년~1976년 중화 인민 공화국 국무원 총리
- 1976년 중국 베이징에서 사망

저우언라이와 박헌영, 두 사람은 청소년기를 지나면서 자본주의에 바탕을 둔 제국주의 강대국들 사이의 전쟁, 심각한 빈부 격차, 불평등에 문제의식을 느끼고 사회주의자가 되었습니다. 두 사람은 모두 공산당에서 활동하며 사회적 불평등에 맞서 싸웠고, 침략 전쟁을 일삼는 제국주의 일본에 저항했습니다. 제2차 세계 대전에서 일제가 패망한 후에는 새롭게 세워진 사회주의 국가의 이인자가 되어 중요한 역할을 수행하기도 했습니다. 그러나 한 사람은 '간첩'으로 몰려 처형당했고, 한 사람은 서민과 함께한 '인민의 총리', '위대한 이인자'로 지금까지도 사랑과 존경을 받고 있습니다. 무엇이 이 둘의 운명을 이토록 정반대로 바꾸어 놓았을까요?

불평등에 맞서 확산된 사회주의

지금으로부터 200여 년 전, 유럽에서는 산업 혁명이 일어나면서 공업이 생산 활동의 중심이 되고, 현금, 토지, 공장 등 자본의 소유 정도에 따라 삶의 모습에 큰 차이가 나타나는 자본주의 사회가 출현했습니다. 이후 빈부 격차와 실업 등 사회 문제가 심각해졌는데 그중 대표적인 것이 바로 노동 문제였습니다. 당시 자본가들은 최소 비용으로 최대 이익을 얻으려고 노동자들에게 낮은 임금을 주며 오랜 시간 일을 시켰고, 심지어 매우 싼 임금으로 여성과 어린이까지 고용했습니다.

이러한 상황에서 아무리 열심히 일해도 가난에서 벗어나기 힘든 노동자·농민의 참혹한 현실을 드러내고 심각한 빈부 격차와 같은 자본주의의 문제점을 비판하는 사회주의가 등장했습니다. 사회주의란, 토지와 공장을 '개인'이 아닌 '사회'가 소유함으로써 자본가·지주 계급을 없애야 한다고 주장하는 사상입니다. 사회주의는 유럽을 중심으로 빠르게 퍼졌고, 아시아 지식인들 사이에서도 확산되었습니다. 다음은 1907년경 중국의 한 지식인이 쓴 글입니다.

"현재 힘이 약한 여러 나라에서 돈이 될 만한 모든 것들은 강대국이 빨아들이고 있고, 인민들은 가난에 허덕이고 있다. 인민들은 살길이 없어 사회주의로 향하지 않을 수 없다. (…) 도쿄 유학생과 사회주의를 논하면 모두 기뻐하며 찬성한다. 사회주의의 확산은 이미 시작되었다. 중국 인민 가운데 토지 소유의 평등을 외치는 자가 있는가 하면, 도쿄에서는 사회주의를 다룬 책과 잡지가 만들어지고 있다."

1917년에는 러시아에서 레닌*을 비롯한 사회주의 세력이 벌 떼처럼 들고일어나 노동자·농민·병사들의 대표 기관인 소비에트가 이끄는 사회주의 공화국을 세우는 사건이 일어났습니다. 이 사건을 러시아 사회주의 혁명이라고 합니다. 이들은 개인이 소유하고 있던 토지와 공장들을 빼앗아 사회(국가) 소유로 만들고, 공산당의 독재로 운영했습니다. 이렇게 만들어진 세계 최초의 사회주의 국가는 소련(소비에트 사회주의 공화국 연방)**의 결성을 주도했습니다.

• 레닌(1870년~1924년)은 러시아의 혁명가이자 정치가이다. 소련 공산당의 시초인 볼셰비키를 결성하였으며 최초의 사회주의 국가 건설을 주도했다.

•• 1922년에 결성된 연방 국가로 여러 소비에트 사회주의 공화국으로 구성되었다. 동유럽에서 중앙아시아와 동북아시아까지 이르는 광대한 영역을 차지했다.

레닌은 자본주의와 제국주의가 가져온 차별과 불평등으로 고통 받는 나라들을 지원하겠다고 약속하면서 러시아가 갖고 있던 모든 식민지를 포기하고, 러시아에만 유리했던 중국과의 불평등 조약도 폐기했습니다. 그러자 세계 각 지역의 식민지 지식인들이 사회주의에 폭발적인 관심을 보였습니다. 레닌은 '국제 사회주의자 연맹'이라는 뜻의 '코민테른'을 조직하고 세계 각국의 공산당 결성을 지원했습니다. 그 결과 아시아에서는 몽골 인민당을 시작으로 중국 공산당, 일본 공산당, 조선 공산당, 인도차이나 공산당이 결성되었습니다.

1920년 7월 코민테른 제2차 세계 대회에서 레닌이 연설하고 있다. 코민테른 제2차 세계대회에는 40개국에서 파견된 대표 217명이 참석했다.

남과 북에서 모두 버림받은 사회주의자, 박헌영

박헌영은 1900년 충청남도 예산에서 농업과 상업으로 부를 쌓은 집안의 서자로 태어났습니다. 경제적으로 부족함은 없었지만 서자라는 사실은 꼬리표처럼 박헌영을 따라다녔고 그는 주변의 무시와 천대를 참고 살아야 했습니다. 훗날 그의 고향 주민들이 "박헌영이 사회주의 사상에 관심을 갖게 된 것은 서자로서 겪은 설움에서 비롯된 저항 의식 때문일 것"이라고 증언했을 만큼 유년 시절은 그에게 큰 상처였습니다.

열다섯 살 무렵, 서울의 경성고등보통학교에 진학한 박헌영은 정치, 철학, 역사에 깊은 관심을 가졌고, 일제의 조선 침략을 사회적 부조리로 인식했습니다. 미국 대통령 우드로 윌슨*이 발표한 민족 자결주의**에 깊은 감명을 받았고 열아홉 살 때 3·1 운동이 일어나자 만세 시위에 참여했습니다. 이로 인해 경찰에 체포되어 학교에서 퇴학당할 위기에 처했지만, 가까스로 경성고등보통학교를 졸업할 수 있었습니다.

성인이 된 박헌영은 관례에 따라 자와 호를 지었는데, 그는 자신의 호를 '이정而丁'이라고 지었습니다. 이정은 농가에서 곡식을 그러모으거나 펴고 밭의 흙을 고를 때 쓰는 고무래를 뜻하는 말로, 가난한 농민들이 가장 자주 쓰는 도구였습니다. 그가 이런 호를 지은 것은 썩고 부패한 사회의 가려운 곳을 긁어내고 농민들을 대변하는 사람이 되겠다는 의지의 표현이었습니다. 이 무렵 그는 사회주의 사상을 접하면서 본격적으로 독립운동의 길에 들어섰습니다. 1920년에 중국 상하이로 건너가 고려 공산 청년회

* 윌슨(1856년~1924년)은 미국의 제28대 대통령으로, 1918년 민족 자결 주의를 포함한 14개조 평화 원칙을 발표했으며 이를 바탕으로 국제 연맹 창설을 위해 노력했다. 1919년 노벨 평화상을 수상했다.

** 민족 자결주의란 각 민족은 다른 민족의 간섭을 받지 않고 자신의 정치적 운명을 스스로 결정할 권리가 있다는 주장을 말한다. 1918년 미국의 윌슨 대통령이 제창하고 파리 평화 회의에서 채택되어 식민지 국가의 독립운동에 많은 영향을 끼쳤다.

역사 선생님이 들려주는 동아시아 맞수 열전

에 주도적으로 참여했으며, 2년 뒤에는 이 단체의 책임자로 선출되었습니다. 이후 코민테른의 지시에 따라 식민지 조선 땅에서 공산당을 조직하기 위해 국내에 들어왔지만, 일제 경찰에 체포되어 2년 가까이 감옥살이를 했습니다.

감옥에서 나온 박헌영은 공산당을 조직하는 데 집중해 1925년 4월, 조선 공산당 결성에 성공했습니다. 당시 '사회주의의 심장' 역할을 했던 코민테른은 '한 나라에 하나의 공산당(일국일당)'이라는 원칙을 세웠는데, 조선 공산당은 코민테른으로부터 공식적으로 승인받은 공산당이었습니다. 스물다섯 살의 나이에 박헌영은 조선의 사회주의 세력을 대표하는 인물로 떠올랐습니다.

그러나 조선 공산당을 결성한 지 얼마 되지 않은 1925년 겨울, 그는 100여 명의 당 간부들과 함께 다시 경찰에 체포됩니다. 당시 일제는 사회주의를 심하게 탄압했는데, 사회주의자를 잡아들이기 위해 치안 유지법이라는 법률을 따로 제정할 정도였습니다. 일본을 지배하는 사람들이 바로 자본가와 지주 그리고 이들과 연결된 정치인들이었기 때문입니다.

박헌영은 고문으로 동료를 죽인 수사관들에 대한 분노를 참지 못해 재판정을 뒤집어 놓기 일쑤였고, "왜 죽었느냐?"고 격렬히 항의하며 판사를 때리는 등 소란을 피웠습니다. 또한 재판정에서 "공산주의자의 목적은 조선의 해방과 정의의 실현"이라고 밝히는 등 과감하고 도전적인 발언 때문에 재판이 끝나고 나면 가혹한 폭행과 고문을 당했습니다. 결국 박헌영은 '정신 이상' 판정을 받아 감옥에서 풀려납니다.

1928년에 식민지 조선을 탈출해 소련의 모스크바로 건너간 박헌영은 코민테른의 지원으로 공산당 최고 간부를 길러 내는 학교인 국제레닌학교

모스크바 국제레닌학교 시절의 박헌영(맨 앞줄 가운데). 맨 뒷줄 오른쪽 첫 번째 인물이 베트남의
독립운동가 호찌민이다. 국제레닌학교와 동방노력자공산대학은 비슷한 기능을 수행했지만 동방
노력자공산대학은 코민테른이 식민지 피지배국의 공산주의 지도자를 길러 내기 위해 세웠다.

를 다녔습니다. 그리고 동방노력자공산대학에 유학 온 조선인들을 지도하
는 역할을 수행했습니다.

유학 생활을 마친 박헌영은 1932년 코민테른의 지시로 중국 상하이
에 파견되어 조선 공산당 재건을 위한 활동에 주력했습니다. 그러나 1년
반 만에 다시 일본 경찰에 체포되어 6년간 감옥에 갇히는 신세가 됩니다.
1939년 감옥에서 풀려난 후 이관술, 김삼룡 등과 함께 조선 공산당의 재
건을 위해 애썼지만, 조선 총독부 경찰의 살벌한 감시와 추적을 피해 다
녀야 했습니다.

박헌영은 1942년부터 전라남도 광주로 내려가 김성삼이라는 가명
으로 벽돌 공장에 취직해 몸을 숨겼습니다. 이러한 상황에서도 박헌영은

일제가 제2차 세계 대전에서 패망할 것을 예상하고, 비밀스럽게 사회주의자들과 연락을 주고받으며 해방 후의 활동을 논의했습니다.

마침내 1945년 8월 15일 해방을 맞이하자, 서울 종로 거리에는 다음과 같은 글귀가 적힌 벽보가 곳곳에 나붙었습니다.

"박헌영 동무여! 어서 나타나 우리의 나아갈 길을 지도하라!"

해방 무렵 사회주의자들 사이에서 박헌영의 존재감을 잘 보여 주는 사례입니다. 수도인 서울로 올라온 박헌영은 해방을 맞이한 지 한 달도 안되어 다양한 계열의 사회주의자들을 모아 조선 공산당을 다시 세우고 대표로 취임했습니다.

박헌영은 당당했습니다. 무엇보다 식민지 시기 일제에 맞서 지속적으로 저항해 온 사회주의자들에 대한 자부심이 컸습니다. 국내외의 모든 독립운동에서 사회주의자들이 핵심적인 역할을 수행했기 때문입니다. 그의 이러한 자부심은 1946년 4월에 발표한 〈조선 인민에게 드림〉이라는 제목의 선언문에도 잘 드러나 있습니다.

"우리 당은 25년이라는 세월 동안 꾸준히 싸워 왔다. 공산주의자라는 구실로 국내에서만 수천 명의 생명이 목숨을 잃었고, 셀 수 없이 오랜 세월을 감옥에서 살았다. 조선 총독부와 타협하지 않은 유일한 혁명 정당, 투쟁 정당이었다. (…) 우리 민족의 해방과 발전의 역사적인 첫 페이지에서 조선 공산당은 그 역사적 사명을 충실히 수행했다는 사실을, 금빛이 나는 글자로 새길 만한 권리가 있다."

그러나 역사는 식민지 시기 내내 투쟁의 끈을 놓지 않았다는 박헌영의 자부심을 허락하지 않았습니다. 그토록 기다렸던 해방은 남과 북으로 갈라진 반쪽짜리 해방이었기 때문입니다. 한반도는 해방 직후 북위 38도선 이남은 미국군이, 이북은 소련군이 점령했습니다. 따라서 서울에 있던 박헌영의 조선 공산당은 자본주의 진영인 미군정이 통치하는 상황에서 활동할 수밖에 없었습니다. 결국 1946년 9월, 박헌영은 미군정의 사회주의 세력 탄압을 피해 북한으로 탈출했습니다. 두 달 뒤 그는 사회주의 세력의 통합 정당으로 만들어진 남조선 노동당(남로당)의 부위원장으로 선출되었지만, 북한 지역에 머물면서 이른바 '박헌영 서한'을 통해 남로당의 활동을 지도해야 했습니다. 하지만 이미 북한 지역은 김일성이 지도자로 자리 잡고 있었기 때문에, 세력 기반이 남한 지역에 있던 박헌영은 이후 정치적인

북한의 초대 내각 구성원. 실질적으로 김일성과 북로당이 장악하고 있었으며 남한 지역이 세력 기반이었던 박헌영은 정치적인 역할을 거의 하지 못했다. 앞줄 중앙이 김일성, 그 옆의 안경 쓴 선 인물이 박헌영이다.

역할을 거의 하지 못한 채 부수상 겸 외교 책임자로 형식적인 이인자의 지위에 그칠 수밖에 없었습니다.

결국 실질적인 권력을 갖지 못한 채 외교적 상징으로만 남아 있던 박헌영은 6·25 전쟁이 끝날 무렵인 1953년 3월, 김일성이 남조선 노동당 계열 인사들을 제거하기 시작하면서 체포되고 말았습니다. 그리고 3년 뒤, 미국의 간첩으로 정부를 뒤집어엎으려는 음모를 꾸몄다는 죄목으로 처형되었습니다. 그의 나이 쉰여섯 살이었습니다. 박헌영의 마지막 재판을 목격했던 한 인물이 쓴 글에는 이렇게 적혀 있었습니다.

"나는 불행하게도 조선 공산주의 운동 역사에서 가장 추악한 장면을 목격했다. 김일성의 두 손에는 정직한 조선 공산주의자들의 피가 발려 있다. 일본, 미국이 죽이지 못한 조선 공산주의자들을 김일성이 한 명씩 다 죽여 버렸다."

지금도 여전히 존경받는 이인자, 저우언라이

2018년 3월, 중국 공산당의 뉴스 사이트인 런민왕人民網에는 '추억의 사진전'이라는 제목과 함께 이러한 글이 게시되었습니다.

"그는 위대한 사회주의 사상가, 위대한 노동자·농민 계급 혁명가, 정치가, 군사 전략가, 외교관, 당과 국가의 중요한 리더 중 한 명, 중국 인민 해방군의 중요한 창건자 중 한 명, 중화 인민 공화국의 개국 공신, 마오쩌둥

동지를 핵심으로 한 당의 제1대 중앙 지도층의 중요한 구성원이다."

2018년 3월 5일은 저우언라이가 태어난 지 120년이 되는 날이었습니다. 중국 공산당은 이날을 '저우언라이 총리 탄신 120주년 기념일'로 이름 짓고 "120장의 소중한 옛 사진을 통해 위인의 일생을 재현한다"고 런민왕 홈페이지를 통해 밝혔습니다.

저우언라이가 세상을 떠난 지 40여 년이 지났는데도 중국 공산당은 이처럼 여전히 극찬을 아끼지 않습니다. 과연 그의 행적은 어떠했길래 지금도 변함없이 중국 공산당과 중국 국민으로부터 존경받을까요?

청나라의 가난한 하급 관리 집안에서 태어난 저우언라이는 유년기부터 신식 교육을 받으며 서구 사상을 익혔습니다. 그의 청소년기는 신해혁명으로 청나라가 무너지고 공화정이 수립되었던 때였습니다. 열아홉 살에 일본으로 유학을 떠난 저우언라이는 메이지대학에 입학할 정도로 학업 능력이 뛰어났지만, 제1차 세계 대전 이후 중국을 식민지로 만들려는 일본 정부의 야욕이 드러나자 학업을 중단하고 귀국했습니다. 귀국 후에는 제국주의에 대항하는 학생 조직에 가담했다가 얼마 지나지 않아 프랑스 파리로 유학간 뒤 파리에서 중국 공산당에 정식으로 입당했습니다.

저우언라이도 박헌영처럼 사회주의가 본격적으로 확산되던 1920년대 초부터 중국 공산당에서 활동하며 두각을 나타냈습니다. 1920년대 후반 장제스의 국민당이 중국 공산당에 대대적인 공격을 시작하자, 그는 중국 공산당 중앙위원회의 주요 직책을 맡아 공산당 조직을 지키는 데 온 힘을 다했습니다. 1930년대 중반에는 중국 공산당에서 마오쩌둥에 이어 이인자의 지위를 굳혔고, 중국 공산당을 대표해 내전을 중단하고 힘을 합쳐 일본

1963년 북한 대표단의 중국 방문을 기념하여 촬영한 사진이다. 마오쩌둥(앞줄 왼쪽에서 9번째)과 저우언라이(앞줄 왼쪽에서 11번째)도 참석했다.

군의 침략 전쟁에 맞서자는 합의를 국민당으로부터 이끌어 냈습니다. 또한 일본 패망 후 국민당과 중국 공산당이 중국 대륙 전체에 대한 주도권을 놓고 내전을 벌이던 상황에서는 공산당 군대를 총괄하는 책임을 맡기도 했습니다. 저우언라이는 중화 인민 공화국이 수립되는 날부터 1976년 1월 사망할 때까지 무려 27년 동안 총리로 지내면서 주로 외교, 협상 분야를 이끌었습니다. 그는 아시아, 아프리카, 유럽 등 수십 개 국가를 차례로 방문해 각국 지도자들과 활발하게 교류하면서 친선 관계를 맺고, 국제 사회에서 중국의 영향력을 확대하는 데 기여했습니다.

특히 1972년 미국과의 화해 외교는 전 세계의 주목을 받으면서 중국이 국제 무대의 한가운데로 진출하는 계기가 되었습니다. 미국 측 실무를 담당했던 헨리 키신저는 자신의 회고록인 《중국 이야기》에서 저우언라이의 인품과 카리스마에 찬사를 보냈고, 리처드 닉슨 대통령 역시 그의 유연한 정치력과 외교적 능력을 높이 평가했습니다.

1973년 헨리 키신저 미국 국무 장관(왼쪽)이 중국 베이징을 방문해 마오쩌둥 중국 국가 주석(오른쪽), 저우언라이(가운데) 총리와 함께 미중 국교 수립 문제를 논의하고 있다.

한편 중국이 인도나 이집트처럼 사회주의 진영, 자본주의 진영 어디에도 속하지 않은 제3세계 국가들과 관계를 유지하고 영향력을 행사할 수 있었던 데에도 저우언라이의 역할이 컸습니다. 오늘날 중국 정부가 아프리카 대륙에서 투자를 선점하고 아프리카 여러 국가에 영향력을 미칠 수 있는 것은 저우언라이가 남겨 놓은 외교적 유산 덕분이라고 평가합니다.

1976년 1월 8일, 저우언라이가 사망하자 중국은 그를 추모하는 사람들로 인산인해를 이루었습니다. 마오쩌둥이나 덩샤오핑 사망 때도 볼 수 없었던 거대한 추모 인파였습니다. 저우언라이가 중국인들의 마음속에 얼마나 크게 자리 잡았는지 보여 주는 사례입니다. 저우언라이의 죽음을 안타까워한 사람은 중국인뿐만이 아니었습니다. 유엔 본부에서는 그의 죽음을 애도하는 깃발을 게양했는데 이 또한 전례가 없는 일이었습니다.

저우언라이는 평생 청렴과 근면, 정직을 바탕으로 살았다고 전해집니다. 국민당과 중국 공산당이 치열하게 전투를 벌이던 상황에서도 저우언라이의 태도는 한결같았습니다. 국민당의 공격으로 궁지에 몰려 도망 다니던 시절, 농민 가정에 들어가 음식을 얻어먹을 때는 반드시 돈을 냈고, 집주인이 없는 집에 들어갔을 때에는 음식 값과 양해 편지를 써 놓고 음식을 가져갔다고 합니다.

저우언라이는 죽기 전 1년 반 이상 병원에 입원해 있었고 크고 작은 수술을 열 번 이상 받았습니다. 그 와중에도 머리맡에는 늘 서류 더미가 수북하게 쌓여 있었습니다. 입원해 있는 동안 그는 220명을 만났으며, 서른두 번 회의를 진행했고, 외국 손님을 예순다섯 차례 접견했습니다. 이처럼 그는 병실에서도 불철주야 중국을 위해 일했습니다.

저우언라이는 혁명가로서 누구보다 앞장서서 중국 공산당 창당에 기여했고, 한때는 마오쩌둥보다 더 높은 위치에 있었음에도 권력을 차지하기 위해 다투지 않았습니다. 마오쩌둥에게 복종하기만 했다는 비판도 있지만, 오히려 마오쩌둥이 무리하게 추진한 정책은 소신 있게 제동을 걸었으며, 문화 대혁명*이라는 파괴의 바람이 불어닥칠 때에는 자금성을 비롯해 수많은 문화유산을 지켜 냈습니다.

당시 중국의 적대국이었던 미국의 리처드 닉슨 대통령은 저우언라이를 이렇게 평가했습니다.

● 문화 대혁명(1966년~1976년)은 마오쩌둥이 주도한 급진적인 사회주의 운동이다. 전근대적인 문화와 자본주의를 타파하고 사회주의를 실천하자는 명분 아래 당원 약 300만 명이 숙청되었고, 경제는 피폐해졌으며 혼란과 부정부패가 만연했다. 또한 이 기간 동안 중국의 수많은 문화유산들이 '구시대적 산물'로 간주되어 파괴되었다.

"마오쩌둥이 없었다면 중국의 혁명은 결코 불붙지 않았을 것이다. 하지만 저우언라이가 없었다면 그 불은 재가 되고 말았을 것이다."

더 생각해 볼까요?

- 20세기 초 전 세계적으로 사회주의가 확산된 까닭은 무엇일까요?
- 박헌영이 북한으로 가지 않고 남한에 머무르며 정치 활동을 계속했다면 어땠을까요?
- 박헌영과 저우언라이가 비슷한 신념과 행적을 지녔음에도 사망에 이른 과정과 조국에서의 평가가 크게 다른 이유는 무엇일까요?

호찌민

독립을 이끈 이들의 서로 다른 길

수카르노

호찌민

| 胡志明, 1890~1969 |

- 1890년 응에안성 호앙 쭈 출생
- 1911년 프랑스를 비롯한 유럽과 미국 견문
- 1923년 모스크바 동방노력자공산대학에서 공산주의 혁명 사상을 익힘
- 1941년 '베트남 독립 동맹(베트민)'을 조직
- 1945년 베트남 민주 공화국 주석으로 선출, 베트남 독립 선언
- 1954년 제1차 인도차이나 전쟁 승리
- 1969년 북베트남 하노이에서 사망

수카르노

| Sukarno, 1901~1970 |

- 1901년 자와섬 수라바야 출생
- 1927년 인도네시아 민족당 설립
- 1942년 일본군 치하 자카르타로 복귀, 일본군에 적극 협력
- 1945년 인도네시아 독립 전쟁 시작
- 1949년 네덜란드로부터 인도네시아 독립
- 1955년 반둥 회의 개최
- 1965년 탄핵
- 1970년 인도네시아 자카르타에서 사망

호찌민과 수카르노는 제국주의 열강의 침략과 지배에 맞서 조국의 독립을 이끌었던 인물입니다. 호찌민은 프랑스가 차지했던 인도차이나반도 안남의 응에안성에서 태어났고, 수카르노는 네덜란드가 차지했던 동인도의 자와섬 수라바야에서 태어났습니다. 호찌민은 프랑스의 식민지인 베트남에서, 수카르노는 네덜란드의 식민지인 인도네시아에서 서양 제국주의에 맞섰고, 제2차 세계 대전으로 유럽 제국주의 국가들이 잇달아 무너지자 이를 기회로 조국의 독립을 달성했습니다. 독립 후에도 이들의 여정은 끝나지 않았습니다. 제2차 세계 대전 중 나치에 의해 붕괴 직전까지 내몰렸던 프랑스와 네덜란드는 전쟁이 연합국의 승리로 끝나자, 식민지였던 인도차이나반도와 동남아시아 지역에 대해 또다시 야욕을 드러냈습니다. 이런 상황에서 호찌민과 수카르노는 조국의 완전한 독립을 위해 어떤 노력을 기울였을까요?

독립 선언서를 낭독하다

호찌민은 1890년 프랑스 지배하의 베트남 중부 응에안성에서 태어났습니다. 유학자였던 호찌민의 아버지는 1905년경 호찌민을 초등 수준의 프랑스식 예비 학교에 입학시켰고, 호찌민은 이후 꾸옥 응우*와 프랑스어, 한문 등 세 가지 언어를 함께 익히며 서구식 학문을 배웠습니다.

* 베트남어의 라틴어 표기법이다. 17세기 프랑스 예수회 선교사가 고안했다. 1885년 청프 전쟁에서 승리한 프랑스가 베트남에서 프랑스어 공용화를 추진하기 위한 수단으로 보급했다.

** 판쭈찐(1872년~1926년)은 베트남의 근대화 개혁을 주장한 계몽 운동가로 1907년 하노이에 통킹의숙을 세워 근대 교육을 이끌었다.

1911년 사이공(지금의 호찌민시)에서 프랑스로 떠난 호찌민은 2년 가까이 알제리, 튀니지, 인도, 세네갈, 수단, 마다가스카르, 미국과 영국 등 세계 여러 곳을 돌아다니며 견문을 넓혔습니다. 다시 프랑스로 돌아온 호찌민은 프랑스에 사는 베트남인을 위한 조직을 결성하고 베트남처럼 식민 지배를 받고 있는 조선 사람이나 튀니지 사람들과 교류를 이어 갔습니다. 1919년 1월에는 판쭈찐** 등과 함께 프랑스의 베르사유에 모인 연합국 지도자들에게 〈베트남 인민의 요구〉라는 성명서를 내며 윌슨의 민족 자결주의의 이상을 동남아시아에도 적용할 것을 촉구했습니다.

호찌민은 프랑스 사회당을 거쳐 프랑스 공산당에서 활동하면서 서구 제국주의의 식민지 민족 착취를 거세게 비판했고, 1923년에는 사회주의 혁명의 본고장인 소련으로 건너가 동방노력자공산대학(일명 스탈린 학교)에서 단기 과정을 수료하며 코민테른의 일원으로 활약했습니다. 모스크바 볼쇼이 극장에서 열린 코민테른 제5차 세계 대회에서 호찌민은 각국의 공산당 대표들에게 이렇게 말했습니다.

"현재 자본주의라는 뱀의 독과 생명력은 본국보다 식민지에 집중되어 있습니다. 식민지는 산업 원료를 공급합니다. 식민지는 군대에 병사를 공급합니다. 장차 식민지들은 반혁명의 요새가 될 것입니다. 자본주의는 식민지를 통해 자신을 부양하고, 자신을 방어하고, 사회주의자인 우리를 탄압하는데, 동지들은 왜 식민지를 무시합니까?"

1924년 11월, 호찌민은 열차를 타고 유라시아 대륙을 횡단해 동쪽 끝 블라디보스토크에 도착, 다시 배로 갈아타 중국 광저우에 도착했습니다. 그는 이곳에서 '베트남 혁명 청년회'를 결성했고, 1930년에는 인도차이나 공산당을 중심으로 세력을 키워 나갔습니다. 그러던 중 1939년 제2차 세계 대전이 일어나자 베트남을 식민지로 차지하고 있던 프랑스가 독일에 의해 무너졌고, 이 상황을 틈탄 일본이 베트남을 침공했습니다. 이러한 국제 정세 속에서 호찌민은 베트남으로 돌아와 1941년 베트남 독립 동맹 (이하 베트민)*을 조직하고 이후 독립운동에 매진해 1944년 12월에는 최초의 정규군인 베트남 해방군을 조직했습니다. 1945년 8월, 일본 패망 후 수도 하노이를 장악한 호찌민은 식민지 시기 프랑스의 괴뢰 정부를 대표하던 바오 다이 황제를 끌어내렸습니다. 그리고 마침내 1945년 9월 2일, 퓌지니에 광장(지금의 바딘 광장)에서 독립을 선언했습니다.

• 1941년 호찌민을 중심으로 공산주의 세력과 다양한 정파가 참여해 중국에서 결성한 독립운동 단체이다. 일본이 항복한 직후인 1945년 9월 2일 독립과 함께 베트남 민주 공화국의 성립을 공표했다.

"1791년 프랑스 혁명의 인권 선언문에는 이런 구절이 나옵니다. '모든 사람은 자유롭게, 평등한 권리를 가지고 태어났으며, 이 자유와 평등의 권리는 평생 유지되어야 한다'."

베트남을 지배한 프랑스인이 내세우는 가치를 오히려 베트남 독립의 명분으로 외친 호찌민의 연설에 베트남 국민은 열광했고, 프랑스와 일본의 제국주의가 짓밟고 간 베트남에 잠시 평화가 찾아왔습니다.

1945년 9월 2일, 하노이 퓌지니에 광장에서 개최된 독립 선언식.

네덜란드령 동인도를 인도네시아로 해방시키다

네덜란드령 동인도의 자와섬 수라바야에서 태어난 수카르노는 네덜란드 대입 준비 학교를 거쳐 반둥에 있는 테크니스호게 스쿨(지금의 반둥공과대학)에서 토목과 건축을 전공했습니다. 이때 이슬람 민족주의 지도자였던 쪼끄로아미노토의 딸과 혼인했고, 수많은 민족 운동가들의 영향을 받았습니다. 1927년 수카르노는 인도네시아 민족당(PNI)을 세우며 민족 운동가로 이름을 알리기 시작했습니다. 인도네시아를 지배하고 있던 네덜란드 당국은 수카르노의 행보를 감시하다가, 1929년 그를 재판정에 세웠습니다. 수카르노는 '인도네시아는 고발한다'라는 연설을 포함해 뛰어난 웅변술로 청중을 사로잡았고 전국적으로 주목받게 됩니다. 징역형을 살던 수카르노는 1931년에 특사로 풀려났으나 다시 체포되어 수마트라섬 서쪽 해안에서 유배 생활을 했습니다.

긴 유배 생활이 이어지던 1941년, 수카르노에게 기회가 찾아왔습니다. 아

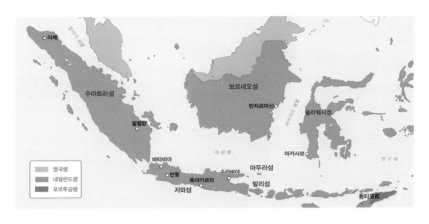

1941년 당시 네덜란드가 지배하던 동인도(지금의 인도네시아) 주요 지역.

시아 태평양 전쟁을 일으킨 일본군이 1941년 말부터 보르네오섬, 수마트라섬, 자와섬 등을 빠르게 장악하고 수마트라섬 남부에 있던 팔렘방의 유전을 차지했습니다. 일본군은 자와 해전에서 네덜란드 해군을 격파했고, 네덜란드 식민지 정부는 호주로 도망쳤습니다. 이러한 상황에서 수카르노는 유배 생활에서 풀려나 1942년 바타비아(지금의 자카르타)로 돌아올 수 있었습니다.

바타비아로 돌아온 수카르노는 네덜란드를 몰아낸 일본군과 동행하며 서양 제국주의에 반대하는 연설을 이어갔습니다.

> "알라를 찬양하라. 알라는 죽음의 골짜기에서 마침내 나에게 길을 보여 주셨다. 그렇다. 인도네시아의 독립은 오직 대일본 제국의 힘을 빌려 성취될 수 있을 것이다. 평생 처음 나는 자신을 아시아의 거울에 비춰 볼 수 있었다."

이후 수카르노는 일본군이 요구하는 노동자 강제 징용과 물자 징발에 적극적으로 협력했습니다. 징용에 끌려갔던 수많은 인도네시아인은 일본군의 가혹 행위와 굶주림에 시달렸고, 많은 이들이 죽어 갔습니다. 그러나 수카르노는 독립을 위해 이 정도 희생은 어쩔 수 없다고 생각했습니다. 미드웨이 해전* 이후 동남아시아에서 일본군의 세력은 크게 위축되었지만 수카르노는 상황을 제대로 인식하지 못했습니다. 그는 계속 일본에 협력하며 인도네시아인으로 이루어진 부대인 조국 수호단(PETA) 등을 조직했고, 일본 덴노(천황)에게 훈장까지 받았습니다. 이런 식으로 일본군에 적극적으로 협력했던 사실 때문에 수카르노는 훗날 전범으로 낙인찍히기도 했습니다.

1945년 패망 직전의 일본은 수카르노에게 거짓으로 독립을 약속했습니다. 수카르노는 일본을 조금도 의심하지 않았고 일본의 의도를 전혀 알아차리지 못했습니다. 오히려 일본의 약속을 믿고 독립을 준비해 나갔습니다. 1945년 8월 15일, 일본 덴노가 공식 항복을 선언하자 수카르노는 독립 선언을 머뭇거렸고, 이를 답답하게 여기던 청년들이 수카르노를 납치해 즉각 독립을 선언해야 한다고 설득했습니다. 수카르노는 밤새 고민한 끝에 8월 17일, 자카르타에 있는 자택에서 독립 선언문을 낭독했습니다.

1945년 8월 17일, 수카르노가 자카르타에 있는 자신의 집 앞에서 독립 선언문을 낭독하고 있다.

"일본군 점령 기간에도 민족의 독립을

달성하려는 우리의 노력은 한 번도 중단된 적이 없습니다. 일제 강점기에 우리는 다만 그들에게 허리를 굽혀 절하듯 보였을 뿐입니다. 이제 진정으로 우리의 운명과 조국의 운명을 우리 손으로 결정해야 할 순간이 왔습니다. 자신의 운명을 자신의 손으로 개척할 충분한 용기를 가진 민족만이 자력으로 일어설 수 있을 것입니다."

멀고도 험한, 진정한 독립의 길

덴노의 항복 선언 이틀 뒤인 8월 17일, 수카르노는 인도네시아의 독립을 선언했고, 9월 2일에는 호찌민이 베트남의 독립을 선언했습니다. 한편 제2차 세계 대전이 벌어지는 동안 나치 치하에서 숨죽이고 있던 프랑스와 네덜란드는 연합국 일원으로 승전국이 되었습니다. 프랑스는 베트남 등 인도차이나 전체를, 네덜란드는 인도네시아 일대를 다시 차지하려 했습니다.

1946년 3월, 호찌민은 프랑스와 하노이 협정을 체결하며 베트남 민주 공화국의 독립을 인정받았습니다. 그러나 프랑스는 곧바로 협정을 깨고 수도 하노이로 진격했고 제1차 인도차이나 전쟁˙이 시작되었습니다. 호찌민은 주변국의 지원을 받으며 프랑스의 공세를 막아 냈습니다. 그러자 미국이 인도차이나반도˙˙에 공산주의가 퍼지는 것을 막기 위해 프랑스를 지원했고 베트남은 냉전의 격전지가 되었습니다.

호찌민은 예순 살이 넘은 나이에도 배낭을 메고 농민

˙ 인도차이나 전쟁은 베트남 독립 과정에서 미국과 프랑스, 중국 등과 베트남이 벌인 전쟁이다. 1954년부터 1979년까지 모두 세 차례 전쟁이 일어났다. 제1차 인도차이나 전쟁은 프랑스를 상대로, 1964년 제2차 인도차이나 전쟁은 미국을 상대로, 1979년 제3차 인도차이나 전쟁은 중국을 상대로 벌였는데 베트남이 모두 승리했다.

˙˙ 아시아 동남부에 있는 반도로, 베트남, 캄보디아, 라오스, 타이, 미얀마 등의 나라가 있다.

복장을 한 채 전선을 돌면서 베트민 군사들과 함께했습니다. 호찌민과 베트민 지도자들은 1954년 1월 중순부터 5만여 명의 베트민 정규군, 약 5만 명의 지원군, 물자 수송에 참여한 노동자 10만여 명을 동원하며 디엔 비엔 푸의 프랑스군 기지로 진격했습니다. 전투 시작 4개월 만에 베트민군은 디엔 비엔 푸를 점령하고 프랑스군의 항복을 받아 냈습니다. 이렇게 제1차 인도차이나 전쟁은 베트민의 승리로 막을 내렸습니다.

• 제네바 회담은 1954년 4월 26일 스위스 제네바에서 인도차이나와 한반도 문제를 해결하기 위해 진행된 회담이다.

그러나 전쟁 직후 개최된 제네바 회담[•]에서 "베트남을 북위 17도선 경계로 나누고, 2년 후 베트남 전 지역에서 총선거를 실시해 통일 정부를 수립한다"는 결정이 내려졌습니다. 제네바 회담의 결정에 반발한 호찌민은 프랑스와 싸워 이겼는데도 웃을 수가 없었습니다. 그는 하노이로 돌아와서도 개선 행진이나 승전 기념식에 참석하지 않았습니다.

한편 남베트남에서는 미국의 지원을 받은 반공주의자 응오 딘 지엠이 대통령이 되었고, 남베트남의 공산주의자들은 남베트남 민족 해방 전선(일명 베트콩)을 조직해 저항했습니다. 호찌민이 이끄는 북베트남은 남베트남의 베트콩을 지원하기로 결정했고, 미국은 공산주의의 확산을 막는다는 명분을 내세우며 남베트남 정부를 적극 지원했습니다. 어느덧 베트남 문제는 북베트남과 미국의 대결로 치닫고 있었습니다.

•• 통킹만은 베트남 북부, 중국의 레이저우 반도와 하이난섬으로 둘러싸인 만이다. 1964년 통킹만 해상에서 북베트남이 미국 군함을 공격한 사건이 발생하자 이를 계기로 미국은 본격적으로 베트남 전쟁에 개입했다. 그러나 통킹만 사건은 베트남 전쟁에 개입하기 위한 미국의 조작으로 밝혀졌다.

응오 딘 지엠 정부의 거듭된 부패와 실정이 이어지자 남베트남의 수도 사이공(지금의 호찌민시)에서 쿠데타가 일어났습니다. 남베트남은 혼란에 빠졌고, 호찌민은 이 상황이 베트남 통일에 유리하게 작용할 것이라 예상했습니다. 이 무렵 미국은 통킹만 사건^{••}을 구실로 남베트남에 군대를 파병했습니다. 남베트남 내 미군의 규모가 20만 명을 넘어섰고, 북베트남 정부군도 미국과 전쟁을 준비하며 규모를 늘려 갔습니다.

한편 인도네시아 독립 선언 이후 수카르노는 어떤 길을 걸었을까요? 연합군의 일원이었던 영국군은 자와섬에 상륙해 일본군을 무장 해제시켰습니다. 영국군은 수카르노의 독립 선언을 무시하고 통치권을 다시 네덜란드 식민지 정부에게 돌려주었습니다. 이러한 영국군의 행위는 수카르노를 비롯한 인도네시아의 민족 지도자들에게 큰 충격이었습니다.

1946년 1월, 수카르노는 수도를 욕야카르타°로 옮겼고, 인도네시아 공화국군은 네덜란드군에 맞서 치열하게 싸우며 인도네시아 독립 전쟁을 이어 나갔습니다.

° 욕야카르타는 자와섬 동부에 위치한 도시로 보로부두르 유적 등이 존재하는 역사와 전통이 깊은 도시이다. (67쪽 지도 참조)

수카르노는 인도네시아 국내 정치 세력 간에 분열을 방지하고자 '판짜실라'를 내세웠습니다. 판짜실라란, 민족주의와 국제주의(인본주의), 민주주의, 사회주의(사회정의), 신앙을 모두 포괄하는 이념입니다. 수카르노는 반네덜란드·반일 투쟁에 노력했던 사람들, 네덜란드에 협력했던 사람들, 일본군에 기대며 성장한 사람들과 이슬람 근본주의자, 공산주의자 등 다양한 이들에게 화합의 메시지를 보내며 통합을 이끌어 나갔습니다.

이렇게 국내외의 혼란을 극복한 수카르노는 1949년 5월, 네덜란드와 '레엠-판 로에이언 조약'을 체결하며 인도네시아 독립 전쟁을 끝낼 수 있었습니다. 이후 헤이그 원탁회의에서 "네덜란드는 네덜란드령 동인도의 모든 영토를 인도네시아에 이양한다"고 결정했고, 1949년 12월 27일 인도네시아 연방 공화국이 수립되었습니다. 5년 가까이 독립 전쟁을 치르면서 인도네시아인은 내부의 갈등을 넘어 통합된 국민이 되어 갔습니다.

두 지도자의 서로 다른 길

베트남 전쟁이 한창이었지만 어느덧 70대 노인이 되어 버린 호찌민은 정치 일선에서 물러나 일반 국민과 함께 일상을 나누며 살았습니다. 베트남 국민은 호찌민을 "호 할아버지"라고 친근하게 부르며 여전히 존경하고 사랑했습니다. 자신의 건강이 전과 같지 않다고 느낀 호찌민은 베트남 인민에게 남길 유언장을 작성했습니다. 호찌민의 건강이 점점 나빠지던 1968년 1월, 베트민 정부군은 뗏(베트남의 설날) 공세를 시작하며 미국과 전면전에 나섰고, 이 공세로 베트남 통일의 열망을 대내외에 드러냈습니다.

베트남 국민에게 사랑과 존경을 받았던 '호 할아버지'는 독립을 선언한 지 24주년이 되던 날인 1969년 9월 2일, 생을 마감했습니다. '호 할아버지'가 베트남 인민들에게 남긴 유언장에는 "전쟁의 상처를 빠르게 치유하고 베트남 인민의 생활 수준을 높여야 한다"는 충고가 담겨 있었습니다. 또한 자신의 장례식을 치르느라 인민의 돈과 시간을 낭비하지 말고 조용히 화장해 달라는 말이 적혀 있었습니다. 마지막까지 국민을 생각하고 청빈하게 살았던 그의 인품을 잘 보여 줍니다.

한편 독립 이후 수카르노는 인도네시아 국내에서는 대통령에게 권력을 집중시키며 통치 기반을 다졌고, 국제적으로는 반둥 회의*를 개최하며 인도네시아를 제3세계의 중심 국가로 이끌어 나가고자 했습니다. 그러나 한편으로는 독재의 길을 걷기 시작했습니다. 1960년, 수카르노는 의회를 해산하고 국회 의원 절반을 대통령이 지명하도록 제도를 바꾸며 권

* 반둥 회의는 1955년 인도네시아 반둥에서 개최된 국제회의이다. 수카르노가 인도의 네루, 중국의 저우언라이, 이집트의 나세르와 함께 추진했으며 아시아, 아프리카의 29개국이 참여해 평화 10원칙에 합의했다. '아시아·아프리카 회의'라고도 한다.

력을 장악했습니다. 수카르노의 이러한 정치 방식은 얼마 후 우리나라 박정희 정부의 유신 체제 당시 설치되었던 '통일 주체 국민 회의'의 모델이 되기도 했습니다. 수카르노의 이러한 정치 체제를 '교도 민주주의●' 또는 '나사콤 체제'라고 합니다. '나사콤NASAKOM'은 민족주의NAS 와 이슬람교A, 공산주의KOM를 합쳐 만든 체제라는 뜻입니다.

● 수카르노가 제창한 민주주의를 표방한 일종의 강력한 독재 체제를 말한다.

　　이후 수카르노의 인도네시아는 서파푸아를 침공했고, 연이어 말레이시아 연방과 전쟁을 벌였습니다. 내부적으로는 군 세력과 공산당 세력의 권력 다툼이 이어졌고 1965년 9·30 쿠데타가 일어나며 수하르토와 군부가 권력을 장악했습니다. 수하르토는 9·30 쿠데타의 책임을 공산당에 돌리며 100만 명이 넘는 사람들을 학살하고 수카르노를 집에 가두었습니다. 3년 남짓한 시간 동안 누추한 방에서 기거하며 병세가 악화된 수카르노는 1970년 6월 21일, 자카르타 자신의 방에서 조용히 생을 마감했습니다.

더 생각해 볼까요?

- 두 사람은 독립운동을 하며 평생을 보냈으나 조국 독립 후 한 사람은 존경받는 지도자로 남았고, 다른 한 사람은 독재자로 비참하게 인생을 마쳤습니다. 두 사람의 인생은 왜 이렇게 달라졌을까요?
- 제2차 세계 대전은 베트남과 인도네시아의 입장에서 어떤 전쟁이었으며, 어떤 의미로 기억되고 있을까요?
- 네덜란드의 지배에서 벗어나 독립에 성공한 인도네시아가 주변국을 침략한 행위는 어떻게 해석해야 할까요?

양칠성

국가와 국가, 가해와 피해의 경계에 선 사람

탁경현

양칠성

|梁七星, 1919~1949 |

- 1919년 한국 전북 전주 출생
- 1942년 일본 남방군 소속으로 자와섬에서 포로수용소 감시원으로 근무
- 1945년 인도네시아 독립운동에 참가
- 1949년 네덜란드군에 체포되어 총살

탁경현

|卓庚鉉, 1920~1945 |

- 1920년 한국 경남 사천 출생
- 1943년 육군 특별 조종 견습사관으로 다치아라이 육군비행학교 1기생 입학
- 1944년 일본군 육군 소위에 임관
- 1945년 가미카제 특공대 참여, 사망

야나가와 시치세이와 코마루딘은 각각 양칠성의 일본식 이름과 인도네시아식 이름입니다. 양칠성은 일본군의 침략을 받던 인도네시아에서 일본군 포로수용소 감시원으로 근무했습니다. 1945년 일본이 패망하자 그는 귀국하지 않고 인도네시아 독립 전쟁에 참전해 네덜란드군과 싸우다 사망했습니다.

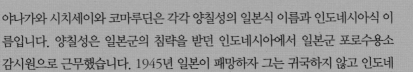

미쓰야마 후미히로는 탁경현의 일본식 이름입니다. 그는 조선인으로 일본군에 입대해 소위로 임관한 후 가미카제 특공대원으로 죽음을 맞았습니다. 양칠성과 탁경현은 민족과 국가, 친일과 저항을 중심으로 일제 강점기 역사를 바라보던 우리 시야에서 벗어나 있는 인물입니다. 고달팠던 우리 역사의 한 시기에 엄연히 존재했던 두 사람을 기억하는 것은 우리에게 어떤 의미일까요?

'황국 신민'의 영광을 안고 죽으라

1940년대로 접어들며 일제는 무리하게 태평양 지역까지 전선을 넓혔고, 패색이 짙어지자 조선인을 비롯한 식민지 주민들까지 전쟁에 직접 동원하기 시작했습니다. 특히 제1차 세계 대전에 패배한 후 전쟁 범죄로 처벌받는 독일인을 보며, 전쟁에서 지더라도 자국민의 책임을 최소화하기 위해 포로 감시원 같은 직책은 가능한 식민지 주민으로 동원하고자 했습니다. 일제는 1942년 필요한 법안을 마련하고, 이에 근거해 일본이 침략 중이었던 동남아시아 지역에서 근무할 포로 감시원을 모집했습니다. 마을의 면장들은 어차피 강제 징용이나 강제 징집을 당할 바에는 눈 딱 감고 2년만 고생하면 돈도 벌 수 있다는 감언이설로 청년들을 꾀었습니다. 일제는 조선인을 포로 감시원으로 고용하는 것은 일본인과 같은 황국 신민으로 인정했기 때문이라며, 조선인에게 큰 영광이라고 선전했습니다. 지원자가 없는 지역에서는 협박과 회유가 반복적으로 이어졌습니다.

이렇게 동원된 조선인 포로 감시원들은 부산에서 두 달 정도 기초적인 군사 교육을 받고 동남아시아 일대로 파견되었습니다. 조선인 포로 감시원들은 일본군의 명령에 따라 주로 미국인, 영국인, 네덜란드인 등 외국인 포로들의 노동을 감시했습니다. 그러나 포로들에게 노동을 시키는 것은 국제적으로 통용되는 포로 대우 조약을 어기는 일이었습니다. 이렇게 포로 감시원으로 일했던 조선인들은 전쟁이 끝난 후 B급, C급 전범[*]으로 재판에 넘겨져 사형당하는 일이 많았습니다.

* 당시 극동 군사재판에서는 전쟁 범죄를 평화를 위반한 죄(침략 전쟁 계획 등으로 이를 저지를 시 A급 전범), 통상적인 전쟁 범죄(살해, 약탈, 노예 노동 등으로 이를 저지를 시 B급 전범), 인도를 위반한 죄(일반 시민에게 가해진 비인도적 행위 등으로 이를 저지를 시 C급 전범)로 나누었다. 즉 A, B, C급은 전쟁 범죄의 위계 체계가 아니라 분류 체계이다. 그런데 A급 외의 전쟁 범죄는 엄격히 구분이 어려워 통상 'B, C급 전쟁 범죄'로 함께 취급되었다.

1944년이 되자 일제의 패배는 확실해졌습니다. 일제는 최후의 몸부림으로 '가미카제* 특공대'를 창설했습니다. 가미카제 특공대의 임무는 폭탄과 연료 탱크를 실은 비행기를 타고 미국 전함에 충돌해 자폭하는 것이었습니다.

덴노(천황)를 위해서라면 목숨까지 바치겠다고 외치던 일본인들도 가미카제 특공대에 지원하기를 두려워했습니다. 그러자 일제는 학도병(학생 출신의 군인)이나 소년 비행병 출신 같은 계급이 낮은 사관을 특공대에 지원하도록 압박했습니다. 특공대에 지원하지 않으면 가족을 '비국민'으로 간주해 피해를 주겠다는 협박에 군인들은 어쩔 수 없이 가미카제 특공대에 자원할 수밖에 없었습니다. 심지어 당사자 몰래 특공대에 편입시켜 놓는 일도 있었습니다. 전쟁의 패색이 짙어지자 일제는 조선인까지 가미카제 특공대에 지원하도록 했습니다. 서정주가 남긴 시 〈마쓰이 오장 송가〉의 '마쓰이 오장'은 '인재웅'이라는 실제 조선인 가미카제 특공대원의 이름입니다. 서정주의 시는 조선인의 가미카제 특공대 지원을 애국적 행동으로 미화하며 조선인 청년을 전쟁터로 내모는 도구로 이용되었습니다.

가미카제 특공대에 소속된 이들은 죽기 전 군부의 지시로 육성으로 유언을 녹음하거나 유서를 남기기도 했습니다. 유언은 대부분 "천황 폐하를 위해 목숨을 바치게 되어 영광스럽다", "가족들은 슬퍼하지 말라"는 내용이었습니다. 한편 그들은 일기나 편지에 자신이 왜 죽어야 하는지, 자신의 죽음이 과연 어떤 의미가 있는지를 고민하며 죽음에 대한 두려움과 가족을 그리워하는 마음을 적기도 했습니다. 이처럼 모든 가미카제 특공대가 덴노를 위해 자신을 희생해야 한다고 세뇌된 사람들은 아니었습니다. 더구나 실제로 가미카제 특공대는 대부분 연료가 다할 때까지 하늘을 떠다

니거나 미국 전함에 충돌하기 전에 피격당해 사망하는 일이 많았습니다.

전범 또는 독립 영웅 또는 전쟁 피해자, 양칠성

1945년 일본이 패망한 뒤, 인도네시아는 다시 전쟁의 땅이 되었습니다. 일제가 무조건 항복을 발표한 이틀 뒤인 1945년 8월 17일, 인도네시아는 독립을 선포했습니다. 그러나 인도네시아를 식민지로 삼았던 네덜란드군이 다시 쳐들어왔고, 인도네시아는 또 한 번 네덜란드군과 독립 전쟁을 벌여야 했습니다. 이때 인도네시아 독립군에는 패망 후에도 귀국하지 않은 일본군들이 참여하기도 했습니다.

일제는 그동안 자신들의 침략 전쟁을 "백인한테서 황인종을 해방시켜 대동아 속에서 모두 함께 살기 위한 성스러운 전쟁"이라고 선전했습니다. 일제는 패배했지만, 일제의 선전에 세뇌되었던 일부 일본군은 인도네시아의 독립 전쟁을 돕는 것이 일제가 외친 '대동아 전쟁'의 대의라 믿고 인도네시아 독립군에 참여한 것입니다.

물론 개인적인 사정으로 인도네시아 독립 전쟁에 참여한 일본군도 많았습니다. 어떤 일본군은 인도네시아에 머무는 동안 사랑하는 배우자가 생겨 아이를 낳아 가정을 꾸리기도 했습니다. 가정을 지키기 위해 인도네시아 독립군을 도운 것이지요. 또 어떤 일본군은 전범으로 몰리는 것이 두려워 처벌받지 않으려고 인도네시아 독립군에 가담하기도 했습니다. 또 인도네시아 사람들이 일본군에게 보복하는 상황에서 죽음을 피해 인도네시아 독립군에 참여한 이들도 있었습니다.

양칠성(왼쪽에서 두 번째)과 일본인 동료들. 일본군 포로수용소 감시원으로 자와섬에서 근무한 조선인 양칠성은 몇 명의 조선인, 일본인과 함께 인도네시아 독립군에 참여했다. 그가 '일본인의 똥개'라고 불렸다는 증언도 존재한다.

일본군 남방군 소속 포로수용소 감시원으로 자와섬에서 근무한 조선인 양칠성도 몇몇 조선인, 일본군과 함께 인도네시아 독립군에 가담했습니다. 조선에 있는 가족에게는 "지금 고국에 돌아가도 좋은 수가 없기에 당분간 여기 더운 나라에 머물 작정이다"라고 편지를 보냈습니다.

양칠성은 자신과 뜻을 같이한 사람들과 함께, 갖고 있던 무기를 인도네시아 사람들에게 나눠 주고 훈련을 시켰습니다. 그리고 인도네시아 독립군 코사시 소령이 이끌던 '팡에란 바팍' 부대에 들어갔습니다. 양칠성은 네덜란드군의 수송 열차를 습격해 다량의 무기를 탈취하는 등 인도네시아 독립군의 전력을 높이는 데 혁혁한 공을 세웠습니다. 인도네시아 사람들은 양칠성이 속한 부대가 오면 반드시 승리한다며 양칠성을 '칼리만탄(보

르네오섬에 위치한 주)의 왕'이라고 부르기도 했습니다.

　　양칠성의 맹활약 덕분에 팡에란 바팍 부대는 네덜란드군의 주요 표적
이 되며 양칠성과 그의 동료들에게 현상금이 걸리기도 했습니다. 팡에란
바팍 부대 내에는 양칠성을 비롯한 조선인과 일본군으로 구성된 소규모
부대가 따로 조직되었습니다. 그들은 게릴라 작전을 펼치며 네덜란드군
을 공격했습니다. 하지만 양칠성과 그의 동지들은 결국 네덜란드군에 붙
잡히고 말았습니다. 그들은 치피낭 형무소에서 8개월간 수감되어 있다가
1949년 8월 10일, 네덜란드군에 총살당했습니다.

　　양칠성과 동지들은 자와섬의 시골 마을 한 귀퉁이에 있는 민중 묘지에

자와섬 민중 묘지에 묻혀 있던 양칠성은 옛 전우의 진정서로 인도네시아 가루트시 영웅 묘지로 이
장되었다. 한국 대사관과 시민운동 관계자들은 'KOMARUDIN / YANG CHIL SUNG(양칠성, 대한민국)
KOREAN'이라고 새겨진 묘비를 한국에서 가져가 일본식 이름이 새겨진 기존 묘비와 교체했다.

묻혔습니다. 25년이라는 세월이 흐른 뒤, 양칠성과 함께 독립 전쟁에 참여했다가 독립 후 인도네시아 육군 준장이 된 수토코 장군은 대통령에게 이들의 유해가 영웅 묘지에 안장되어야 한다고 진정서를 냈습니다.

옛 전우의 진정으로 이들은 인도네시아의 독립 영웅이 되었고, 민중 묘지에 묻혀 있던 양칠성의 유골은 인도네시아 영웅 묘지로 옮기게 되었습니다. 양칠성의 묘비에 쓰인 이름은 "야나가와 시치세이"라는 일본 이름이었습니다. 하지만 일본 정부는 양칠성의 존재를 무시하고 유족을 찾아주려는 노력도 하지 않았습니다. 정부의 이러한 행태를 비판하던 우스미 아이코 등 일본인 학자와 한국 대사관, 한국 시민운동가들의 노력으로 야나가와 시치세이라는 이름 대신 '양칠성'이라는 한국 이름을 새롭게 묘비에 새길 수 있었습니다.

친일파 또는 일본의 전쟁 영웅 또는 피해자, 탁경현

도쿄에 있는 야스쿠니 신사는 과거 '덴노와 국가를 위해 죽은' 사람들을 기리고 제사를 지냄으로써 사람들을 일제의 침략 전쟁 참여로 끌어들이는 데 활용되었던 공간입니다. 아시아 태평양 전쟁 당시 많은 일본 청년들이 야스쿠니 신사에 합사되는 것을 영광으로 여겨, "야스쿠니에서 만나자!" 약속하고 전쟁터로 나가기도 했습니다. 전쟁이 끝난 후에도 아시아 태평양 전쟁을 이끌었던 도조 히데키 같은 최고위 전범들이 야스쿠니 신사에 합사되며 일본은 국제적으로 강한 비판을 받았습니다. 지금도 많은 전범이 야스쿠니 신사에 위패가 보관되어 있습니다.

그런데 야스쿠니 신사에는 일본인 말고도 조선인과 대만인 같은 식민지 사람들도 합사되어 있습니다. 그들은 강제로 전쟁에 동원된 경우가 많아 유족들은 야스쿠니 신사 합사를 거두어 주길 청원합니다. 이에 대해 일본 정부는 "죽을 당시에 그들은 일본인이었다"고 주장합니다. 이렇게 합사된 조선인 중에는 탁경현이라는 사람이 있습니다.

　　탁경현의 가족은 가난을 피해 고향인 경상남도 사천을 떠나 일본 교토로 건너갔습니다. 교토에서 그의 가족은 하숙, 세탁, 염색 등 닥치는 대로 일을 했고, 탁경현은 가난한 형편에서도 공부를 포기하지 않아 교토 약학 전문학교를 졸업했습니다. 졸업 후에는 약학 관련 회사에 1년 정도 다니다가 1943년 7월, 육군 특별 조종 견습사관에 '지원'해 합격했습니다.

　　육군 특별 조종 견습사관 제도는 전쟁이 끝나 갈수록 조종사 부족에 시달리던 일본 육군이 대학 또는 전문학교 출신자에게 1년 반 정도 비행 훈련을 시키고 장교로 배치하던 단기 조종사 양성 프로그램이었습니다. 인력난에 시달리던 일본군은 청년들을 반강제로 이 프로그램에 참여시켰는데, 그중에서도 가난한 조선인 청년이 표적이었습니다. 어느 날 탁경현은 출신 대학에 배속되어 있던 장교와 다니던 회사의 사장으로부터 '조선인도 어차피 곧 징병 대상이 될 것이니 피할 수 없다면 가난한 가족들을 위해 장교로 입대하는 것이 어떻겠냐'는, 협박에 가까운 제안을 듣습니다. 탁경현은 가족을 살리기 위해 일본군에 '지원'하게 되었습니다. 그렇게 입대한 탁경현은 1943년부터 교육을 받고 1944년에 정식으로 육군 소위에 임관되어 1년 뒤인 1945년에 가미카제 특공대 임무를 받게 되었습니다. 1945년 5월 12일, 전투기를 타고 출격한 탁경현은 오키나와 해상 어딘가에서 죽음을 맞이했습니다. 그리고 '일본의 군신'으로서 야스쿠니 신사에

합사되었지만 사람들의 기억에서는 잊혀
졌습니다.

그런 탁경현을 한국에 알린 사람은 일
본인 배우 구로다 후쿠미였습니다. 1991
년 어느 날, 구로다는 그의 꿈에 키 큰 남
자가 나타나 "나는 비행기를 조종한다. 전
쟁에 나가 죽는 것에 후회는 없다. 하지
만 조선인이 일본인의 이름으로 죽는 게
억울하다"고 말하는 것을 들었다고 합니
다. 그때부터 구로다는 이 남자의 정체를
알기 위해 수소문했고, 자신의 꿈 내용을
〈요미우리〉 신문에 칼럼으로 썼습니다. 얼
마 후 결정적인 제보를 받고 자신이 꿈에
서 만난 남자가 미쓰야마 후미히로, 즉 탁
경현이라는 것을 안 구로다는 유족을 찾

야스쿠니 신사 유슈칸에 있는 탁경현 사진. 출정 직전에 찍은 것으로 알려져 있다. '미쓰야마 후미히로'라는 일본식 이름이 그의 오른쪽 어깨끈에 표기되어 있다.

기 위해 노력했습니다. 그리고 넋이라도 고향으로 돌려보내겠다며 탁경현
의 고향인 사천에 귀향 기원 위령비를 세우려고 했습니다.

구로다는 2008년 사천 시장으로부터 위령비를 세울 자리를 제공받아,
위령비 건립에 드는 비용을 부담하기로 했습니다. 그러나 유족과 사천시
주민들은 위령비 건립에 반대했습니다. 그들은 "독립운동가들도 제대로
기리지 못하고 있는 상황에서, 일제를 위해 죽은 사람을 위한 위령비를 만
드는 게 말이 되느냐?"고 주장했습니다.《친일 인명사전》을 만드는 등 친
일 청산을 위해 노력해 온 민족문제연구소가 "탁경현은 철저한 황민화 교

탁경현 귀향 기원비(왼쪽). '혼이라도 귀향하라'는 의미를 담은 이 위령비는
탁경현의 고향인 사천에 세워지지 못하고 경기도 용인 문수산 법륜사에 머
무르게 되었다. 이후 시민들의 항의를 받아 비석이 엎어진 상태로 시간이
흘러 지금은 무성한 풀로 덮여 있다(위).

육하에서 강요된 '지원'에 의해 동원되었으며, 거부할 수 없는 출격 명령
에 괴로워하다 젊은 나이에 비극적 삶을 마감했다. 탁경현은 황민화 교육
과 침략 전쟁의 희생자인 한편, 오키나와 현민이나 연합군의 관점에서는
가해자인 측면도 부정할 수 없다"는 발표를 하며 탁경현 위령비 건립의
잠정 연기를 제안했습니다. 결국 위령비는 경기도 용인시에 위치한 법륜
사라는 절에 자리를 잡습니다.

　이미 이전에도 탁경현 같은 조선인 가미카제 특공대원들과 관련된 위
령비 건립 논쟁이 있었습니다. 1999년, 가미카제 특공 훈련이 이루어진
지란 교육대가 있던 지란특공평화회관에 탁경현을 포함한 조선인 특공대
원들을 기리는 '아리랑 진혼가비'라는 위령비가 세워졌습니다. 그러나 유
족들은 일본인의 손에 의해 위령비가 건립되는 것을 반대했습니다. 비석

은 세워졌지만 유족들은 제막식에 한 사람도 참석하지 않았습니다. 한국과 일본의 젊은 역사 연구자들은 "이 위령비는 그동안 조선인 특공대 위령비를 둘러싼 여러 갈등을 의도적으로 무시하는 것처럼 보인다"고 비판했습니다.

민족문제연구소는 사천에서 탁경현 위령비 논란이 일어나던 당시 위령비의 건립 연기를 건의하며, '탁경현을 비롯한 조선인 특공대원에 대한 진상 규명과 역사적 평가를 통해 적절한 방식으로' 그들을 위로해야 한다는 의견을 내놓았습니다. 탁경현 같은 이들을 야스쿠니 신사 같은 또 다른 '망자의 식민지'에 가두지 않는 '적절한 방식'의 위로는 과연 무엇일까요?

더 생각해 볼까요?

- 양칠성은 왜 조국으로 돌아오지 않고 인도네시아 독립 전쟁에 뛰어들었을까요?
- 일제 침략 전쟁에 동원된 식민지인들이 야스쿠니 신사에 합사되는 문제는 어떻게 해결해야 할까요?
- 만약 내가 양칠성이나 탁경현 같은 상황에 놓인다면 어떤 선택을 했을까요?

하세가와데루

나라를 위한 애국, 나라가 원한 애국

오노다히로

7

하세가와 데루

| 長谷川 テル, 1912～1947 |

- 1912년 일본 야마나시현 출생
- 1936년 류런과 비밀리에 혼인
- 1937년 중국 상하이로 이주
- 1940년 중국 국민당 국제 홍보부 활동
- 1947년 중국 자무쓰시에서 질병으로 사망

오노다 히로

| 小野田寬郎, 1922～2014 |

- 1922년 일본 와카야마현 출생
- 1944년 소위로 임관한 뒤 필리핀 파견
- 1974년 일본으로 귀환
- 1984년 오노다 자연학교 설립
- 2014년 도쿄에서 노환으로 사망

하세가와 데루와 오노다 히로, 두 인물은 일본의 제국주의 침략이 점점 더 확대되던 1930년~1940년에 주로 활동했습니다. 두 사람은 비슷한 상황에서 다른 선택을 했습니다. 그리고 자신의 선택은 나라를 이롭게 하는 일이라고 굳게 믿고 행동했습니다. 그러나 한 사람은 매국노로 낙인찍혀 가족이 살해 위협까지 당해야 했고, 한 사람은 일본 정신을 구현한 애국자로 칭송받았습니다. 과연 두 사람은 어떤 선택을 했기에 극명하게 다른 평가를 받았을까요? 나라를 사랑하고 아끼는 마음을 '애국심'이라고 합니다. 두 사람의 선택과 삶의 여정을 살펴보며 진정한 '애국'이란 무엇인지 생각해 보기 바랍니다.

'대동아 공영권' 그리고 '해방'?

1929년 세계를 덮친 대공황은 일본 경제에도 막대한 타격을 입혔습니다. 특히 일본은 만주를 습격해 '만주국'이라는 괴뢰 국가를 세우고, 중국인들이 만주 사람들을 천대하고 핍박했기 때문에 만주 사람들 스스로가 만주국을 세우도록 도왔다고 선전했습니다. 그리고 중국 사람들이 동아시아를 저버리고 미국과 영국 편에 섰다고 주장하며 중국과 전면적인 전쟁을 일

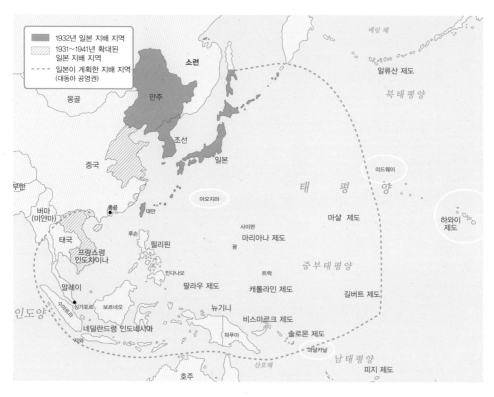

대동아 공영권을 나타낸 지도. 점선은 일본이 계획하고 있던 전쟁을 통한 점령 지배 지역, 즉 대동아 공영권을 의미한다.

으켰습니다. 일본은 중국군이 루거우차오(중국 베이징의 융딩강 위에 세워진 다리)에서 일본군을 납치해 사살했다고 사건을 날조해 전쟁을 일으켰습니다. 이를 중일 전쟁(1937년~1945년)이라고 합니다.

일본은 중국의 대도시를 빠르게 점령해 나갔기 때문에 전쟁에서 쉽게 승리하리라 생각했습니다. 그러나 중국에서는 국민당과 공산당이 힘을 합쳐 일본에 대항했고(제2차 국공 합작), 일본의 예측과 달리 전쟁은 좀처럼 끝나지 않았습니다. 일본은 전쟁 장기화에 따른 물자 부족을 해결하기 위해 자원이 풍부한 동남아시아 지역과 남태평양 지역을 공격하며 전쟁을 확대했습니다. 이때 명분으로 내걸었던 것이 "서양 제국주의 국가들에 핍박당하고 있는 지역을 일본이 해방시키겠다"는 것이었습니다.

미국은 일본의 팽창을 저지하기 위해 일본에 석유 수출을 금지했습니다. 당시 필요한 석유 대부분을 미국에서 수입하던 일본은 발등에 불이 떨어지자 미국, 그리고 미국과 가장 밀접한 관계에 있던 영국에 전쟁을 선포하며 미국의 진주만과 영국의 식민지였던 홍콩을 공격했습니다. 미국과 영국을 적으로 돌려 버린 일본은 자신들이 일으킨 전쟁을 '아시아 식민지 해방 전쟁'으로 규정했습니다. '자신들이 해방해야 할 지역'을 '대동아'라 하고, 이 전쟁을 '대동아 전쟁*'이라고 했습니다. 그리고

• '아시아 태평양 전쟁'을 말한다.

국가의 모든 체제를 대동아 전쟁을 위해 재편했고, 국민을 전쟁으로 내몰았습니다. 학교 교육은 대동아 전쟁의 위대함과 정당성을 가르치는 선전장으로 전락했습니다. 전쟁을 위해 모든 것을 바치는 사람은 최고의 애국자가 되었고, 이를 거부하는 사람은 '비국민' 또는 '매국노'가 되었습니다.

'간드러진 목소리의 매국노', 하세가와 데루

하세가와 데루는 이러한 상황에서 일본의 전쟁에 반대하며 반전 운동을 펼쳤던 여성입니다. 학창 시절부터 남달랐던 그는 보통 사람들은 겁이 나서 읽지 않는 가네코 후미코의 책을 읽고 친구들에게 권하곤 했습니다. 결국 하세가와 데루는 사회주의 활동가로 의심받아 학교를 자퇴하게 됩니다. 그리고 중국인 류런과 혼인해 중국 상하이에서 살았습니다.

두 사람을 연결해 준 것은 '에스페란토어'라는 언어였습니다. 에스페란토어는 폴란드의 의학 박사 자멘호프가 만든 언어로, 자멘호프는 국가와 민족 간 분쟁이 서로 다른 언어 때문이라고 생각해 상호 이해를 증진하는 국제어로 에스페란토어를 만들었습니다. 이후 에스페란토어는 전쟁을 반대하고 평화를 외치는 사람들을 중심으로 널리 퍼져 나갔습니다. 일본 제국주의 전쟁에 반대했던 하세가와 데루와 류런도 에스페란토어를 배웠고, 이를 널리 사용하자는 운동 중에 만나 혼인까지 하게 되었습니다. 하지만 일본인은 중국인을 무시하고 중국인은 일본인을 혐오하던 문화 속에서 그들의 혼인은 주변 사람들로부터 축복받지 못했습니다. 게다가 1937년 일본이 중국을 침략해 중일 전쟁을 일으키며 두 사람의 혼인 생활은 더욱 힘들어졌습니다. 일본군은 '삼광三光*'을 외치며 중국인을 무자비하게 학살해 중국의 수도 난징에서는 시체 더미가 산을 이룰 정도였습니다. 하지만 일본은 국내 신문을 통해 중국에서 '성전聖戰'을 치르고 있는 군인들이 중국인들을 인도적으로 '해방'시키고 있다고 선전했습니다.

• 살광(殺光), 소광(燒光), 창광(搶光)을 말한다. '살광(殺光)'은 모조리 다 죽인다. '소광(燒光)'은 모조리 다 불태운다. '창광(搶光)' 모조리 다 빼앗는다는 뜻이다.

하세가와 데루에게 무엇보다도 힘든 일은 수많은 사람의 죽음을 목격하는 것이었습니다. 하세가와는 자신과 같은 일본인이 중국인들을 학살하는 현실이 너무나 괴로웠습니다. 사람이 사람을 무참히 죽이는 모습을 보며 하세가와는 일본이 아닌 중국의 편에 서야겠다고 다짐했습니다. 하세가와는 남편과 함께 중국 국민당 국제 홍보부에서 라디오 방송과 글쓰기 등을 하며 반일 반전 활동을 이어 나갔습니다.

하세가와 데루와 그의 남편 류런. 류런은 만주국 출신의 국비 유학생으로 일본에 와서 에스페란토어 운동에 참여하던 중 하세가와 데루를 만났다.

> 저를 매국노라 불러도 좋습니다. 하지만 저는 두렵지 않습니다. 타국을 침략하는 데 그치지 않고 죄 없는 난민을 만들어 낼 뿐 아니라, 아무렇지도 않게 세상을 지옥으로 만들고 있는 사람들과 같은 국민이라는 것이 나에게는 더욱 큰 수치입니다. 참다운 애국심은 결코 인류의 진보와 대립하지 않습니다. 대립하는 것은 배외주의* 일 뿐입니다. 이 전쟁 속에서 일본에 얼마나 많은 배외주의자가 생겨났습니까?

* 외국 사람, 외국 문화, 외국 물건, 외국 사상 등을 배척하는 주장을 말한다.

> _〈중국의 승리는 전 아시아의 내일을 좌지우지하는 열쇠다 – 일본의 에스페란티스토에게 보내는 편지〉, 1937년 9월

일본의 장병 여러분! 여러분은 이 전쟁을 철저히 성전이라 배워 그렇게 믿고 있을지도 모릅니다만, 과연 그럴까요? 아닙니다! 이 전쟁은 대자본가와 군부의 야합 연대인 군사 파시스트가 자신들의 이익을 위해서 일으

킨 침략 전쟁입니다. 일본에 있는 여러분의 가족은 굶주림에 허덕이고 있습니다!

_충칭 방송국의 일본군을 향한 방송에서, 1941년 9월

하세가와의 방송을 들은 한 일본군 통신병은 '감미로운 목소리의 충칭 방송을 몰래 듣고 마음이 편치 않다'는 글을 남기기도 했습니다. 일본 제국주의자들은 하세가와의 이러한 행동에 몹시 분노했습니다. 그들은 하세가와를 "간드러진 목소리를 가진 매국노"라 공격하며 그의 아버지에게 살해 위협까지 했습니다. 하세가와의 아버지는 "내 딸이 그럴 리 없다. 만약 내 딸이 그런 행동을 했다면 딸을 호적에서 지우고 할복하겠다"고 했습니다. 그럼에도 하세가와는 신념을 굽히지 않았고 일제의 침략 전쟁이 끝난 후에는 중국에서 발생한 국공 내전[●]에 반대하는 활동에 참여했습니다. 그러나 국공 내전 중인 1947년, 낙태 수술로 인한 감염증으로 만주에서 사망하고 말았습니다. 이후 그는 류런과 함께 중화 인민 공화국의 '혁명 열사'로서 자무쓰시의 혁명 열사 묘원에 묻혔습니다. 중국 공산당에서 활약하던 저우언라이는 그를 '일본 인민의 진정한 애국자'라 평가하기도 했습니다.

● 중일 전쟁 후 중국 재건 문제로 중국 국민당과 중국 공산당 사이에서 벌어진 전쟁이다. 1949년 10월 중국 공산당의 마오쩌둥이 중화 인민 공화국을 선포하고, 장제스와 국민당 세력이 대만으로 이동하며 일단락되었다.

하세가와 데루는 초록의 5월이라는 뜻의 에스페란토어인 '베르다 마요', 중국에서 사용한 이름인 '미도리카와 에이코'라는 필명으로 많은 에스페란토어 저서를 남겼습니다. 저서에는 당시 하세가와 데루가 꿈꾸었던 세상이 드러나 있습니다.

나는 일본을 사랑한다. 그리운 마음이 가득한 부모, 형제, 동포, 친구들이 사는 나의 조국이기 때문이다.

나는 중국을 사랑한다. 따뜻한 마음을 가지고 열심히 노력하는 친구들이 사는 나의 새로운 고향이기 때문이다.

나는 양국 인민이 서로 죽이는 것을 온몸과 온 영혼으로 증오한다. 어느 쪽 인민이 희생되어도 구할 길이 없어 나는 슬픔에 잠긴다.

에스페란티스토로서, 국제 문화를 사랑하는 사람으로서, 나는 약탈자의 손톱과 이빨에서 중국 문화를 지키고자 한다. 여성으로서, 인간으로서, 나는 스스로 평화를 동경한다.

(…)

그리고 나는 동지들과 함께, 있는 힘껏 소리 내어 일본의 형제들에게 외친다. '장난으로 피를 흘리는 것은 삼가십시오. 당신들의 적은 바다 건너 중국에 있지 않기 때문입니다'라고…….

_〈사랑과 미움〉, 1937년 8월

하세가와 데루는 그가 살던 시기에는 비록 조국으로부터 '매국노'라 손가락질받았지만, 최근에는 그를 소재로 한 드라마나 책 등이 일본에서도 제작되며 많은 사람들이 그의 '애국'을 기리고 기념하고 있습니다.

마지막 황군, 오노다 히로

일본이 벌인 전쟁은 1945년 8월, 히로시마와 나가사키에 원자 폭탄이 투

오노다 히로의 젊은 시절. 이등병으로 입대했다가 소위로 임관해 필리핀 루방섬에 파견되었으며 지휘관으로 부대를 이끌었다.

• 덴노(천황)를 위해 죽는 것을 '옥처럼 아름답게 부서진다'라는 의미의 한자어로 미화해 부르는 말이다.

하되고 일본이 무조건 항복을 선언하면서 끝을 맺었습니다. 그런데 일부 일본 사람들은 1945년에 전쟁이 끝난 것이 아니라고 주장합니다. 1945년 이후에도 항복하지 않고 남아 있던 군인들이 존재했다는 것이지요.

미국의 식민지였던 필리핀을 침략한 일본군 중에는 루방섬에서 주둔하던 이들이 있었습니다. 그중 오노다 히로라는 일본군 부대 정보 장교는 1945년 2월, 연합군이 루방섬을 점령할 때 상관의 명령에 따라 자신의 부하 세 명과 함께 정글 깊이 숨어 들어갔습니다. 오노다 히로의 상관은 그들에게 "옥쇄* 하지 말고 끝까지 살아남으라"고 명령했습니다. 명령을 받은 이들은 전쟁의 상황이 어떻게 돌아가는지도 모른 채 오직 살아남기 위해 정글로 들어갔습니다.

전쟁은 끝났지만 오노다 히로와 그의 부하들은 연락이 닿지 않았고 일본에서는 그들을 전사자로 처리했습니다. 그리고 수십 년의 세월이 흘렀지만 그들은 여전히 전쟁이 끝나지 않았고 자신들은 임무를 수행하고 있다고 여겼습니다. "전쟁이 끝났으니 항복하라"는 선전물을 무수히 읽고 방송도 들었지만, 적들의 기만이라고만 여겼습니다. 그리고 '전쟁 임무 수행'이라는 구실로 민가에 내려와 불을 지르고 식량을 약탈했습니다. 시간이 흐르면서 오노다의 부하들마저 도망치거나 죽었고, 오노다는 혼자 남게 되었습니다.

그는 수색대가 남긴 일본 신문이나, 탈취한 라디오로 세계정세를 듣고 있었습니다. 그런데도 그는 미국이 세운 괴뢰 정권에 의해 일본과 필리핀이 조종당하고 있다고 판단했습니다. 홀로 남은 후에도 그는 계속해서 루방섬이 일본군 점령지라 믿고 '임무'를 수행했습니다. 전쟁 중에 받은 제국주의 일본의 정신 교육으로 그는 자신의 믿음을 오랫동안 유지할 수 있었습니다. 이러한 오노다 히로의 '임무' 수행으로 30명이 넘는 필리핀 사람과 필리핀에 있던 미군이 목숨을 잃었습니다.

전쟁이 끝난 지 30년째가 되던 1974년 겨울, 스즈키 노리오라는 사람이 오노다의 이야기를 듣고 흥미를 느껴 루방섬으로 가 오노다를 찾았습니다. 스즈키는 오노다가 일본이 패전했다는 사실을 받아들이도록 하는 데 성공했습니다. 스즈키는 오노다에게 이제는 항복할 것을 권유했으나, 오노다는 자신은 군인으로서 직속상관의 명령에 따르겠다고 했습니다. 명령 없이 근무지를 이탈할 수 없다는 것이었습니다. 수소문 끝에 찾아낸 그의 전 직속상관 다니구치 요시미가 필리핀으로 와서 오노다에게 투항할 것을 명령했습니다. 이에 오노다는 전쟁이 끝난 지 30년 만인 1974년, 마침내 항복했습니다. 투항할 때도 그는 일본군 복장을 그대로 갖추고 허리춤에는 일본도와 수류탄을 차고 있었으며, 사격이 가능한 소총과 탄환도 지니고 있었습니다. 그는 필리핀 대통령의 사면과 함께 일본으로 귀환했습니다. 스물두 살 청년이 쉰두 살이 되어 일본에 돌아온 것입니다.

일본에 돌아온 오노다 히로는 '대동아 전쟁'에서 끝까지 항복하지 않고 군인 정신을 지킨 '마지막 황군*'이라며 영웅 대접을 받았습니다. 일본 국민은 '살아 있는 일본 정신'을 보여 주었다며 열광했고, 극우파들은 '진정한 사무

• 1974년 인도네시아 지역에서 오노다 히로보다 늦게 항복한 대만 출신 일본 제국군 '나카무라 데루오'라는 인물이 있었다. 그러나 그는 식민지인이라는 이유에서 적절한 '보상'을 받지 못했다.

●일본에서는 전쟁에서 졌다는 뜻의 '패전'이라는 용어 사용을 꺼리며 전쟁이 끝났다는 의미로 '종전'이라는 용어를 사용한다.

라이'라며 추켜세웠습니다. 오노다의 필리핀 루방섬 생활은 '종전*' 기념 드라마와 다큐멘터리로 여러 차례 제작되어 방영되었습니다. 영국의 한 록 밴드는 그의 이야기를 소재로 노래를 만들었습니다. 그를 소재로 한 책도 여러 권 출판되었습니다. 오노다는 전쟁 영웅이 된 것입니다. 일본 정부는 오노다 히로에게 위로금 100만 엔을 증정했는데, 오노다는 국민이 모금해 준 의연금과 함께 이를 야스쿠니 신사에 기부했습니다. 쇼와 덴노가 그를 만나고자 했으나, 혹여나 덴노가 자신에게 사과할 것을 우려해 이마저도 거부했습니다.

이후 오노다 히로는 브라질로 건너가 목장을 운영하다가, 일본 청소년

1974년 3월 11일 투항 당시 오노다 히로(오른쪽)가 필리핀 마르코스 대통령(왼쪽)에게 검을 건네는 모습. '덴노께서 하사하신' 검을 항상 관리해 항복 당시에도 날이 서 사용 가능한 상태였다고 한다. 그는 "내 신념은 덴노이다"라고 밝혔다.

들의 정신이 해이해지고 오염되고 있다면서 자신이 정글에서 체험한 자연 생활을 바탕으로 청소년들을 교육하겠다며 '오노다 자연학교'를 설립했습니다. 1999년에는 일본 문부 대신으로부터 사회 교육 공로상을 수상했고, 대학 강사, 우익 운동가로 활동하며 일본군 '위안부', 난징 대학살 같은 일제의 전쟁 범죄가 모두 조작이며 없는 일이라고 주장했습니다.

2014년 1월, 오노다는 아흔한 살의 나이로 사망했습니다. 오노다 히로는 죽었지만 지금도 그의 이름을 딴 오노다 재단은 자연학교를 운영하는 등 활발한 활동을 이어가고 있습니다. 2021년에는 그의 필리핀에서의 행적을 담은 〈오노다, 정글에서 보낸 10,000일〉이라는 영화가 부산 국제 영화제를 비롯한 각종 국제 영화제에 출품되었습니다. 이 영화는 필리핀 현지인들의 관점이나 전쟁 범죄에 대한 반성이 결여되었다는 비판에도 불구하고 상파울루 국제 영화제에서 관객상을 수상하기도 했습니다.

하세가와 데루가 세상을 떠난 지 75년이란 시간이 흘렀고, 오노다 히로가 '항복'한 지도 어느덧 50년에 가까운 세월이 지났습니다. 그럼에도 그들이 우리에게 끊임없이 회자되는 이유는 무엇일까요? 현재를 살아가는 사람들은 그들을 통해 무엇을 떠올리고 싶은 것이며, 우리는 그들을 어떻게 기억해야 할까요?

더 생각해 볼까요?

▪ 여러분이 생각하는 '애국'이란 무엇인가요?

▪ 자기 나라에 대한 사랑을 넘어선 애국은 가능할까요?

▪ 오노다 히로는 전쟁 가해자였을까요, 피해자였을까요?

박열

억압 없는 세상을 위해 투쟁한 연인

가네코후미코

8

박열
| 朴烈, 1902~1974 |

- 1902년 한국 경북 문경 출생
- 1919년 3·1 운동 경험 후 도쿄로 이주
- 1922년 가네코 후미코와 함께 기관지 〈흑도〉 창간
- 1925년 대역죄로 기소
- 1945년 해방과 함께 출옥
- 1950년 6·25 전쟁 중 납북
- 1974년 북한에서 사망

가네코 후미코
| 金子文子, 1903~1926 |

- 1903년 일본 가나가와현 출생
- 1912년 조선으로 이주
- 1919년 3·1 운동 경험 후 도쿄로 이주
- 1922년 박열과 함께 기관지 〈흑도〉 창간
- 1923년 간토 대지진으로 박열과 예비 검속
- 1926년 일본 우쓰노미야 형무소에서 사망

박열과 가네코 후미코. 두 사람은 조선인과 일본인, 남자와 여자라는 점에서는 서로 달랐지만 연인이자 아나키스트 동지로 이상적인 세상을 함께 꿈꾸었습니다. 그들이 꿈꾼 세상은 모든 사람이 평등하고, 차별이나 억압이 없는 세상이었습니다. 그들은 이러한 세상을 가로막는 일제의 지배 체제를 타도하기 위해 노력했습니다. 1923년 간토 대지진이 일어나자 일제는 정부를 향한 국민의 불만을 잠재우고 관심을 돌리기 위해 박열과 가네코 후미코를 재판정에 세웠습니다.

당시 두 사람이 꿈꾸었던 이상은 무엇이었으며, 그들의 이상은 지금 우리가 사는 세상에서 얼마나 실현되었을까요?

서로 돕고 품자는 사상, 아나키즘

3·1 운동을 전후해 조선에는 새로운 사상들이 유입되기 시작했는데 이때 '무정부주의'라는 이름으로 '아나키즘'이 유입되어 사람들에게 공감을 얻으며 확산되었습니다. 아나키즘은 자연스러운 인간의 삶을 억압한다고 여겨지는 모든 형태의 강제적인 권력에 저항하는 사상으로 특히 사회 진화론에 비판적이었습니다. 사회 진화론은 자연계에서 보이는 약육강식의 질서와 우승열패의 생존법칙이 사회에도 적용된다는 주장이었습니다. 이에 견주어 아나키즘은 강한 동물이라도 자신보다 약한 같은 종을 도우며 협력했기 때문에 지금까지 살아남았다고 주장하는 '상호 부조론'을 기반으로 삼았습니다. 즉, 아나키즘은 약육강식의 질서 속에서 살아남기 위해 경쟁하는 과정이 아니라, 개인과 개인 간의 자연스러운 관계를 기반으로 서로 돕는 시스템을 발전시키는 과정에서 진화가 일어난다고 보았습니다. 아나키즘에서는 법률이나 군대 같은 시스템이 개인 간의 자연스러운 교류를 억압한다고 여겼고, 국가 권력을 부정한다는 이러한 특징 때문에 동아시아에서는 아나키즘이 '무정부주의'라는 이름으로 불리게 된 것입니다.

조선은 일제의 식민 지배로 수많은 사람이 억압받고 있었기 때문에 아나키즘은 독립운동의 사상적 근거로 수용되었습니다. 아나키즘을 받아들인 아나키스트 독립운동가들은 민족과 국가를 뛰어넘어 여러 나라 사람들과 국제 연대를 통해 그들의 목적을 달성하고자 했습니다. 이들에게 제국주의는 한 민족이 다른 민족을 억압하는 차원의 문제를 넘어 인권을 유린하고 인류 평화를 저해하는 것으로 여겨졌기 때문입니다. 지금부터 살펴볼 박열과 가네코 후미코도 아나키스트입니다. 서로 다른 민족인 그들이 연인이자 동지로서 일제의 지배에 저항할 수 있었던 것은 그들이 아나키스트이기 때문이었습니다. 그들은 어떻게 아나키즘을 받아들이고 서로 만나게 되었을까요?

3·1 운동이 이끈 두 사람의 운명

박열은 어린 시절 보통학교에서 인생이 바뀔 만한 일을 겪었습니다. 보통학교를 졸업하기 얼마 전, 자신을 가르치던 조선인 교사가 울면서 말하기를, 일본의 압력에 못 이겨 거짓 교육을 했노라고 고백한 것입니다. 교사의 말에 큰 충격을 받은 박열의 마음에서는 민족의식이 싹텄고 독립운동에 참여하겠다고 다짐했습니다.

공부를 더 하기로 마음먹은 그는 농사를 지으라는 맏형의 권유를 뿌리치고 대구로 가 도지사의 추천을 받아 당시 조선인이 갈 수 있는 최고의 중등학교였던 경성고등보통학교에 진학했습니다. 학교에서 그는 생각을 확장하는 계기를 만났습니다. 일본인 교사에게 고토쿠 슈스이의 '대역 사건'에 대한 이야기를 들은 것입니다.

고토쿠 슈스이는 일본의 사회주의자이자 아나키스트로, 러일 전쟁은 일본과 러시아 국민 모두에게 피해를 주는 전쟁이라는 글을 신문에 기고하는 등 일본 제국주의 정책을 반대한 인물입니다. 그를 눈엣가시처럼 여기던 일본 정부는 1910년 고토쿠 슈스이를 비롯한 스물여섯 명에게 덴노(천황)를 암살하려 했다는 죄목을 뒤집어씌워 사형에 처했습니다. 박열은 고토쿠 슈스이의 이야기를 들으며, 일본 사람 중에도 일본 제국주의를 반대하는 사람이 있다는 사실을 알게 되었습니다.

1919년 조선에서 3·1 운동이 일어나자 박열은 격문을 살포하고 시위에 가담했습니다. 그리고 학교를 자퇴하고 고향으로 돌아가 만세 시위에 참여했습니다. 그는 일제의 탄압이 극심한 국내에서는 독립운동이 힘들다고 생각해 일본으로 건너가기로 결심하고 도쿄행 배에 몸을 실었습니다. 그의 나이 열여덟 살이었습니다.

일본 요코하마에서 태어난 가네코 후미코는 불우한 가정 환경에서 자랐습니다. 아버지는 불륜을 저질렀고, 이에 어머니는 여섯 살이던 가네코를 데리고 가출했습니다. 그러나 어머니도 어린 가네코를 방치하고 학대했습니다. 가네코 후미코는 출생 신고조차 되지 않아 호적에 오르지 못했기 때문에 학교에 갈 수도 없었습니다. 그러다 1912년 고모에게 입양되면서 조선으로 건너가게 되었습니다. 고모는 학교에 보내 주겠다고 약속했기에 가네코는 새로운 삶을 기대했습니다. 그러나 고모와 고모부는 추운 겨울에 밥도 주지 않고 가네코를 문밖에서 떨게 하는 등 심하게 학대했습니다. 학교가 끝난 뒤에도 집에서 하녀처럼 일하며 하루하루가 고달팠지만 그래도 가네코는 학교에 다닐 수 있는 것에 감사했습니다.

그런 가네코에게 손을 내민 사람은 다름 아닌 조선인이었습니다. 조선 여인들은 하루 종일 굶은 가네코에게 먹을 것을 주며 위로했습니다. 가네코는 이에 감동했고 일제의 강압적인 지배를 받는 조선인의 처지와 자신의 처지가 다르지 않다고 느꼈습니다. 조선인에 대한 연민과 공감은 1919년에 발생한 3·1 운동으로 더욱 커졌습니다. 3·1 운동을 경험하면서 일제에 착취당하던 조선인들의 절박함과 독립을 향한 갈망에 깊이 공감하게 된 것입니다. 그는 고모 집을 나와 고향 일본으로 돌아갔습니다. 그러나 일본에서도 외갓집과 아버지 집을 오가며 상처만 받았던 가네코는 스스로 운명을 개척하겠다고 다짐하며 도쿄로 향했습니다.

힘들게 공부하며 새로운 세상을 꿈꾸다

도쿄에 도착한 박열은 공부할 돈과 생활비를 벌기 위해 신문 배달부터 인력거 끄는 일까지 가리지 않고 했습니다. 그러면서도 틈틈이 영어 학교에 다니고 조선인 유학생들과 교류했습니다. 그는 사회주의, 아나키즘 단체에 가입해 활동하면서 아나키즘 사상을 본격적으로 받아들였고, 유학생들과 함께 '의거단*'이라는 단체를 만들었습니다. 또한 사회주의자와 아나키스트의 모임인 '흑도회**'를 만들기도 했습니다.

* 나중에 철권단, 혈권단, 박살단 등으로 계속 이름을 바꾸었다.

** 사회주의를 대표하는 색이 적색이라면, 아나키즘을 대표하는 색은 흑색이다. 그래서 아나키즘을 표방하는 단체들의 명칭에는 '흑' 자가 자주 사용되었다.

가네코 후미코 역시 도쿄에 온 후 신문팔이와 인쇄소 직공 등 여러 일을 하다가 이와사키라는 어묵집에서 일을 하게 되었습니다. 이 어묵집은 일본 지식인들과 조선인 유학생들이 자주 모이던 장소였습니다. 이곳에서 가네코는 많은 조선인 유학생을 만나 교류했습니다. 그러던 중 조선인 유학생 정우영이 만든 잡지 〈청년 조선〉에 박열이 쓴 〈개새끼〉라는 시를 읽고 감명받아 정우영에게 박열을 만나게 해 달라고 부탁했습니다. 그렇게 박열과 가네코 후미코의 운명적인 만남이 이루어졌고, 그들은 곧 동거를 시작했습니다.

다음은 두 사람을 연결해 준 시 〈개새끼〉입니다.

나는 개새끼로소이다
하늘을 보고 짖는
달을 보고 짖는
보잘것없는 나는
개새끼로소이다

높은 양반의 가랑이에서
뜨거운 것이 쏟아져
내가 목욕을 할 때
나도 그의 다리에다
뜨거운 줄기를 뿜어 대는
나는 개새끼로소이다

〈개새끼〉는 박열이 일본에 사는 조선인이자 노동자로 겪는 차별에 대한 저항 의식을 드러낸 시로, 가네코 후미코 역시 도시 하층민이었기에 박열이 느낀 차별과 분노에 깊이 공감할 수 있었습니다. 그들은 연인이기도 했지만 혁명의 뜻을 함께하는 동지이기도 했습니다. 가네코는 동거 조건으로 '동지로서 동거할 것', '내가 여성이라는 관념을 제거할 것', '한쪽이 사상적으로 타락해 권력자와 손을 잡게 될 경우, 곧장 공동생활을 해체할 것' 등 세 가지를 제시했습니다.

박열과 가네코는 낮에는 조선 인삼을 팔고 저녁에는 흑도회 기관지

가네코 후미코(왼쪽)와 박열(오른쪽)은 연인이자 아나키스트 동지로서 차별 없고 평등한 이상 사회를 함께 꿈꾸었다.

〈흑도〉의 발간 책임자로 일했습니다. 그러다 사회주의자와 아나키스트의 갈등으로 흑도회가 분열하자 박열과 가네코 등 아나키스트들은 따로 '흑우회'라는 단체를 결성했습니다. 1923년에는 박열과 가네코의 셋방에서 여러 조선인과 일본인으로 구성된 '불령사'라는 단체를 조직했습니다. 불령사는 더 많은 사람에게 아나키즘을 확산시키기 위한 대중 조직을 지향하는 단체였습니다. 불령사는 정기 모임을 열어 아나키즘을 연구하고 조선의 형평 운동이나 노동자의 파업을 지지하는 전보를 보냈으며 아나키즘 강연을 여는 등의 활동을 했습니다.

의열 투쟁의 길을 걷고자 한 박열은 여러 번 폭탄을 구하려다 실패했습니다. 그러다 1923년 일본 황태자의 혼인식 소식을 듣고 다시 폭탄 투

1923년 9월 1일 발생한 간토 대지진으로 10만 명 넘는 사람이 죽고 10만 동 이상의 건물이 무너졌다. 일본 정부는 국민의 관심을 다른 곳으로 돌리고자 조선인들이 건물에 불을 지르고 우물에 독을 탄다는 소문을 내 수천 명에 이르는 조선인을 학살했다.

척 계획을 세웁니다. 그런데 9월 1일 간토 대지진이 발생했습니다. 수많은 사상자와 피해를 낳은 대지진으로 일본 정부에 대한 불신과 불만이 커지자 일본 정부는 국민의 관심을 다른 곳으로 돌리고자 언론을 통해 "대지진을 틈타 조선인들이 우물에 독을 풀고 폭동을 일으킨다"는 소문을 퍼뜨렸습니다. 분노한 일본인들은 수천 명에 이르는 조선인을 학살했고, 수많은 조선인과 사회주의자, 아나키스트들이 '예비 검속*'이라는 미명하에 경찰서에 구금당했습니다.

• 일제 강점기에 범죄를 예방한다는 구실로 '죄를 저지를 만한 사람'을 미리 감옥에 가두었던 것을 말한다.

재판정에서 세상을 꾸짖다

예비 검속으로 박열과 가네코 후미코, 그리고 불령사 회원들도 구금당했습니다. 취조 과정 중에 박열의 폭탄 구입 시도 사실이 발각되었고 일본 정부는 그간의 조선인 학살을 정당화하고자, 이를 대지진을 틈탄 조선인의 폭동으로 둔갑시켰습니다. 불령사를 폭동과 천황 암살을 꾀한 비밀 결사 조직

일본 재판정에서 박열(오른쪽)은 조선 관복을 입고, 가네코 후미코(왼쪽)는 한복에 조선식 쪽진 머리를 한 채 재판을 받았다.

으로 단정했고 폭탄 유입 계획을 '대역 사건'으로 몰아갔습니다.

박열과 가네코 후미코는 조사 과정에서 폭탄 구입 시도 사실과 그들의 계획을 당당히 진술했습니다. 그리고 박열은 재판에 앞서 재판정을 향해 자신을 '피고'라고 부르지 말 것, 조선 관복을 입게 해 줄 것, 조선어를 사용하게 해 줄 것, 재판장과 동일한 좌석 마련 등 네 가지 조건을 요구했습니다.

물증도 없이 박열과 가네코 후미코의 진술에만 의존해 억지로 사건을 만들어 냈던 일본 검찰은 이 요구의 상당 부분을 받아들였습니다. 1926년 도쿄 대법원에서 열린 첫 공판에는 조선과 일본에서 온 수천 명의 군중으로 인산인해를 이루었고, 조선 관복을 입고 법정에 출두한 박열은 자신이 미리 준비한 〈소위 재판에 대한 나의 태도〉, 〈나의 선언〉, 〈어느 한 불령선인이 일본 권력자들에게 주는 글〉 등의 글을 반말로 읽으며 법정 투쟁을

● 가네코 후미코의 이름에 쓰인 한자 '金子文子'의 한국어 발음이다.

감행했습니다. 가네코 역시 조선 옷을 입고 자신의 이름을 '금자문자[*]'라고 밝히며 "황족은 정치 실권자인 제2계급이 무지한 민중을 기만하기 위해 날조한 가엾은 꼭두각시이자 나무 인형이라고 생각한다"고 말하는 등 박열의 법정 투쟁에 힘을 실어 주었습니다. 당황한 재판부는 10분 만에 재판을 비공개로 전환해 버렸습니다.

이후 공판은 세 차례 더 열렸습니다. 옥중에서 박열과 가네코 후미코는 정식으로 혼인 신고서를 제출했고 이틀 뒤 사형을 선고받았습니다. 이에 박열은 사형 선고를 한 재판장에게, "수고했네, 재판장. 내 육체야 자네들이 죽일 수 있지만 내 정신이야 어찌하겠는가"라고 말했고, 가네코는 "만세!"를 외치며 "모든 것이 죄악이요, 허위요, 가식이다"라고 말했습니다. 열흘 뒤 일본 정부는 덴노(천황)의 은덕을 내려 준다며 박열과 가네코 후미코를 무기 징역으로 감형했습니다.

감형 후 박열과 가네코 후미코는 서로 다른 형무소로 옮겨졌습니다. 선고가 끝난 사건이었지만 박열과 가네코 후미코의 존재는 일본을 뒤흔들 정도로 위협적이었습니다. 재판 기간 중 옥중에서 박열과 가네코 후미코가 다정하게 찍은 사진이 공개되면서 '대역죄인'에게 특혜를 베풀었다며 일본 열도가 떠들썩하는

재판 기간 중 옥중에서 박열과 가네코 후미코가 다정하게 찍은 사진이 공개되자 대역죄인에게 특혜를 준다며 일본 열도가 발칵 뒤집혔다.

일까지 벌어졌습니다.

그러나 이후 박열과 가네코 후미코는 다시 만나지 못했습니다. 가네코 후미코가 형무소에서 '자살'로 발표된 의문의 죽음을 맞았기 때문입니다. 박열은 해방 후인 1945년 10월까지 감옥에 있다가 출소했습니다. 박열은 해방 후 이승만의 노선을 지지하는 활동을 하며 남한에서 생활하다가 6·25 전쟁 중에 납북되어 북한에서 생을 마감했습니다.

민족을 넘어선 '해방'을 향한 갈망

부당한 권력에 투쟁하는 두 사람의 나라와 민족을 뛰어넘은 저항은 100년 가까이 지난 지금도 큰 의미를 지닙니다. 당시 박열 사건의 재판을 지켜본 조선의 언론인 안재홍은 이러한 평가를 남겼습니다.

평양시 형제산 구역 애국 열사릉에 있는 박열의 묘(왼쪽)와 박열의 고향인 경상북도 문경에 있는 가네코 후미코의 묘(오른쪽). 가네코 후미코의 시신은 부모가 인도하기를 거부해 박열의 형을 통해 박열의 고향 문경에 묻혔다.

박열의 처 가네코 후미코가 그 민족의 소속을 달리함에도 불구하고 철두철미 그녀가 애모하는 박열과 운명을 함께하려는 태도를 보건대, 이것이 곧 피압박 민족인 조선인의 문제인 동시에 다시 민족의 경계선을 떠난 계급적 공명이 얼마나 진지하고 뜨거운 것인지를 간파할 수 있는 것이다. 그것은 또 조선인의 장래와 함께 일본의 사회적 변동이 어떠할지를 상상할 수 있게 한다.

_ '박열 사건에 감鑑하여', 〈조선일보〉, 1926. 3. 17

박열과 가네코 후미코는 차별과 억압을 넘어선 평화와 인권의 문제는 한 민족 또는 한 국가만의 문제가 아니라 민족과 국가를 뛰어넘은 연대를 통해 해결해 나가야 한다는 사실을 우리에게 온몸으로 알린 것인지도 모르겠습니다.

더 생각해 볼까요?

- '사회 진화론'과 '상호 부조론' 중 무엇이 인류의 역사를 설명하는 데 적합하다고 생각하나요?
- 가네코 후미코는 박열의 시 〈개새끼〉에서 무엇을 느꼈을까요?
- 박열과 가네코 후미코가 꿈꾸었던 세상을 실현하려면 어떠한 노력이 필요할까요?

정의의 편에 선 변호사 후세 다쓰지

일본 제국주의에 저항한 일본인 가운데 후세 다쓰지 (1880년~1953년)라는 인권 노동 변호사가 있습니다. 그는 국가의 편에 서기보다는 법이 지향하는 정의를 실천하고자 사회적 약자인 민중의 편에 섰습니다.

후세 다쓰지는 박열, 가네코 후미코와 깊이 교류하며 두 사람이 대역죄로 재판받을 때 기꺼이 변호를 맡았고 옥중 혼인이 가능하도록 법적 절차를 도와주었습니다. 또한 가네코 후미코가 죽은 후에는 시신이 박열의 형에게 인도될 수 있도록 힘썼습니다.

후세 다쓰지는 열네 살 때, 동학 농민군 토벌대였던 일본인이 조선인을 죽인 일을 자랑스럽게 말하는 것을 들으며 조선인에 대한 연민과 일본의 잘못된 정책에 분노를 느꼈습니다. 그는 조선의 독립을 지지하는 글을 썼다가 경찰의 조사를 받기도 했고, 박열과 가네코 후미코 외에도 〈2·8 독립 선언문〉을 배포하다 체포된 조선 청년들을 비롯해 김시현, 황옥, 김지섭 같은 조선인 독립운동가의 변호를 도맡았습니다. 간토 대지진 당시 조선인 학살을 애통해하며, 〈조선일보〉와 〈동아일보〉에 일본의 조선인 학살을 사죄하는 전문을 보내기도 했습니다. 그는 조선 공산당 사건을 변호하고 전남 나주 궁삼면의 농민 투쟁을 지원했으며 일제의 부당한 식민지 농업 정책을 폭로했습니다. 이러한 활동으로 후세 다쓰지는 변호사 자격을 박탈당하고 징역형을 선고받아 옥고를 치르기도 했습니다.

일본 패망 후 변호사 자격을 회복하자 재일 조선인 관련 사건들을 맡으며 꾸준히 조선 민족을 지지하고 지원했습니다. 1946년에는 광복된 조선을 위해 〈조선 건국 헌법 초안〉을 작성했습니다. 자신의 경험을 바탕으로 쓴 소설을 발표하는 등 작가로 활동하기도 했습니다. 후세 다쓰지는 6·25 전쟁의 휴전 협정이 체결된 직후인 1953년 9월, 일흔두 살의 나이로 사망했습니다.

후세 다쓰지는 가네코 후미코와 함께 현재 두 명밖에 없는 일본인 독립 유공자이며 2004년에 일본인으로서는 최초로 건국 훈장 애족장을 받았습니다.

형평사

수평사

차별과 억압에서 벗어나기 위한 국제 연대의 움직임

9

조선 형평사

- 1923년 조선 형평사 창립
- 1926년 장지필, 김삼봉을 일본 수평사 시찰
  단으로 선임
- 1929년 형평사 기관지 〈정진〉 발간
- 1935년 대동사로 개칭하며 성격 변질

일본 수평사

- 1922년 일본 수평사 창립
- 1924년 전국 수평사 기관지 〈수평신문〉 창간
- 1936년 에타 출신 마쓰모토 지이치로가 중
  의원 선거에 출마, 당선
- 1942년 일본 수평사 법적 소멸

형평사와 수평사는 모두 일본 제국주의의 억압이 존재하던 상황에서 계급 차별에 저항하며 탄생한 단체입니다. 형평사와 수평사는 조선과 일본에서 가장 무시당하는 존재였던 백정과 부라쿠민에 대한 억압과 차별을 철폐하고자 만들어졌습니다. 두 단체의 주장은 많은 지지를 받았지만 한편으로 큰 반대와 저항에 부딪히기도 했습니다. 이러한 상황에서 두 단체는 국가와 지역, 식민 지배와 피지배라는 관계를 넘어 서로 연대하고자 했습니다. 두 단체의 이야기를 통해 우리 내부에 있는 차별과 혐오를 돌아보고, 자유와 평등의 가치를 기반으로 하는 보편적 인권에 대해 생각해 볼 수 있을 것입니다.

가장 낮은 곳에 버려진 그들

다른 여러 나라와 마찬가지로 조선과 일본에도 '천민' 계급에 대한 차별의 역사가 뿌리 깊게 자리 잡고 있었습니다. 조선에서는 가축을 도살해 고기를 팔고, 짐승의 가죽을 벗기는 일에 종사하는 백정에 대한 차별이 매우 심했습니다. 백정은 자신의 신분을 드러내기 위해 평량갓을 써야 했고 따로 마을을 이루어 살아야 했습니다. 백정들이 사는 마을은 고기와 가죽을 다루는 사람들이 사는 마을이라고 하여 가죽 피皮 자를 붙여 '피촌'이라고 불렸는데 사람들은 이들을 기피하며 가까이 가지 않았습니다.

일본에서도 백정과 비슷한 일을 하는 사람들이 존재했습니다. 일본에서는 도축업에 종사하는 이들을 '에타'라고 불렀습니다. 에타는 '더러운 일을 하는 존재'라는 뜻입니다. 또 일본에는 '히닌非人'이라는 천민도 있었는데 히닌이라는 말 자체가 '인간이 아니다'라는 뜻으로 주로 사형 집행수나, 죄인의 시신을 매장하는 일에 종사하는 사람들이었습니다. 에도 막부*

• 도쿠가와 이에야스가 1603년에 에도(지금의 도쿄)에 수립한 무가 정권. 메이지 유신이 단행된 1868년까지 존속했다.

시대에 접어들어 신분제가 재정비되며 이들에 대한 차별은 더욱 심해졌습니다.

에타와 히닌도 조선의 백정들처럼 따로 모여 살았습니다. 이렇게 형성된 천민 집단 거주지를 '부라쿠'라 하고, 여기에 사는 사람들을 '부라쿠민'이라고 불렀습니다. 부라쿠민 남자는 촌마게(일본식 상투)를 하지 못하고 짧게 자른 머리를 짚으로 묶고, 부라쿠민 여자는 머리를 둥글게 묶어야 했습니다. 또 에타가 사는 집 입구에는 모피를 걸어 두어 다른 집과 구별되도록 했습니다.

19세기 서양에 의해 개항한 동아시아의 여러 국가는 서구 문물을 받아들이기 시작했습니다. 서구 문물과 함께 자유와 평등 개념이 조선과 일본에도 유입되면서 사람들은 점차 신분 차별에 대해 문제의식을 갖기 시작했습니다. 동학 농민 운동 당시 동학 농민군이 내걸었던 폐정 개혁안에도 백정이 쓰는 평량갓을 없애자는 내용이 있었고, 독립 협회가 주관한 관민 공동회에서는 백정 출신 박성춘이 군중 앞에서 연설하는 일도 있었습니다. 일본에서도 에타의 우두머리를 중심으로 "짐승 고기를 먹는 외국인들과는 교류하면서 에타를 깨끗하지 않다고 할 수 없다"고 주장했고 막부에 신분 상승 탄원서를 제출하기도 했습니다.

조선과 일본 정부도 이들의 목소리를 계속해서 무시하기 힘들었습니다. 일본에서는 1871년에 천민 폐지령이, 조선에서는 1894년 갑오개혁 당시 신분제 철폐가 발표되었습니다. 그러나 오랜 차별의 역사가 있었던 만큼 사람들

• 일본은 675년 불교를 국교로 지정하며 공식적으로 육식을 금지했다. 그러나 개항 이후 진행된 근대화 운동의 일환으로 '고기 먹기 대회', '우유 먹기 대회' 등을 열어 육식을 장려하고 서양처럼 식습관을 바꾸자는 경향이 일어났다.

의 머릿속에 남아 있는 차별 의식은 쉽게 사라지지 않았습니다. 일본에서는 천민 폐지령에 의해 평민이 된 천민을 '신평민'이라고 불렀습니다. 그리고 그들이 사는 곳을 '도쿠슈부라쿠(특수 부락)'라고 불렀습니다.

그러나 '신'평민, '도쿠슈(특수)'라는 호칭 자체가 기존의 평민과 부라쿠민을 구분하고 그들을 여전히 기피 대상으로 인식했음을 보여 줍니다. 부라쿠민에게 천민 폐지령을 알리기조차 거부하는 지역도 있었고 여러 지역에서 천민 폐지령을 반대하는 소요가 발생하기도 했습니다. 이 소요는 유혈 사태까지 동반하는 경우도 있었습니다. 다카마쓰 지역에서는 한 부라쿠민이 부라쿠민인 것을 숨기고 혼인하여 '혼인 유괴죄'로 고소를 당했는데, 지방 법원에서는 이를 유죄로 선고했습니다. 그러자 부라쿠민들은 "우리의 존재 자체가 죄가 되는 것이냐"며 격분했습니다.

조선도 상황은 비슷했습니다. 갑오개혁 이후 백정도 호적에 등재할 수 있게 되었지만, 백정들의 호적은 따로 관리되었습니다. 나라에서 반포한 신분제 철폐 개혁을 적극적으로 추진해야 할 관리들이 오히려 양반에게 복종하지 않는 천민은 처벌하라고 각 지방 관청에 지시하기도 했습니다. 신 앞에서 모든 사람은 평등하다고 가르치는 교회에서도 백정들과 함께 예배 드릴 수 없다며 동석을 거부하는 일이 벌어졌습니다. 자녀를 학교에 입학시키려다 '백정의 자식'이라며 거부당하는 일도 허다했습니다. 일제 강점기에도 그들에 대한 차별은 계속되었습니다.

1922년에는 대구에서 백정들이 기생들과 함께 야유회를 나간 일이 있었는데, 기생 조합에서는 야유회에 참석한 기생들을 기생 명단에서 삭제했습니다. 법적으로는 신분제가 폐지되었지만, 현실에서 백정들은 벼슬 높은 관리부터 비슷한 천민 처지인 기생한테까지 멸시당하는 처지였습니다.

형평사와 수평사가 탄생하다

백정과 부라쿠민은 뿌리 깊은 차별과 억압 속에서도 평등 사상에 눈을 뜨기 시작했습니다. 1922년 일본의 교토에서 부라쿠민 신분 해방을 위한 단체 수평사가 탄생했습니다. '수평사'라는 이름은 '수평선처럼 평등한 사회를 도모한다'는 뜻입니다. 그리고 1년 뒤인 1923년, 조선에서도 진주 지역에서 형평사가 탄생했습니다. '형평사'는 백정이 고기의 무게를 잴 때 사용하던 저울을 상징으로 내걸었는데, '저울처럼 형평에 맞는 사회를 만들자'는 의미였습니다. 두 단체의 이름에서도 나타 나듯 수평사와 형평사는 부라쿠민과 백정의 신 분 해방만 내세운 것이 아니라 모두가 평등한 사 회를 지향하며 조직되었습니다. 이는 두 단체의 창립 선언문에도 잘 나타납니다.

오랜 세월 학대받은 형제들이여, (…) 우리 가 에타라는 사실에 긍지를 느낄 때가 왔다. 우 리는 결코 비굴한 말과 겁먹은 행위로 선조를 욕되게 하거나 인간을 모독해서는 안 된다. 인 간 세상이 냉혹할 때 그것이 얼마나 차가운지, 인간을 망치는 일이 무엇인지 잘 아는 우리는 여기 인생의 뜨거운 힘과 빛을 진심으로 갈구 하고 예찬하는 바이다.

_〈수평사 창립대회 선언문〉

1930년 제8회 조선 형평사 정기 대회 포스터. 고기의 무게를 재는 저울처 럼 균형이 맞고 평등한 세상을 지향 한다는 뜻을 표현했다.

공평은 사회의 근본이요, 애정은 인류의 본량 이라. 그러므로 우리는 계급을 타파하고 모욕 적 칭호를 폐지하며, 교육을 장려해 (…) 우리 조선 민족 이천만 중 한 사 람이라도 애정으로써 단결해 부조하고 생활의 안정을 꾀하며 공동의 존 립책을 꾀하고자 이에 사십여 만이 단결해 본사를 세우고 그 주지를 천 명해 표방코자 하노라.

_〈형평사 주지〉

부라쿠 해방 동맹의 기. 1922년 수평사 창립 대회 때 제작된 것으로 깃발에 새긴 가시 면류관은 아픔과 차별이 없는 세상을 향한 의지를 나타낸다.

위의 선언에서도 나타나듯이 두 단체는 계급 차별을 없애고 다른 사람들과 동등한 민족 구성원으로 인정받고자 했습니다. 그리고 자녀 세대는 새롭고 평등한 세상에서 살아갈 수 있도록 노력했습니다. 한편, 형평사는 백정 뿐 아니라 차별 철폐에 동의하는 사람이면 누구나 단체에 가입할 수 있도록 했지만, 수평사는 부라쿠민에게만 회원 자격을 부여했다는 차이가 있습니다. 두 단체의 창립 소식은 언론을 통해 조선과 일본 각 지역에 널리 알려졌고, 전국 각지에서 지역 형평사와 수평사가 조직되어 전국적인 조직으로 성장했습니다.

수평사와 형평사는 자신들이 현실에서 받았던 차별을 공유하고, 이를 해결해 나가기 위한 교육, 강연 및 청원 활동을 펼쳤습니다. 이 과정에서 여러 학생 단체와 종교 단체, 사회 운동 단체들로부터 지지를 받았고 또 두 단체도 여러 사회단체를 지원하고자 노력했습니다.

반형평·반수평 운동을 뛰어넘은 국제 연대

그러나 인간 해방과 평등 사회로 가는 길은 멀고 험했습니다. 신분 사회의 망령들이 끊임없이 두 단체의 활동을 가로막았습니다. 일제의 감시와 방해도 존재했지만, 가장 가까운 적은 그들의 '이웃'이었습니다. 백정과 부라쿠민의 평등을 향한 움직임을 예의 없고 건방진 행위라고 비난하며 활동을 방해하는 이른바 반형평 운동과 반수평 운동이 각지에서 일어났습니다.

형평사 창립 축하식 다음 날, 진주에서 2,500여 명이 형평사를 습격하려는 계획을 짰으며, 형평사를 지원하거나 형평사와 교류하는 사람은 백정이 아니었어도 백정과 똑같은 '신백정'이라고 비방을 받았습니다. 백정들에게 경제적인 피해를 주겠다며 소고기 불매 운동이 벌어지기도 했습니다. 당시 이러한 소식을 접한 진주 경찰서장은 "일본에서도 에타한테는 평민과 같은 대우를 하지 않는다"라며 오히려 백정들에게 피해를 주려 계획하고 실천한 사람들을 두둔했습니다.

경상북도 예천에서는 예천 형평 분사 창립 2주년 기념식을 축하하기 위해 단상에 오른 예천 청년회장이 축사는커녕 "백정은 국법을 어기다 백정이 된 것이므로 백정을 압박하는 것은 죄악이 아니다. 그리고 지금은 법적으로 차별이 철폐되었으니 형평사를 조직할 필요가 없다"는 발언을 했습니다. 발언이 끝나자 기념식에 참석했던 군중들은 행사를 난장판으로 만들고 형평사 회원의 집까지 쫓아가 폭력을 휘둘렀습니다.

한편 1922년 일본 나라현 다이쇼 마을의 한 소학교에서는 교사가 부라쿠민 어린이를 차별하는 호칭을 사용하자, 나라현의 지역 수평사가 이에 항의하는 일이 있었습니다. 그러자 학교 측은 오히려 수평사가 학교를 협박한다고 선전했고, 이는 수평사와 지역 주민 간의 무력 충돌로 확대되었습니다. 결국 경찰이 개입해 부라쿠민 100여 명을 체포하면서 사건은 일단락되었습니다. 수평사가 창립된 지 1년 뒤인 1923년에는 나라현에서 대일본 국수회라는 우익 단체가 주민들과 함께 수평사를 집단 공격하는 일이 발생했습니다. 1930년대로 접어들면서는 수평사를 반대하는 단체들이 우후죽순처럼 생겨나기도 했습니다. 또 부라쿠민 중에서도 어느 정도 부를 가진 사람들은 정부와 협력하며 수평 운동에 비협조적이었고, 수평사에 관련된 부라쿠민을 경쟁 관계로 여기며 수평 운동을 방해하기도 했습니다.

그러나 형평사와 수평사는 이에 굴하지 않고 내부 결속을 다지며, 민족과 국가를 뛰어넘어 두 단체 간의 직접적인 연대를 시도했습니다. 사실 두 단체는 초창기부터 서로의 활동을 알고 있었습니다. 서로의 소식은 각 지역 언론을 통해서 들었습니다. 1924년 수평사에서 먼저 조선의 형평사에 연락해 재일 조선인 차별 철폐 운동을 응원하기로 결정했습니다. 수평사는 형평사 제2회 정기 대회에 '우리 사이에는 단지 좁은 해협이 있을 뿐, 이 해협이 우리의 연대를 막을 수 없다는 것을 모두에게 보여 주자'는 내용을 담은 축하 서한을 보냈습니다. 이후 형평사는 '형평 운동과 그 목적이 동일한 수평사와 연대하여 연락을 도모할 것'이라는 답신을 보내며 두 단체는 본격적으로 교류의 물꼬를 텄습니다. 일제는 두 단체의 연대를 눈치채고 이를 방해하기 위해 각 단체에 스파이를 보내기도 했습니다.

그럼에도 연대를 위한 노력은 계속되었습니다. 이후 수평사와 형평사는 핵심 요원들을 파견해 서로의 활동을 시찰하고, 각 단체가 대회를 주최할 때마다 축전을 보내며 활동을 응원했습니다. 1925년 한반도에서 대홍수가 발생했을 때에는 수평사에서 "우리들 부라쿠민은 식민지의 형제를 구해야 한다"며 기금을 전달하고, 예천에서 발생한 형평사 사건 때에도 항의문을 발표하는 등 식민 지배와 피지배 관계를 넘어선 연대 의식을 보여 주었습니다.

파시즘의 광풍에 변질된 평등을 향한 움직임

그러나 1930년대로 접어들며 두 단체의 교류는 흔적을 찾기 힘들어집니다. 1929년에 발생한 세계적인 대공황은 조선과 일본에도 영향을 미쳤습니다. 일제는 대외 침략으로 대공황을 해결하고자 했습니다. 1931년 만주 사변을 일으키고 1937년 중일 전쟁을 시작하는 등 1930년대에 일제의 침략 행위는 동아시아 전체로 뻗어 나갔습니다. 이러한 상황에서 군화와 허리띠 같은 군수품 가죽을 다룰 수 있는 백정과 부라쿠민에 대한 정부의 통제가 강화되었습니다.

1933년에는 여러 사회단체와 적극적으로 연대하는 형평사를 경계하던 일제가 광주 지역 형평 청년회 등에 소속된 청년 회원들을 공산주의자로 몰아 치안 유지법 위반으로 체포하는 이른바 '형평 청년 전위 동맹' 사건을 조작하기도 했습니다. 일제의 집요한 탄압과 분열 정책으로 구성원 간 갈등을 겪으며 점차 성격이 변해가고 있던 형평사는 1935년 명칭을 '대동사'로 바꾸었고 1936년에는 본부를 대전으로 옮겼습니다. 이후 대동사는 인권 운동이 아닌 직업 운동으로 방향을 전환하며 전혀 다른 단체가 되었습니다. 자신의 직업적 이익을 위해서는 일제의 침략 전쟁에도 서슴없이 협조했습니다. 대동사는 모금 활동을 벌여 '대동호'라는 이름의 비행기를 일제에 헌납하는 등 일제의 침략 전쟁에 필요한 물품들을 지원했습니다. 대동사는 일제에 협력하는 대가로 피혁 회사를 설립하고 고깃값 인상을 건의하는 등 이익을 챙기려고 했습니다. 그러나 일제는 그들의 의도대로 움직이지 않았고 결국 대동사는 소리 소문도 없이 사라지게 됩니다.

한편 일제가 전쟁 승리를 위해 모든 국민이 하나가 되어야 한다고 선

경남 진주에 있는 형평 운동 기념비(위)와 일본 나라현 수평사 박물관에 있는 수평사 선언 기념비(아래). 형평사와 수평사는 식민 지배와 피지배 관계를 넘어 차별과 억압에서 벗어나기 위한 국제 연대를 보여 주었다.

전하자 수평사도 선전 논리에 순응했습니다. 수평사 운동의 논리도 "대동 아 공영권 속에서 모두 하나가 되어야 하는데, 부라쿠민에 대한 차별은 이 와 맞지 않는다"면서 침략 전쟁을 옹호하는 방향으로 변질되었습니다. 또 한 일제의 침략 전쟁을 지원하는 여러 사업에 적극적으로 뛰어들었습니 다. 1940년대 들어 전쟁의 규모가 태평양까지 확대되자 일제는 수평사를 사상 단체로 규정해 자발적인 해체를 강요했습니다. 1941년 수평사는 스 스로 단체를 해산하겠다는 문서를 제출하고 소멸되었습니다.

형평사와 수평사의 이야기는 비단 과거의 일만은 아닙니다. 두 단체의 이야기는 우리 주변의 '낮은 곳'에 위치한 사람들에 대해 각자가 어떻게 생각하고 행동하고 있는지 성찰을 요구합니다. 또한 민족과 국가라는 한 계를 넘어선 보편적 평화와 인권을 위한 연대라는 역동적인 움직임이 과 거부터 존재해 왔다는 사실을 보여 줌과 동시에, 이러한 연대를 가로막고 해치는 것은 무엇인지 한 번 더 생각해 보게 합니다.

더 생각해 볼까요?

- 왜 차별이 생겨나고 유지되는 걸까요?
- 백정이나 에타와 사회·경제적 지위가 비슷했던 농민이나 지역 주민들이 형평 운동 과 수평 운동에 반대한 까닭은 무엇일까요?
- 일본에서는 아직도 부라쿠민에 대한 차별이 존재합니다. 부라쿠민은 재일 조선인과 함께 사는 경우가 많으며 차별도 함께 받고 있습니다. 부라쿠민과 재일 조선인에 대 한 차별을 없애려면 어떤 노력이 필요할까요?

김마리아

추근

독립을 위해 평생을 바친 여성들

김마리아

| 金瑪利亞, 1892~1944 |

- 1892년 조선 황해도 장연 출생
- 1919년 2·8 독립 선언, 3·1 운동 참가
- 1921년 상하이 대한민국 임시 의정원 최초 여성 의원
- 1928년 미국 유학 중 근화회 조직
- 1933년 귀국해 원산에서 강의
- 1944년 평양에서 사망

추근

| 秋瑾, 1875~1907 |

- 1875년 청나라 푸젠성 샤먼시 출생
- 1905년 중국 동맹회 가입
- 1906년 상하이에서 국민공학 개설에 참여
- 1907년 여성 계몽 잡지 〈중국여보〉 창간
- 1907년 무장봉기 진행
- 1907년 저장성 사오싱에서 체포 및 사형

동아시아는 개항을 계기로 서구 문물을 받아들이게 되었습니다. 개항은 제국주의 열강의 침략을 어떻게 극복하느냐 하는 과제와 함께 내부의 봉건적 관습 탈피라는 과제를 안겨 주었습니다. 김마리아와 추근은 전통적인 여성상에서 벗어나 여성 해방과 나라의 독립을 위해 노력했습니다. 전통 사회에서 여성은 남성의 보조자로 주로 육아와 가사 노동을 맡았습니다. 이런 역할에 충실한 여성을 보통 '현모양처'라고 하지요. 이는 여성을 남성에게 종속된 존재로 바라봄으로써 여성을 독립된 인격체로 인정하지 않는 관점입니다. 이러한 관점은 제국주의 열강이 아시아를 침략하는 시기에도 이어졌습니다. 제국주의 침략이 확대되는 시기에 조국의 독립과 여성 해방이라는 두 가지 과제를 실현하기 위해 김마리아와 추근은 어떻게 노력했을까요?

새로운 사상을 배우다

김마리아는 황해도에서 부유한 집안의 딸로 태어났습니다. 김마리아의 아버지는 1880년대 미국인 선교사 언더우드가 교회를 열려고 할 때 자기 집 큰 사랑채를 내어 줄 정도로 개방적이었습니다. 그의 부모는 김마리아가 여성이라고 차별하거나 교육에 제한을 두지 않았습니다. 이런 환경에서 자랐기 때문에 김마리아는 자유로운 분위기 속에서 자신의 능력을 키울 수 있었지요. 그는 남성 중심적 사회에서 차별받지 않기 위해 남장을 하고 신식 학교에서 공부했습니다.

김마리아는 열다섯 살에 서울로 와서 정신여학교에 다니면서 신마리아와 김원근이라는 스승을 만났습니다. 두 스승을 통해 김마리아는 애국적 태도와 정치사상에 눈을 떴고, 왕이 군림하는 사회가 아닌 국민이 주인인 민주주의 세상을 꿈꾸었습니다.

추근의 아버지는 청나라의 고위 관리였습니다. 추근은 어린 시절부터 많은 책과 시문을 읽으며 자랐습니다. 특히 중국 역사를 탐독하면서 만주족의 지배 아래에 있는 상황을 바로잡고 싶다고 생각했습니다. 역사 속 영웅들을 존경하는 한편 자신을 '강호여협'이라 부르며 무술이나 검술을 연마했습니다. 서양 문물을 쉽게 접할 수 있었던 곳에서 살았기 때문에 개방적인 서양 사상에도 일찍 눈뜰 수 있었습니다.

추근은 서양 영웅 중에서도 잔다르크와 프랑스 혁명기의 롤랑 부인을 존경했습니다. 번역된 서양 책을 즐겨 읽으며 사회 진화론[*] 등 새로운 사상을 배웠습니다.

● 인간의 사회도 자연 유기체와 마찬가지로 진화한다는 주장이다.

봉건의 탈을 벗다

김마리아는 새로운 문물을 적극 수용하면서 일찌감치 애국 독립운동에 나섰습니다. 공부를 하면 할수록 여성 문제가 정말 중요하다고 생각했으나 조국이 식민지로 전락하는 상황을 목격하면서 조국 해방이 더 급하다고 여겼습니다.

김마리아는 정신여학교를 졸업한 후 광주에서 교사로 일하다 1913년 일본으로 유학을 떠났습니다. 교사로서 학생을 가르치는 것도 중요하지만 더 큰 일을 위해 공부를 해야 한다고 생각했습니다. 도쿄 유학 중에는 재

일본 유학 시절 찍은 사진으로 김마리아(동그라미 안)만 유일하게 한복을 입고 있다. 김마리아는 도쿄에서 유학하며 재일조선독립단에서 활동했고, 1919년 2·8 독립 선언을 마친 후 선언문을 조선에 전달하는 임무를 맡았다.

일 유학생들이 만든 재일조선독립단에 가입해 활동했습니다. 1919년 도쿄에서 2·8 독립 선언을 마친 후 선언문을 조선에 전달할 책임을 맡아 도쿄를 떠났습니다.

일본 여성으로 변장한 그는 허리띠에 선언서를 감추고 조선에 들어와 각지를 돌아다니며 이를 알렸습니다. 3·1 운동이 일어났을 때는 경성에 있다가 일본 경찰에 체포되고 말았습니다. 3월에 체포되어 갖은 고문을 당한 김마리아는 병이 든 몸으로 8월에 형무소를 나왔습니다.

자유로운 분위기에서 다양한 사상을 받아들이며 성장하던 추근의 삶이 바뀐 계기는 혼인이었습니다. 추근은 관료이자 부호였던 왕정균과 혼인해 아들과 딸을 낳았습니다. 집안이 좋은 사람과 혼인해 풍족하고 넉넉한 미래가 보장된 듯 보였지만 추근은 행복하지 않았습니다. 추근의 남편 왕정균은 사치스럽고 방탕한 생활을 했습니다. 추근은 남편을 두고 "술, 여자, 도박과 거짓말을 즐기고 신의가 없는 인물"이라고 말했습니다. 추근의 시아버지는 부인을 셋이나 두었는데 그중 한 명이 유독 추근을 못마땅하게 여겨 추근은 고된 시집살이를 해야 했습니다.

추근이 겪은 시집살이는 당시 여성 대부분이 겪는 일이었습니다. 그는 세상에서 가장 처참하고 위험한 글자가 '흑암黑暗'이라고 생각했습니다. 이는 다른 말로 '무지無知'입니다. 무지한 상태에서는 옳고 그름이 없고, 식견도 없으며, 살아가는 데 필요한 사상이나 행동도 없다고 생각했습니다. 당시 여성들은 바로 이러한 '흑암' 상태에 놓여 있었기 때문에 이를 극복하기 위해서는 자신부터 노력해야 한다고 다짐한 것입니다.

당시 중국 사회에는 "여성은 재능이 없는 것이 덕"이라는 말이 통용

될 정도로 여성에 대한 인권 의식이 낮았습니다. 여성의 발을 꽁꽁 동여매는 전족은 인권 탄압인 동시에 여성을 집 안에만 가두는 상징이었습니다. 이러한 중국 여성의 현실이 추근은 자신의 삶과 다르지 않다고 생각했습니다. 추근은 남편의 반대에도 아이들을 친정에 맡기고 용기를 내어 일본으로 유학을 떠났습니다.

공화제와 민주주의를 위하여

김마리아는 형무소를 나온 직후에도 아픈 몸을 이끌고 다시 독립운동에 뛰어들었습니다. 김마리아의 이러한 활동은 상하이 대한민국 임시 정부에도 알려졌고, 임시 정부의 독립운동가들은 그에게 격려 편지를 보내기도 했습니다.

김마리아는 여성의 민족 운동 참여를 확대하기 위해 대한 애국 부인회를 만들었습니다. 대한 애국 부인회는 김마리아를 회장으로 선출하고 간부를 임명한 후 전국 조직으로 만들기 위해 각 시도에 지부를 설치했습니다. 김마리아는 아픈 몸을 이끌고 열성적으로 일을 추진했습니다. 대한 애국 부인회는 조국의 독립을 위한 일에는 남녀가 따로 없다는 것을 실천하며 독립운동 자금을 모아 임시 정부에 보냈습니다. 그런데 조직원 중 배신자의 밀고로 총독부 경찰은 1920년 1월 전국의 애국 부인회 회원을 대대적으로 잡아들였습니다. 애국 부인회 회원은 물론 활동을 지원하거나 성금을 낸 사람들까지 체포했습니다. 김마리아는 정신여학교에서 수업을 하다가 체포되어 끌려갔습니다.

항일 비밀 결사 단체인 신민회 활동을 하던 김마리아의 삼촌 김필순의 집에 안창호가 자주 드나들었고, 김마리아는 자연스럽게 항일 의식을 접할 수 있었다. 사진 왼쪽부터 김마리아, 안창호, 맨 오른쪽 인물은 독립운동가 차경신이다.

대구 감옥에 갇혀 있던 김마리아는 지독한 취조와 혹독한 고문을 받았습니다. 고문이 얼마나 가혹했던지 재판정에 나온 그는 뼈만 앙상히 남아 죽은 사람처럼 참혹했습니다. 일본 경찰도 김마리아가 감옥에 있다가 사망하면 비난을 면치 못하기 때문에 병보석으로 풀어 주었습니다. 그의 병이 얼마나 위중했던지 당시 가장 규모가 큰 총독부 병원에서도 수술할 수 없을 정도였습니다. 일본 경찰은 김마리아의 병이 심각했기 때문에 감시를 소홀히 했고 김마리아는 그 틈을 타 상하이로 망명했습니다.

• 쑨원(1366년~1925년)은 중국의 혁명가이자 정치가로 중국 근대 혁명의 기본 이념인 민족, 민권, 민생의 삼민주의를 주장했다. 일본에서 반청 혁명에 뜻이 있는 망명가들과 연합해 민주 공화국 설립을 목표로 중국 동맹회를 설립했다.

한편 일본에서 유학하던 추근은 여러 단체에 참여해 활동하다가, 쑨원*이 중심이 되어 만든 중국 동맹회에 가입했습니다. 당시 일본에 있던 중국 유학생은 크게 두 부류였습니다. 한 부류는 부와 권력을 가진 집안의 자식들로 출세를 위해 유학 온 사람들입니다. 다른 한 부류는 조국이 처한 현실을 극복하기 위해서는 근대 문물을 배워 나라를 개혁해야 한다고 생각한 사람들입니다. 두 번째 부류의 사람들은 집권 세력인 만주족보다 한족 출신이 많았습니다.

중국 동맹회에 가담한 사람들은 당시 중국이 만주족의 지배를 받는 상황과 중국 정부가 새로운 개혁을 추진하지 못하고 있는 현실을 비판하고, 한족의 나라를 만들 것과 그 나라는 군주정이 아닌 만민이 평등한 공화정이어야 한다는 생각을 함께 키워 갔습니다. 이들의 활동이 활발해지자 중국 정부는 일본 정부에 요청해 중국 유학생을 단속하고자 했습니다. 이러한 조치에 불만을 품었던 추근은 중국으로 돌아왔습니다.

해방을 위한 활동

김마리아는 상하이에 도착한 후 임시 의정원 의원이 되었습니다. 임시 의정원은 지금으로 치면 대한민국 정부의 입법 기관인 '국회'에 해당합니다. 당시 상하이에 있던 독립운동가들은 임시 정부 수립을 위해 입법 기구인 임시 의정원을 구성한 뒤, 각 도의 인구에 따라 3~6명을 의원으로 정했는데, 김마리아는 황해도 의원 세 명 중 한 사람이었으며 최초의 여성 의원이기도 했습니다.

대한민국 임시 정부는 외교 활동에 힘을 쏟았으나 제1차 세계 대전 승전국이던 일본의 방해에 가로막혀 성과를 내지 못했습니다. 그러자 무장 투쟁을 주장하는 이들이 외교 독립론을 거세게 비판했고 양측의 갈등은 깊어졌습니다. 이 문제를 해결하기 위해 각 지역 대표들이 모여 국민 대표 회의를 열었지만 의견 차이를 좁히지 못하고 오히려 분열만 커지고 있었습니다. 김마리아는 혼란 속에서 미국으로 유학을 떠났습니다.

김마리아는 미국에서 '근화회'라는 여성 애국 단체를 만들어 독립운동

원산의 마르타윌슨 여자신학원에서 학생들을 가르치던 당시의 김마리아(동그라미 안). 당시 일제는 김마리아에게 학교 안에서만 생활하라는 '주거 제한령'을 내렸다. 전교생이 신사 참배에 불응했던 마르타윌슨 여자신학원은 1943년 폐교당했다.

자금을 모금하고 동지를 모았습니다. 회장에 선출된 김마리아는 공부하면서 모금한 자금을 조선과 임시 정부에서 활동하는 독립운동가들에게 보냈습니다. 한편 그는 조선에 돌아와 자신의 뜻을 펼치고 싶었습니다. 선고 시효 기간이 지났기 때문에 국내에 들어와도 처벌받지 않을 수 있었으나 조선 총독부는 그의 귀국을 꺼렸습니다. 결국 미국 선교사 단체가 김마리아의 신원을 보증해 1933년, 13년 만에 고국에 돌아올 수 있었습니다.

김마리아의 영향력을 알고 있었던 조선 총독부는 오직 학교에서 가르치는 일만 하고, 경성에 들어올 수 없다는 조건을 달았습니다. 원산의 마르타윌슨 여자신학원에서 성경만 가르치도록 했고 학교 안에서만 거주하도록 했습니다. 김마리아는 학생들에게 조선의 독립과 민주주의 정신을 가르쳤습니다. 그러나 왕성하게 활동하고 싶은 그의 바람과 달리 몸은 고문 후유증 때문에 심하게 앓았습니다. 오랫동안 병원에 입원하며 치료를 받던 김마리아는 해방을 다섯 달 앞둔 1945년 3월, 쉰둘의 나이로 세상을 뜨고 말았습니다.

중국에 돌아온 추근은 중국 동맹회 동지들과 함께 상하이에 '국민공학'이라는 신식 학교를 만들었습니다. 이 학교는 중국 근대 사립 학교의 본보기가 되었습니다. 국민공학에서 추근은 일본어와 이과 과목을 가르쳤습니다. 그때는 일본이 러일 전쟁에서 승리하면서 아시아는 물론 전 세계에 일본 열풍이 불었던 시기였기 때문에 추근은 일본을 배울 필요가 있다고 생각했습니다.

추근은 상하이에서 한문이 아닌 구어체로 〈중국여보中國女報〉를 간행했습니다. 〈중국여보〉의 발간사에는 "여성 교육을 제창하고 (…) 여성계의 지식을 확충하고 보급함에 있다"라고 쓰여 있어 여성 교육을 위한 책이라는 것을 분명히 했습니다. 추근은 〈중국여보〉를 통해 여권 신장의 필요성을 알렸습니다. 그는 남존여비 사상을 버리고 남녀가 평등한 세상을 만들 것, 혼인이 여성을 억압해서는 안 될 것, 전족 같은 악습을 폐지할 것 등을 주장했습니다.

그리고 여성이 자립하기 위해서는 경제 활동을 해야 한다고 강조했습니다. 여성이 경제 활동을 하기 위해서는 학교 교육과 사회 교육을 받아야 한다고 주장했습니다. 추근은 "강대한 민족은 모두 여성에 의지한다. 가정

추근의 본명은 규근인데 일본 유학 시절 '아름다운 가을'이라는 뜻의 '추근'으로 이름을 바꾸었다.

교육은 모두 여성에 맡긴다. 여성은 자립해서 모두 여성의 권리를 외친다. 우리나라는 이와 달리 유교 경전만 배운다"라고 비판했습니다. 따라서 자립과 독립 정신을 키우기 위해서는 "남자는 물론이고 여성도 경쟁해 열심히 연구할 필요가 있다"고 주장했습니다. 이렇게 되면 새로운 사회를 만들기 위한 일에 여성이 더욱 적극적으로 나서게 된다는 것이었습니다. 추근은 여성도 청나라 정부를 타도하는 혁명 운동에 남자와 똑같이 군인으로 참여해야 남자와 같은 대우를 받을 수 있다고 주장하기도 했습니다.

추근은 청조 타도와 민주주의 혁명을 위해 각지를 돌며 회원을 포섭하고 자금을 모았습니다. 1907년 청나라 조정에 대한 무장 봉기를 일으키려 했으나 사전에 발각되어 실패로 끝났고 추근도 체포되었습니다. 그리고 체포된 지 사흘 만에 처형당했습니다. 추근의 나이 서른두 살이었습니다.

자유와 독립을 위해

김마리아는 3·1 운동 참가 후 체포되어 받은 고문으로 몸도 마음도 큰 상처를 입었습니다. 특히 종종 발작 증세를 보여 사람들을 안타깝게 했습니다. 김마리아는 끝내 조국의 해방을 보지 못하고 병상에서 생을 마감했지만 그의 교육과 독립 투쟁 덕분에 우리는 해방된 조국에서 살 수 있게 되었습니다.

서른두 해라는 불꽃 같은 삶을 살았던 추근의 활동 기간은 짧았지만, 중국 여성의 사회 참여와 인권 신장에 절대적인 영향을 주었습니다. 많은 여성이 청조 타도에 앞장섰고 일본 제국주의와 싸웠습니다. 특히 많은 여성이 사회주의 운동에 참여한 것은 추근에게 받은 영향이 컸기 때문입니다. 쑨원은 추근을 "여자 영웅"이라 칭송했으며, 추근의 기념비에는 "선열의 용감한 희생은 결

항저우에 있는 추근의 석상. 여성 운동가이자 시인, 혁명가인 추근은 청나라 조정에 대항해 무장봉기를 준비하다가 체포되어 처형당했다. 이후 '혁명 열사'로 많은 이들에게 추앙받고 있다.

코 헛되지 않다"고 새겨져 있습니다. 루쉰은 그의 소설 〈약藥〉에서 추근을 주요 인물의 모델로 삼았습니다. 추근은 아직도 이념으로 대립하고 있는 중국과 대만 두 나라에서 모두 존경받는 여성 투사로 남아 있습니다.

더 생각해 볼까요?

- 김마리아와 추근이 이루고자 한 것은 무엇까요?
- 여성의 권리 신장과 사회 발전은 어떠한 관계가 있을까요?
- 김마리아와 추근이 목표한 일의 공통점과 차이점은 무엇일까요?

릉 훙

미국 유학길에 오른 두 사람의 다른 삶

윤치호

11

룽훙

容閎, 1828~1912

- 1828년 청나라 광둥성 출생
- 1835년 마카오와 홍콩에서 근대 교육 수학
- 1847년 중국인 최초로 미국 유학, 예일대학 졸업
- 1872년 중국 어린이 미국 유학 프로젝트 지휘
- 1898년 변법자강 운동 실패 후 미국 망명
- 1912년 미국 하트퍼드에서 사망

윤치호

尹致昊, 1866~1945

- 1866년 조선 충남 아산 출생
- 1881년 조사 시찰단으로 일본에 건너간 뒤 도쿄 도진샤에 입학
- 1885년 상하이 중서서원에서 근대 교육 수학
- 1888년 미국 에모리대학 졸업
- 1895년 귀국 후 갑오개혁 참여, 독립 협회 및 대한 자강회 활동
- 1945년 개성에서 사망

19세기 서양 열강의 침략적 접근이 동아시아로 이어지고 아편 전쟁 후 중국과 영국 사이에 체결된 난징 조약을 시작으로 동아시아 삼국은 본격적인 개항의 대열에 합류했습니다. 서구의 군사적 우위를 체험한 동아시아 국가들은 각자의 방식으로 서양을 따라잡고자 했습니다. 그러기 위해서는 서양을 알아야 했기에 서양으로 향하는 선박에는 각종 사절단과 유학생이 올랐습니다. 그중 미국으로 떠나는 배에는 중국인 유학생 룽훙과 조선인 유학생 윤치호가 있었습니다. 두 사람은 청나라와 조선 사람 중 첫 번째로 미국 대학의 학위를 받았습니다. 유학을 마치고 고국으로 귀국한 두 사람은 격변기의 지식인으로 어떤 삶을 살았을까요? 두 사람의 삶의 여정을 함께 살펴볼까요?

첫 미국 유학생 룽훙, 미국 유학 프로젝트를 추진하다

1828년 광둥성 주하이 난병진에서 태어난 룽훙은 일곱 살이 되던 해 마카오의 서양식 학교에 입학했습니다. 이후 홍콩의 모리슨 학교에서 영어와 지리, 음악, 기하학, 영국사 등 서양의 학문을 공부했고 학교장이던 브라운 목사의 제안으로 미국 유학을 떠났습니다. 룽훙은 1847년 1월 미국에 도착했고, 매사추세츠 몬슨 학교에서 라틴어, 그리스어, 영문학 등을 수학하며 대학 입학을 준비했습니다. 학비를 마련하기 위해 아르바이트를 하며 숙식과 난방비를 스스로 해결했는데, 이때 변발을 풀고 서양식 단발을 했습니다.

룽훙과 함께 미국에 유학한 황콴은 에딘버러 의과대학에 진학했고, 룽훙은 브라운 목사의 모교인 예일대학에 진학했습니다. 쉽지 않은 공부였지만 룽훙은 좌절하지 않았고 대학 과정을 무사히 마칠 수 있었습니다. 룽훙은 학업에 충실하면서도 조정부와 럭비부에서 활동했고, 신문에 글을 기고하기도 했습니다.

중국인 최초의 미국 유학생으로 예일대학을 졸업한 룽훙은 미국에서 서양 문물을 배우고 돌아와 중국 근대화에 앞장섰다.

"나는 선진 문명을 배웠다. 나의 후손들도 똑같은 이익을 누려야 한다. 서양의 학문을 중국에 전수하여 중국이 날로 선진 문명을 이룩하고 부강해지도록 해야 한다."

1854년 룽훙은 예일대학을 졸업하고 귀국길에 올랐습니다. 그가 홍콩
에 돌아왔을 때 청나라는 태평천국 운동*이 한창이었습니

• 1851년 청나라의 홍수전이 일
으킨 농민 운동. 남녀평등, 토지
균분, 청 정부 타도를 주장하며
세력을 키워 나갔으나 1864년에
평정되었다.

다. 수많은 농민이 합류한 태평천국군의 요구를 수용하기
에 청나라의 지방 정부들은 하나같이 부패해 있었습니다.
나라의 상황이 안타까웠지만 룽훙은 자신이 배운 것을 현

•• 증국번과 이홍장 등 한족 관
료가 주동하여 일으킨 근대화 운
동으로 군사, 과학, 통신 분야의
서양 기술 수용 등을 주장했다.

실에 적용하기 위해서는 또다시 뛰어야 했습니다. 1863년
룽훙은 중국의 권력자였던 증국번을 도와 무기 제조 공장
설립을 위한 기계 구입에 힘썼습니다. 룽훙이 미국에서 구입한 기계는 상하
이의 강남 제조국에서 활용되며 양무운동**의 거점으로 자리 잡았습니다.

증국번과 이홍장은 개혁을 이끌어 갈 인재를 육성하기 위해 어린이들
의 미국 유학 프로젝트인 일명 '유미유동留美幼童 프로젝트'를 추진했습니
다. 아홉 살에서 열다섯 살 사이의 아이를 선발해 해마다 서른 명씩 4년
동안 모두 120명의 학생을 미국으로 유학 보내는 계획이었습니다. 아이들
의 학비와 생활비는 모두 청나라 정부가 지불하고 학생의 학업 수준에 따
라 군사 학교나 해군 학교 또는 대학 과정을 이수하도록 해 청나라의 인재
로 키우고자 했습니다.

1872년 룽훙은 어린 학생 서른 명과 함께 태평양을 건너 미국에 도착
했습니다. 이들 중 한 아이는 미국 대륙을 횡단하는 기차를 타며 크게 감
탄했는데, 32년 뒤 중국인의 손으로 건설한 첫 철도인 경장 철도를 건설
한 잔텐유입니다.

미국에 도착한 어린 학생들은 미국 동부 뉴잉글랜드 지역으로 흩어져
생활하며 군사, 항해, 의학, 법률, 건축, 과학, 지질학 등 각종 학문을 익혔
습니다. 이들은 미국의 학문뿐 아니라 문화와 관습 등 많은 것을 배워 나

유미유동(留美幼童) 프로젝트에 따라 미국 유학을 떠난 청나라 어린이들. 1872년 청나라 정부는 아홉 살부터 열다섯 살 사이의 어린이들을 미국으로 유학 보내 근대 지식을 배워 오도록 했다.

갔습니다. 120명의 아이들 중 6분의 1 가까이가 룽훙의 모교인 예일대학에 진학했는데, 이 모든 프로젝트의 배경에는 유학 사무국을 이끌었던 룽훙의 노력이 있었습니다. 1875년 룽훙은 유학생들의 가정 교사였던 미국인 여성과 혼인했고, 청나라가 미국에 영사관을 설치한 뒤에는 부영사로 부임해 일했습니다. 청년 시절 룽훙이 유학하며 꿈꾸던 청나라의 부국강병 프로젝트는 이렇게 성공하는 듯 보였습니다.

조선에 태어난 언어 수재, 망국에 지다

윤치호는 프랑스 함대가 조선을 침략하고 강화도의 외규장각 도서를 약탈해 가던 1866년 충청남도 아산에서 윤웅렬의 장남으로 태어났습니다. 윤치호가 여덟 살이 되던 1873년 가족이 모두 서울로 이주해 유학 교육을 받았으며 온건 개화파였던 어윤중 문하에서 학문을 배웠습니다. 1881년에는 열여섯 살의 나이로 조사 시찰단의 일원으로 일본에 파견되었고, 일본에 투영된 서양 문물과 제도를 직접 눈으로 익힐 수 있었습니다.

에모리대학 재학 시절의 윤치호. 그의 미국 유학 생활은 조국인 조선으로부터 자유로워지고 서양식 문화를 즐기는 시간이었다.

윤치호는 일본에 남아 도쿄의 도진샤에 입학해 우리나라 최초의 일본 유학생이 되었고 꾸준히 영어를 배웠습니다. 또 김옥균, 서광범, 박영효와 함께 일본의 개화 사상가인 후쿠자와 유키치 등과 교류하며 개화사상을 익혔습니다. 빠르게 영어를 습득한 윤치호는 조선에 부임하는 미국 공사 푸트의 통역관으로 귀국했습니다.

1884년 김옥균과 서광범 등이 일으킨 갑신정변이 실패로 돌아간 뒤 윤치호는 상하이로 망명을 떠났습니다. 갑신정변의 주역들이 모두 대역죄 처분을 받았는데 이들과 친분을 유지해 온 것에 불안을 느꼈기 때문입니다. 윤치호는 상하이 중서서원에 입학해 3년 넘게 체계적인 근대 교육을 받았고 이때 기독교를 받아들였습니다.

이후 윤치호는 감리교회의 후원을 받아 미국 유학을 떠났고, 밴더빌트대학 신학과에서 영어 과정을 이수한 뒤 1890년 조지아주의 에모리대학에 입학했습니다. 그의 미국 유학 생활은 조국인 조선으로부터 자유로워지는 과정이었습니다. 여느 미국인 대학생처럼 교내외 각종 행사에 참여했고 주변과 친분을 유지하며 기독교인으로 살아갔습니다. 윤치호에게 미국 생활은 빵과 버터, 샤워 등 서양식 문화를 즐기는 시간이었습니다.

이때부터 영어로 일기를 쓰기 시작했고, 그의 습관은 죽을 때까지 이어졌습니다.

　대학을 졸업한 뒤에는 다시 상하이로 돌아와 중서서원에서 영어를 가르쳤습니다. 그가 상하이에 머무르는 동안 청일 전쟁이 일어났고, 전쟁에 승리한 일본은 조선에서 영향력을 확대해 나갔습니다. 갑신정변의 주역 김옥균은 상하이에서 홍종우의 총에 목숨을 잃었지만, 그와 함께했던 서광범과 박영효는 일본의 도움으로 '대역죄' 혐의를 벗고, 조선에 돌아와 갑오개혁을 추진했습니다. 윤치호도 1895년 2월, 조선으로 돌아와 갑오개혁에 동참했습니다. 1896년에는 러시아 니콜라이 2세의 대관식에 참석하는 정부 사절단의 영어 통역관으로 활약하기도 했습니다.

　당시는 시베리아 횡단 철도가 완공되기 전이라 조선 정부 사절단은 나가사키와 요코하마를 거친 뒤 태평양을 건너서 미국을 가로질러야 했습니다. 런던과 베를린, 바르샤바, 모스크바를 거쳐 한 달 반 만에 러시아의 수도 상트페테르부르크에 도착했습니다. 니콜라이 2세의 대관식을 마친 뒤 윤치호는 조선으로 귀국하는 민영환 일행과 헤어져 프랑스에 3개월간 거주하며 프랑스어를 공부했습니다.

　귀국한 뒤 윤치호는 서재필과 함께 독립 협회의 주요 활동을 이끌어 나갔고 부회장을 거쳐 회장직을 역임하기도 했습니다. 〈독립신문〉 사장으로서 임무를 수행했고, 관민 공동회에서는 '헌의 6조'를 결의해 고종 황제에게 올리기도 했습니다. 독립 협회가 해체된 뒤에는 지금의 서울 시장격인 한성부 판윤과 한성부 재판소 판사 등 여러 관직을 두루 거쳤습니다. 1905년 을사년에는 일본에 조약을 강요당하며(을사조약) 대한 제국의 외교권이 박탈당하자 관직을 사임했습니다.

을사늑약 이후 그는 대한 자강회 회장이 되었고 신민회가 주도하는 대성학교 교장으로 취임하며 계몽 운동에 앞장섰습니다. 그러나 대한 제국의 운명이 급격히 기울자 조국의 현실을 방관했습니다. 한 개인으로서 윤치호는 대단히 명석하고 성공한 인생을 살았지만 일본의 식민지가 되어가는 조국의 운명을 저항 없이 받아들였습니다.

룽훙의 길을 걸었던 이들, 중국을 이끌다

유미유동 프로젝트의 목표는 어린 학생들을 미국의 군사 학교나 해군 학교에 입학시켜 청나라의 군대를 강하게 만들 인재를 양성하는 일이었습니다. 그런데 미국이 갑자기 태도를 바꿔 군사 학교 입학을 허락하지 않자 프로젝트는 어려움에 빠졌습니다. 게다가 유학생 중 일부는 청나라 정부에 약속한 맹세를 어기며 변발을 자르고 기독교를 믿기도 했습니다. 청나라 정부로서는 받아들이기 어려운 중대한 일탈이었고 청나라 정부 내에서도 유학 프로젝트에 대한 비판의 목소리가 커지자, 유미유동 프로젝트는 추진된 지 10년 만에 중단되었습니다. 학생들은 10년간의 유학을 마치고 1881년에 귀국길에 올라야 했습니다.

이홍장은 귀국한 유학생 가운데 일흔 명을 자신이 주도해서 만든 북양해군으로 불러들였습니다. 이들은 독일 및 영국에서 유학하고 돌아온 이들과 함께 북양해군에 배치되었습니다. 룽훙이 적극적으로 추진한 미국 유학 프로젝트로 양성된 어린 유학생들은 청나라로 돌아온 뒤 이홍장이 추진한 양무운동에 필요한 인재로 곳곳에 배치되었습니다.

미국 등 각지에서 돌아온 유학생 중 일부는 청나라의 베트남에 대한 지배권을 놓고 프랑스와 싸우던 청프 전쟁 때 전사하기도 했고, 청나라 전역에 전보선을 이으며 통신선을 정비하기도 했습니다. 잔톈유는 청나라 정부의 반대를 딛고 철도 건설을 추진했습니다. 청일 전쟁이 벌어지는 1894년까지 400킬로미터의 철도를 부설할 수 있었습니다.

청일 전쟁에서 청나라가 대패하자 양무운동은 동력을 상실했습니다. 룽훙은 잇따라 일어난 변법자강 운동*에 참여해 청을 개혁하는 일에 매진했습니다. 그러나 변법 시행 100일 만에

● 청일 전쟁 패배 후 양무운동의 한계를 느끼고 캉유웨이, 량치차오 등이 일본의 메이지 유신을 모델로 추진한 근대화 운동이다.

서태후와 수구파의 격렬한 저항으로 실패로 돌아가자 룽훙은 캉유웨이, 량치차오와 함께 수배자 명단에 올랐습니다. 홍콩으로 피신한 룽훙은 영국 정부에 신변 보호를 요청해 간신히 목숨을 부지할 수 있었습니다.

70대 중반이 된 룽훙은 더는 활발한 활동을 이어 나가기 어려웠습니다. 그러나 그가 유미유동 프로젝트를 통해 육성한 인재들은 나라 곳곳에서 활약했습니다. 그들 중에는 중화민국 최초의 총리인 탕사오이와 외무대신 량뚠옌, 칭화대학 초대 총장 탕꿔안, 톈진 베이양대학 총장 차이사오지, 미국에서 첫 변호사 개업을 한 장캉런, 철도왕 잔톈유가 있습니다. 또 쑨원의 아내 쑹칭링과 장제스의 아내 쑹메이링의 외삼촌인 원뼁중도 있었습니다. 룽훙과 함께 미국 유학을 마쳤던 이들은 훗날 중화민국의 리더로 성장해 나갔습니다.

물 수 없다면 짖지도 마라

윤치호에게 대한 제국의 멸망은 대단한 일이 아니었습니다. 미국 유학생 시절부터 사회 진화론을 받아들인 윤치호는 힘과 능력이 없으면 누군가의 먹잇감이 되는 건 자연스러운 일이라고 생각했습니다. 대한 제국이 망할 때에도 그는 자신의 일기에 문명국의 식민지가 되는 것이 낫다고 기록하고 국가를 선택할 수 있었다면 일본을 선택했을 것이라고 기록했습니다.

1912년 윤치호는 일제가 조작한 데라우치 총독 암살 미수 사건*에 연루되어 서대문 형무소에 갇히기도 했는데 독립운동에 가담하지 않겠다는 서약을 하고 1915년에 출소했습니다. 그 뒤 그는 연희 전문 학교(지금의 연세대학교)의 이사와 YMCA의 주요 직책을 맡았습니다. 1916년 1월부터는 다시 일기를 쓰기 시작했습니다.

• 1911년 조선 총독부가 한민족 해방 운동을 탄압하기 위해 데라우치 마사타케 총독의 암살 미수 사건을 조작해 105인의 독립운동가를 가둔 사건으로 애국 계몽 운동가의 비밀 결사였던 신민회가 해체되는 원인이 되었다. '105인 사건'이라고도 한다.

조국은 식민지였지만 일제에 순응한 대가로 자유를 얻은 윤치호의 명석한 두뇌는 자신의 안위를 위해서만 움직였습니다. 3·1 운동을 앞두고 민족 대표가 되어 달라는 부탁을 받았을 때도 그는 거절했습니다. 1919년 3월 1일, 그는 수많은 사람들이 외치는 만세 소리를 외면했고, 다음 날인 일요일에는 교회에서 예배를 보았습니다. 교회로 윤치호를 찾아온 기자에게 "만세를 부른다고 조선의 문제가 파리 강화 회의에 상정되지도 않을 것이고, 세계열강은 여전히 우리를 도와주지 않을 것이며, 일본을 이길 실력이 없는 상황에서 3·1 운동 같은 어리석은 소요는 일제의 무단 통치만 연장시킬 뿐"이라고 말했습니다. 이후 윤치호는 각종 교육 기관의 교장이나 원장 등을 지냈으나 민족 대표로 나서 달라는 요청은 모두 거절했습니다.

윤치호의 영문 일기. 윤치호는 1883년부터 1943년까지 여러 가지 사건과 인물에 대한 이야기 등을 일기에 상세히 기록했다.

　　윤치호는 일본에게 잘못이 있다면 영국, 프랑스, 이탈리아에도 잘못이 있다고 생각했습니다. 강대국이 옳다면 일본도 옳으며, 힘이 센 일본에 잘못은 없다고 생각했습니다. 그는 윤봉길 의사가 상하이에서 폭탄을 던졌을 때도 '공산주의자의 비열한 행위'라고 평가하며 의열 활동에도 비판적이었습니다. 일제의 만주 침략을 칭기즈 칸이나 누르하치의 업적에 비유하며 질서와 평화를 정착시켰다고 평가하기도 했습니다. 다만 이완용 같은 극렬 친일파를 비판하며 자신의 행위를 합리화하기도 했습니다.

　　윤치호가 일제에 적극적으로 협력하면서 기독교계도 본격적인 친일의 길을 걸었습니다. 그는 김활란을 이화여전 부교장에 취임시키고, 자신은 연희전문학교 교장에 취임했습니다. 자발적으로 창씨개명한 뒤에는 '이토 지코'라는 이름으로 살았습니다. 그러면서 원래 조선인에게는 성姓이 없었으며 거의 모든 성씨가 중국에서 빌려 온 것이기에 창씨개명은 어렵지 않다고 자신의 일기에 기록했습니다. 또 조선인 지원병이 영예로운 일본 해군에 입대하게 된 것에 크게 기뻐하며 조선의 지원병들이 일본 해군의 명예에 누가 되지 않게 잘 싸웠으면 좋겠다는 바람을 적기도 했습니다.

조선의 지식인 윤치호는 삶이 거듭될수록 세상에 타협했고 말년에는 적극적인 친일파로 살았습니다. 누구보다 영리한 사람이었지만 1945년 일제가 그렇게 망할 줄은, 또 조국이 해방될 줄은 몰랐습니다. 그는 해방된 지 100여 일이 지난 1945년 12월 9일, 뇌졸중으로 여든한 살의 삶을 마감했습니다. 윤치호는 한때 독립 유공자로 선정되기도 했지만 나중에 그가 살아온 삶의 진실이 밝혀졌고, 사촌 동생이자 이승만 정부에서 장관을 지냈던 윤치영, 〈시일야방성대곡〉을 작성한 장지연 등과 함께 2011년에 서훈이 취소되며 준엄한 역사의 평가를 받았습니다.

더 생각해 볼까요?

- 아무도 걷지 않은 길을 처음 갔던 두 사람의 삶은 후학들에게 어떤 의미를 지닐까요?
- 서양의 학문을 배우고 돌아온 뒤 두 사람의 인생은 왜 달라졌을까요?
- 나라가 위기에 빠졌을 때 지식인이 해야 하는 역할은 무엇일까요?

法

박상진

국민이 주인이 되는 자주 국가를 꿈꾼 사람들

판보이쩌우

- **12** -

박상진

| 朴尙鎭, 1884~1921 |

- 1884년 한국 경남 울산 출생
- 1909년 판사 시험 합격
- 1910년 신민회 활동
- 1912년 상덕태상회 설립
- 1915년 대한 광복회 창설
- 1921년 대구 형무소에서 처형

판보이쩌우

| 潘佩珠, 1867~1940 |

- 1867년 베트남 응에안성 출생
- 1900년 과거 향시 합격
- 1904년 베트남 유신회 조직
- 1905년 동유 운동 전개
- 1912년 베트남 광복회 조직
- 1940년 가택 연금 중 사망

박상진과 판보이쩌우는 국적은 다르지만 공통점이 많습니다. 두 사람은 각국의 국권 침탈 상황 속에서 대한 제국과 베트남의 관리 임용 시험에 합격했습니다. 이후 이들은 관직을 버리고 일본과 프랑스에 저항하며 나라의 독립을 되찾고자 노력했습니다. 그러다가 중국의 신해혁명을 경험하며 자신들의 나라가 공화국이 되길 꿈꿉니다. 비록 독립을 보지는 못하고 죽었지만 이들의 외침대로 두 나라는 독립하면서 '공화국'을 표방했습니다. 우리가 살아가고 있는 공화국은 저절로 주어진 것이 아니라 오랜 시간 동아시아의 독립운동가들이 꿈꾼 결과였습니다. 이들은 왜 공화국을 꿈꾸고 그토록 애써 싸웠을까요?

왕이 없는 나라, 국민이 주인이 되는 나라를 꿈꾸다

조선과 베트남은 아주 오랜 시간 동안 왕이 나라를 통치했습니다. 두 나라 모두 유교를 정치 이념으로 삼았기 때문에 조선과 베트남에서 '왕'은 국가의 상징이기도 했습니다. 19세기 말, 두 나라가 각각 일본과 프랑스에 국권을 빼앗겨 가던 시기에 유학자들을 중심으로 "위기에 빠진 왕을 구하자!"며 전국적으로 의병이 일어난 일은 이를 잘 보여 줍니다.

그러나 나라가 제국주의 국가들의 식민지로 전락해 가는 과정에서 사람들의 생각은 점차 분화되기 시작했습니다. 여전히 왕이 나라를 상징하는 최고의 존재라고 여기며 왕권을 되찾아 국가의 자주성을 회복하려는 사람들도 있었습니다. 또 한편으로는 오랜 시간 왕이 나라의 상징이었다는 점을 감안해 왕을 통합의 구심점으로 하되, 헌법에 의거해 통치가 이루어지는 형태의 나라, 즉 '입헌 군주제' 국가를 꿈꾸는 사람들도 생겨났습니다. 그리고 한 발 더 나아가 나라는 망하고 있는데 무력하기만 했던 왕에 대한 기대를 버리고 국민이 주인이 되는 나라인 '민주 공화국'을 수립하고자 하는 사람들도 등장했습니다.

지금 우리는 민주 공화국에서 살고 있기 때문에 왕이 있는 국가가 낯설게 느껴집니다. 마찬가지로 19세기 동아시아에서 왕이 없는 나라를 상상하는 일은 당시까지 경험해 보지 못한 세상을 상상하는 일이었기 때문에 매우 파격적이었습니다.

제1차 세계 대전을 전후하여 동아시아뿐 아니라 세계적으로 민주 공화국에 대한 갈망이 커졌습니다. 한국과 베트남의 독립운동가들도 독립된 나라의 모습은 민주 공화국이어야 한다고 생각했습니다. 이렇게 두 나라의 민주 공화국을 향한 여정의 출발점에는 박상진과 판보이쩌우가 있습니다. 국민이 주인이 되는 나라를 만들기 위한 박상진과 판보이쩌우의 여로를 지금부터 따라가 보겠습니다.

유학을 공부하고 의병에 참여하다

박상진과 판보이쩌우가 태어나던 19세기 중후반부터 동아시아 나라들은 모두 격변기를 맞이했습니다. 박상진이 태어나던 해에 조선에서 일어난 갑신정변이 실패로 돌아가며 조선은 제국주의 국가들의 먹잇감으로 전락해 가고 있었습니다. 판보이쩌우가 태어나던 해에는 프랑스군이 베트남의 남쪽 영토 일부를 무력으로 점령했습니다.

박상진과 판보이쩌우는 모두 유학을 공부하던 선비 집안에서 태어나 어린 시절 전통 학문을 공부했습니다. 박상진은 의병으로도 활동했던 허위를 스승으로 모셨고, 판보이쩌우 역시 그의 아버지로부터 전통적인 유학을 배웠습니다. 초기에 박상진과 판보이쩌우는 유교 사상의 영향으로 왕을 지키는 것이 곧 나라를 지키는 일이라고 생각했습니다.

판보이쩌우가 열아홉 살이 되던 1885년 베트남 황제는 전국의 유생들에게 자신을 위해 의병을 일으켜 줄 것을 명하는 근왕령을 선포했습니다. 이에 판보이쩌우도 학우 60여 명과 함께 군대를 조직해 왕실을 지키기 위한 근왕 운동에 참여했습니다.

박상진은 직접 의병에 참여하지는 않았지만 스승이었던 허위가 의병을 일으켰을 때 군자금을 제공하는 등 경제적인 지원을 아끼지 않았으며 허위가 사형당했을 때는 시신을 수습했습니다. 박상진의 사상은 유학에만 머물러 있지 않았습니다. 스승 허위와 함께 당시 새롭게 유입되던 신사상을 받아들이고 탐구했습니다. 허위에게 학문을 배우면서 박상진의 항일 독립 의식도 함께 습득되었습니다.

1902년 서울에 올라온 박상진은 자연스럽게 개화사상을 받아들였고, 1907년에는 양정 의숙이라는 근대식 학교에 입학해 법학을 공부했습니다. 1908년에는 아버지와 함께 교남 교육회라는 계몽 운동 단체에 가입해 활동했습니다. 그리고 1909년에 판사 시험에 합격했습니다.

한편 판보이쩌우는 1900년 향시에 수석으로 합격하고 수도로 올라와 베트남 관리들과 교류하며 세계 곳곳의 소식을 담은 서적들을 접했습니다. 박상진과 판보이쩌우는 이후 관직을 포기하고 본격적으로 독립운동에 뛰어들었습니다.

신해혁명을 경험하다

판보이쩌우는 베트남에 독립 정부를 세우기 위해 노력했습니다. 그는 당시 아시아 국가 중 서구화가 가장 빠르게 진행된 일본을 모델로 삼고 입헌 군주제에 관심을 가졌습니다. 그리고 베트남 독립운동에 필요한 재정적인 도움을 일본에 요청해야겠다고 판단했습니다. 그는 1903년《유구혈루신서》라는 책을 써 일본에 오키나와라는 이름으로 병합된 류큐국이 겪은 아픔을 언급하며 베트남 독립의 필요성을 설파하였습니다. 한편 1904년에는 베트남 유신회를 조직하고, 베트남 독립에 필요한 도움을 요청하기 위해 1905년 일본으로 건너갔습니다.

판보이쩌우는 당시 러일 전쟁에서도 승기를 쥔 일본이 아시아와 황인종의 보호자를 자처하고 있었기에 베트남 독립에 필요한 도움도 줄 수 있으리라 판단했습니다. 그러나 일본에서 만난 중국 개혁가 량치차오에게서, 일본으로부터 재정적인 도움을 받겠다는 발상은 순진한 생각이니 베트남 스스로 재정을 마련할 수 있는 힘을 길러야 한다는 조언을 듣습니다.

이후 판보이쩌우는 일본의 야당 인사들을 만나 베트남인의 일본 유학을 후원하겠다는 약속을 받았습니다. 그리고 일본의 시스템을 배워 독립에 힘쓸 청년을 기르자는 취지에서

판보이쩌우(오른쪽)는 베트남을 지배하고 있는 프랑스에 대항해 베트남 마지막 왕조인 응우옌 가의 후손 끄엉 데(왼쪽)를 앞세워 임시 정부를 세우고자 했다.

베트남 청년들을 일본으로 유학 보내는 '동유 운동'을 벌였습니다. 그리고 일본과 베트남, 중국을 오가며 여러 지식인을 만나고, 제국주의에 반대하는 아시아인의 모임인 '아주 화친회'에서 활동하기도 했습니다. 동시에 베트남에서 무장 독립운동가 호앙 호아 탐 등과 협력해 봉기를 준비하기도 합니다. 그러나 프랑스와 일본은 베트남과 한국에서 상대방이 우월한 지위를 갖는다는 것을 인정해 주는 협약을 맺었습니다. 이에 따라 일본은 많은 베트남 유학생을 내쫓았고, 결국 1909년 판보이쩌우도 일본에서 쫓겨났습니다. 판보이쩌우는 홍콩을 거쳐 태국에서 망명 생활을 했습니다.

한편 박상진은 새로운 독립 국가를 꿈꾸며 활동하던 신민회의 구성원

들과 긴밀히 교류를 가지며, 1911년에는 만주와 중국 등지에서 활동하던 독립운동가들을 만나 독립 투쟁 방법을 논했습니다. 만주에서는 신흥무관학교를 방문해 여러 독립운동가와 신흥무관학교 운영에 대해 상의하기도 했습니다. 그리고 상하이와 난징 등지를 방문하던 중 신해혁명을 목격했습니다.

신해혁명은 중국에서 수천 년 가까이 지속된 황제 권력을 무너뜨리고 공화국 중화민국을 탄생시킨 사건으로, 중국뿐 아니라 동아시아 여러 나라에 큰 영향을 미쳤습니다. 오랜 시간 중국의 정치 시스템을 수용해 체제를 정비하고 왕권을 강화해 왔던 동아시아 국가들로서는 큰 충격일 수밖에 없었습니다. 상상조차 해 보지 못한 일이 중국에서 실제로 일어나자, 다른 동아시아 사람들도 황제나 왕이 없는 세상을 상상할 수 있게 되었습니다.

1913년에 다시 중국을 방문한 박상진은 난징에서 중국의 혁명 지도자 쑨원을 직접 만났습니다. 박상진은 동양 평화를 위해서는 조선의 독립이 반드시 필요하니 독립군을 통솔할 사관 양성에 도움을 달라고 요청했고, 쑨원은 중국 군관학교에서 한국인 훈련을 위한 특별부 설립을 허락하기도 했습니다. 이외에도 쑨원의 혁명 사상과 혁명 운동은 박상진에게 큰 영향을 주었습니다.

판보이쩌우도 1906년 초 일본에서 쑨원을 만났습니다. 이때 쑨원은 중국 혁명이 성공하면 제일 먼저 베트남 독립에 힘을 보탤 것을 약속하며, 이상적인 정치 체제로서 공화제에 관해 판보이쩌우에게 말했습니다. 쑨원으로부터 즉각적인 도움을 받진 못했지만, 판보이쩌우는 동유 운동의 실패 등을 겪으며 서서히 공화제에 대한 쑨원의 생각을 수용하기 시작했습니다. 태국에서 망명 생활을 하던 판보이쩌우는 신해혁명이 일어났다는 소식을 듣고 중국 광둥으로 거처를 옮겼습니다.

'광복회'를 조직하다

광둥으로 온 판보이쩌우는 1912년 3월, 베트남 유신회를 해산하고 동지 100여 명과 함께 베트남 광복회를 조직했습니다. 베트남 광복회라는 명칭은 쑨원과 함께 중국 혁명파를 대표하던 장빙린이 세운 '광복회'에서 따온 것으로 보입니다. 장빙린은 아주 화친회에서 판보이쩌우와 함께 활동한 적도 있었습니다. 한편 조직 결성과 운영 등에 관한 세부적인 사항은 쑨원의 중국 동맹회를 그대로 따랐습니다.

베트남 광복회의 목표는 공화국 건설이었습니다. 이를 위해서는 베트남에서 프랑스 세력을 완전히 몰아내고 독립을 이루어야 했습니다. 그리고 독립을 이룰 방법으로 '의열 투쟁'을 선택했습니다. 1909년 안중근의 이토 히로부미 저격 사건에 큰 감명을 받았던 판보이쩌우는 혁명 전술로 무력 투쟁을 사용하면 대중의 마음이 움직이고 지원을 얻을 수 있다고 생각했습니다. 이후 베트남 광복회는 프랑스의 식민 지배에 협조하는 프랑스인과 베트남인을 저격하는 활동을 하면서 중국 혁명파와 연계를 이어갔습니다.

중국에서 귀국한 박상진은 독립운동에 필요한 자금을 모으고 동지들과 편리하게 연락을 취하기 위해 1912년 대구에서 상덕태상회라는 곡물 상회를 열었습니다. 이후 계몽 운동 인사들과 의병 계열 인사들이 조직한 비밀 결사 단체인 조선 국권 회복단에 참여해 활동했습니다. 1915년에는 풍기 광복단이라는 의병 계열 단체와 힘을 합쳐 대한 광복회를 조직하고 총사령 자리에 취임했습니다. 대한 광복회 역시 민주 공화제 국가 수립을 지향했으며 일제를 몰아내기 위해 독립군을 길렀고 군사 조직 형태를 갖추었습니다.

대한 광복회는 베트남 광복회처럼 무력으로 일제에 대항하는 '의열 투쟁'을 중요한 투쟁 방식으로 삼았습니다. 따라서 대한 광복회의 주요 활동은 식민 지배에 중요한 직책을 담당하고 있던 일본인이나 일본에 협조하는 친일파를 암살하는 것과, 자금을 모아 독립운동가를 지원하는 일이었습니다. 대구에서 시작한 대한 광복회는 전국적으로 100여 개의 곡물상으로 위장한 지점을 둘 정도로 큰 세력으로 성장했습니다.

제국주의의 손에 죽음을 맞이하다

1913년 베트남 광복회는 하노이 호텔에 폭탄을 던져 프랑스군 대령 두 명을 폭살하는 성과를 올렸습니다. 그러자 프랑스는 중화민국 정부에 광둥에 있는 베트남 광복회 활동을 막아 달라고 강력히 요구했습니다. 이 일이 일어난 후 베트남 광복회 조직은 큰 타격을 입었습니다. 1914년 광둥에서 베트남 광복회의 핵심 인물인 판보이쩌우가 체포되었다가 1917년에 풀려나게 됩니다. 그 과정에서 설립 초기 단계였던 베트남 광복회 조직은 뿔뿔이 흩어지고 말았습니다.

이후 판보이쩌우는 항저우 등지에서 독립운동을 하며 사회주의 사상을 접하고 소련과 연계도 시도했으나 큰 성과를 얻지 못했습니다. 1925년에는 이름만 남아 있던 베트남 광복회를 해산하고 베트남 국민당을 조직했는데 얼마 후 그는 상하이에서 프랑스 당국에 체포되었습니다. 이후 판보이쩌우는 하노이로 압송되어 재판을 받고 종신형에 처해졌으나 베트남 사람들의 강력한 저항을 의식한 프랑스는 판보이쩌우를 사면하는 대신 가택 연금에 처했습니다. 판보이쩌우는 프랑스의 엄중한 감시 아래 살다가 1940년 세상을 떠났습니다.

박상진은 독립운동 자금을 마련하는 일이 가장 시급한 일이라고 판단하고, 각 도의 자산가와 그 재산 정도를 파악해 광복회가 지정한 액수를 기부하도록 요구했습니다. 불응할 경우 보복이 있다는 것을 알렸습니다. 그렇게 했는데도 의연금 모집이 부진하자 일본인이 징수한 세금 운반 마차를 습격했고 요인 암살을 계획하기도 했습니다. 그러다가 1918년, 친일 부호들을 처단하는 과정에서 대한 광복회 조직이 발각되고 말았습니다. 몸을 피해야 하는 상황에서 어머니가 위독하다는 소식을 들은 박상진

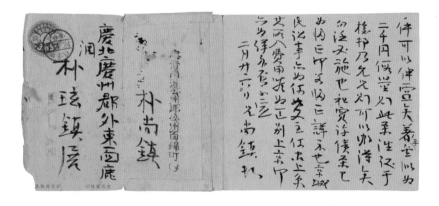

친일 부호 처단 사건으로 체포되어 투옥된 박상진이 공주 감옥에서 동생들에게 쓴 편지. 변호사를 선임해 줄 것을 요청하는 내용을 담고 있다.

은 고향을 찾았다가 체포되고 맙니다. 4년여의 재판 끝에 결국 사형 선고를 받은 박상진은 1921년 교수형에 처해졌습니다.

박상진과 판보이쩌우는 그들이 꿈꾼 독립된 민주 공화국의 수립을 보지 못한 채 세상을 떠났습니다. 그러나 두 사람의 결의와 투쟁에 영향 받은 독립운동가들은 그들의 뜻을 이어 민주 공화국 수립을 갈망했고, 마침내 한국과 베트남은 독립을 쟁취하고 '공화국'을 수립했습니다.

더 생각해 볼까요?

- 당시 동아시아 사람들은 신해혁명을 바라보며 어떤 생각을 했을까요?
- 베트남 광복회와 대한 광복회의 '광복'은 각각 프랑스와 일본으로부터 독립 외에 어떤 의미를 지닐까요?
- 우리가 현재 살고 있는 공화국은 박상진과 판보이쩌우가 꿈꾸었던 공화국과 어떻게 다를까요?

동아시아의 베스트셀러, 《월남망국사》

《월남망국사》는 일본에 망명한 중국인 량치차오
와 베트남의 판보이쩌우가 만나 나눈 대화를 기록
한 책으로, 1905년 상하이에서 처음 출판된 후 동
아시아 여러 국가에서 번역 출간되었습니다. 베트
남 정세와 프랑스의 식민 정책, 그로 인해 고통받
는 베트남 사람들의 모습과 저항이 실려 있는 이
책은 베트남이 프랑스 식민지로 전락해 간 과정을
알림으로써, 망국의 위기에 놓인 동아시아의 인민
에게 위기 의식을 고취하기 위한 의도로 출간되었
습니다. 동아시아의 지식인들은 베트남의 망국 경
험을 매개로 서로 교류하며 제국주의 열강의 침략
을 마주한 위기감을 공유할 수 있었습니다.

이 책은 제국주의 열강의 위협 속에 있던 중국에서도 수차례 출판 및 배포되었으
며, 베트남에서는 독립 의식을 고취하기 위한 교재로 활용되기도 했습니다. 한국에서
도 여러 사람이 번역해 출간했고, 베스트셀러가 될 만큼 큰 반향을 일으켰습니다. 일본
에 국권을 잠식당하고 있던 상황에서 베트남 이야기는 결코 남의 나라 이야기가 아니
라는 것을 깨달았기 때문입니다. 〈황성신문〉은 이 책 내용의 일부를 발췌해 연재하기
도 했습니다. 그러나 1909년 일본 통감부가 "사회의 안녕질서와 풍속에 해가 된다"며
이 책의 발행과 배포를 금지했습니다.

이 책에서 량치차오는 베트남의 독립에 비관적이었지만 판보이쩌우는 베트남 각계
각층의 인민들이 떨쳐 일어나 프랑스에 대항하고 베트남에서 프랑스를 축출해야 한다
는 것과 실제로 베트남은 곧 독립된다는 희망을 말했습니다. 이 책이 동아시아 여러 나
라에서 공감을 얻고 많이 읽혔던 까닭은 판보이쩌우의 바람이 거의 모든 동아시아 인
민의 바람과 같았기 때문인지도 모릅니다. 《월남망국사》를 통해 베트남의 독립 문제는
베트남만의 문제가 아니라 동아시아 전체의 문제로 인식될 수 있었습니다.

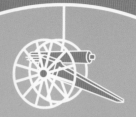

이홍장

중국과 일본이 선택한 근대화의 길

이토히로부미

이홍장

李鴻章, 1823~1901

- 1823년 청나라 안후이성 허페이 출생
- 1847년 진사 시험 합격
- 1850년 태평천국 운동 때 민병대 조직
- 1895년 시모노세키 조약 대표
- 1896년 중러 비밀 동맹 조약, 유럽 및 미국 여행
- 1900년 의화단 사건 후 협상 대표, 베이징에서 사망

이토 히로부미

伊藤博文, 1841~1909

- 1841년 일본 야마구치현 히카리시 출생
- 1871년 이와쿠라 사절단원으로 미국과 유럽 시찰
- 1892년 두 번째 총리, 청일 전쟁 지휘
- 1905년 을사조약 강요, 초대 조선 통감
- 1909년 추밀원 의장, 하얼빈에서 안중근에게 피살

동아시아에서는 개항 후 서구식 개혁을 통해 근대화를 전개하려는 움직임이 있었습니다. 중국에서 처음 전개된 근대화 운동은 양무운동입니다. 이홍장은 그의 스승 증국번과 함께 양무운동을 주도했으며 주로 서양의 기술을 받아들여 군대를 강화하는 데 집중했습니다. 일본은 메이지 유신 이후 지속적으로 개혁을 추진했습니다. 여러 개혁을 추진하는 데 앞장선 이토 히로부미는 일본 제국 헌법의 기초를 마련했으며 초대 총리 대신을 역임했고 두 번째로 총리가 되었을 때는 청일 전쟁을 지휘했습니다. 동학 농민 운동을 계기로 일어난 청일 전쟁 당시 이홍장과 이토 히로부미는 청나라와 일본의 실질적 지도자였습니다. 두 사람이 주도한 개혁은 어떤 공통점과 차이점이 있었을까요?

근대를 배우다

이토 히로부미는 조슈 번(지금의 야마구치현)에서 농민의 아들로 태어나 하급 무사의 양자로 입양되었습니다. 열여섯 살 때 해안 경비 임무를 수행하면서 만난 지휘관의 소개로 요시다 쇼인이 세운 사설 학당 쇼카손주쿠에 입학해 학문을 배웠습니다. 훗날 메이지 유신의 정신적 지도자이자 이론가로 활약한 요시다 쇼인은 하급 무사 출신이었으나 서양의 문물을 수용해야 한다고 주장하면서 학당을 열어 제자들을 가르쳤습니다. 이토 히로부미는 그곳에서 존왕 사상과 서양 문물의 우수함을 배웠습니다. 그렇지만 그는 양이론자였습니다. 양이攘夷는 서양 세력을 배척한다는 뜻입니다. 이토는 일본을 위협하던 영국 공사관에 불을 지르고, 덴노(천황)를 없애야 한다고 주장하는 인물을 사살하기도 했습니다. 이러한 행동을 인정받아 이토는 신분이 오르고 유명해졌습니다.

　같은 시기에 조슈 번에서는 서양을 이기려면 서양을 배워야 한다는 주장이 일어나면서 당시 세계 최강국이던 영국에 유학생을 파견하게 되었습니다. 이토 히로부미는 다섯 명의 유학생 중 한 명으로 선발되었는데 영국에서 유학하는 동안 영국의 발달한 문물을 접하고 양이론을 버리게 됩니다.

　이토 히로부미가 양이론을 버리자 존왕양이파의 무사들은 그를 죽이려고까지 했습니다. 그들의 관점에서 보면 이토는 배신자였기 때문입니다. 그러나 이토는 영국 등 서양과 관련된 교섭을 담당하면서 자신의 위치를 다져 나갔습니다. 메이지 유신이 성공적으로 끝난 후에는 태정관에게 폐번치현의 건의서를 제출했습니다. 폐번치현의 건의서는 "다이묘들에게 분배되어 있던 번*을 폐지하고 토지와 인민을 조정에 바치며, 번의 건강한 자를 병사와 관리로 삼고 번에는 현을 설치해 덴노가 직접 다스리도록 해야 한다"는 내용이었습니다.

● 일본의 봉건 영주인 다이묘가 지배하는 영역을 '번'이라고 한다.

●● 청나라 말기에 태평천국군을 토벌하기 위해 조직한 용병 부대. 영국인을 비롯한 외국인 용병들로 구성된 이 부대가 많은 전투에서 승리를 거두어 '상승군'이라 불렸다.

한편 이홍장이 근대를 접한 것은 태평천국군을 진압하면서부터였습니다. 이홍장은 영국인 고든이 이끌던 상승군**이 전투에서 번번이 승리하는 주요 원인이 우수한 서양 무기 때문이라고 생각했습니다. 태평천국 운동이 진압되자 이홍장은 전쟁 때 세운 공로를 인정받아 조정에서 발언권이 커졌고 영국과 러시아의 지원을 받으며 군수 산업에 투자했습니다. 1865년에 상하이에 있는 미국계 기기 공장을 사들인 후 상하이와 쑤저우의 무기 공장을 합쳐 강남제조총국을 설립했습니다. 그리고 민간 자본과 합작하는 최초의 근대적 기업인 '윤선초상국'이라는 상선 회사를 설립했습니다. 이후 방적, 방직, 광산, 항운, 철로, 기선, 전신 등 다양한 방면으로 회사를 확대했습니다.

이홍장, 정권을 잡다

이홍장은 스물네 살에 진사시에 합격해 관직에 나갈 계기를 마련했습니다. 당시 청나라는 영국과 벌인 아편 전쟁에서 패한 직후였습니다. 베이징에 있는 한림원에서 공부하던 이홍장은 출세의 발판이 될 인물인 증국번을 만났고 그에게 유교와 학문을 배우며 베이징에서 관리 생활을 했습니다.

이때 중국 남부 지역에서 태평천국 운동이 일어났습니다. 연전연패하

1860년대 이홍장의 군대인 회군. 증국번의 군대인 상군과 함께 태평천국군을 진압하는 데 전과를 올렸다.

던 정부군과 달리 증국번과 이홍장이 거느린 군대는 지방 지주들의 지원을 받으며 태평천국군과의 싸움에서 승리를 거두었기 때문에 이들의 명망은 조정에도 알려졌습니다. 증국번과 이홍장의 군대는 마침내 태평천국 운동의 근거지인 난징을 공격해 태평천국 운동의 막을 내리게 했습니다.

1869년 청나라 조정은 한족인 이홍장에게 최고의 자리라 할 수 있는 직예 총독과 북양 통상 대신이라는 벼슬을 내려 주었습니다. 직예 총독은 베이징을 둘러싼 네 개 성을 관할하는 임무를 맡은 최고의 실권을 가진 벼슬이었습니다. 이홍장은 자신이 지휘하면서 태평천국군을 진압하는 데 공을 세운 회군을 해산하지 않고 휘하에 두고 유지했습니다.

총독 관직과 군사권을 장악하고 있던 이홍장은 실세 중의 실세였습니다. 1896년 이홍장이 미국을 방문했을 때 받은 대우는 황제급이었다고 합니다. 영국의 글래드스턴, 독일의 비스마르크와 함께 세기의 영웅으로 불리기도 했습니다. 청나라가 영국, 일본과의 전쟁에서 패하기는 했지만 오랫동안 아시아의 맹주로 군림해 왔고, 미국은 이홍장을 청나라의 실권자라고 파악하고 있었습니다.

이토, 정치의 중심에 서다

1872년에 이토 히로부미는 이와쿠라 사절단에 포함되어 미국, 영국, 프랑스, 러시아를 돌아보며 서양의 근대 문물을 접할 수 있었습니다. 사절단에서 돌아온 후 그는 근대 문물을 수용하는 데 적극적이었으며 유창한 영어 실력을 바탕으로 정치적 지위도 올라갔습니다.

정한론*을 주장한 사이고 다카모리가 일으킨 반란이 진압되면서 사이고의 주장에 반대했던 이토의 지위는 더욱 확고해졌습니다. 메이지 유신의 세 영웅으로 불리던 사람은 기도 다카요시, 사이고 다카모리, 그리고 오쿠보 도시미치였습니다. 이토는 오쿠보 파벌의 이인자였는데 기도가 죽은 직후 개혁에 불만을 품은 무사에 의해 오쿠보가 피살당하면서 이토는 파벌의 일인자로 부상했습니다. 얼마 후에는 개혁파의 일인자였던 이와쿠라 도모미까지 사망해 이토는 신정부의 실질적 리더가 되었습니다.

* 일본이 조선을 정벌해야 한다는 주장으로 에도 막부 말기에서 메이지 유신 초기에 일본에서 일어난 사상이다.

이 무렵 일본에서는 인민의 권리를 확대하자는 자유 민권 운동이 활발하게 전개되었습니다. 메이지 정부는 이들을 진압하면서도 서양 열강을 모델로 삼아 근대화를 추진했기 때문에 입헌 정치를 받아들일 수밖에 없다고 판단했습니다. 그래서 헌법을 만들 준비를 하게 됩니다. 이토는 헌법을 제정하는 데 핵심적인 역할을 하면서 덴노의 신임을 얻었습니다. 이토는 강경한 무사가 아니었고 일본의 상황은 유럽과 다르다고 보았기 때문에 군주, 즉 덴노를 중심으로 하는 헌법 제정을 주장했습니다.

청일 전쟁에서 이홍장과 이토가 대결하다

이토는 정한론에 반대했지만 조선 침략 자체를 부정하지는 않았습니다. 1876년 조선의 개항 후 일본 정부는 조선의 개화파를 지원하면서 여러 방면으로 조선에 영향력을 행사하고자 했습니다. 그러나 조선에서는 오히려 임오군란과 갑신정변이 일어나면서 일본에 대한 반감이 커졌고, 청나라가 군대를 파견해 진압하면서 청나라의 영향력이 강해졌습니다. 청나라는 조선을 속국처럼 여기며 내정을 간섭했습니다. 그러던 중 1894년 조선에서 동학 농민 운동이 일어났습니다. 농민군에 계속 패하던 조선 정부는 청나라에 군사를 요청했습니다. 청나라는 조선에 군대를 파견하면서 톈진조약에 따라 일본에도 이를 통보했습니다. 그러자 일본도 조선에 군대를 파병했습니다.

이토 내각은 조선을 자신들 뜻대로 바꾸려고 했습니다. 그래야 조선이 청나라의 간섭에서 벗어나 자신들이 원하는 대로 침략할 수 있기 때문입니다. 조선에 군대를 파병했지만 이토는 청나라와 적절히 타협하려고 했습니다. 당시 일본이 가장 걱정하는 나라는 호시탐탐 남하를 노리는 러시아였고 일본은 러시아가 조선에 군대를 보내는 일이 생길까 봐 걱정했기 때문입니다.

이토는 조선에 군대를 파병함으로써 일본이 처한 정치적 어려움을 벗어나고자 했습니다. 당시 일본 국내 정치 상황이 혼란스러웠고, 내각에 불만을 품은 의원들이 많았기 때문입니다. 이때 조선에 파견되었던 주조선 공사 오오토리와 군사령관은 군을 동원해 경복궁을 점령했고, 이어 풍도 앞바다에서 청나라군을 공격하면서 청일 전쟁이 일어났습니다. 이토는 총리로서 히로시마에 대본영을 설치하고 전쟁을 지휘했습니다. 대본영에는 메이지 덴노도 함께 있었습니다.

일본군이 청군을 공격했지만 청나라는 대규모 전쟁으로 이어지리라고는 생각하지 못했습니다. 일본과 전쟁보다는 서태후의 환갑잔치를 어떻게 치를지가 중요한 일이었습니다. 그런데 평양 전투에서 청나라군이 일본군에 패배하고, 황해 해전에서 북양 함대가 격파되면서 전쟁은 일본의 승리로 기울었습니다. 평양 전투의 중심 부대는 이홍장이 태평천국 운동 진압 때부터 키워 온 회군이었고, 북양 함대는 양무운동을 통해 가장 심혈을 기울여 만든 함대였습니다. 속전속결로 일본군이 청나라 영토를 침략하자 청나라는 강화를 서두르게 되었습니다. 승기를 잡은 일본은 조선에 영향력을 더욱 확대하며 개혁을 강요하고 침략의 토대를 마련했습니다.

청나라와 일본의 시모노세키 조약 조인식 모습. 일본 시모노세키에서 열린 회담에서 이토와 이홍장이 양국의 대표를 맡았다. 메이지 시대 화가 구보타 베이센이 그렸다.

청나라는 전쟁을 마무리하는 회담에 전권 대신으로 이홍장을 임명했습니다. 이홍장의 회담 상대는 이토 히로부미였습니다. 양국을 대표하는 실권자가 회담장에 앉아 시모노세키 조약이 체결되었습니다. 조약의 결과 청나라는 일본에 배상금 2억 5천만 냥을 지불하고 대만을 할양했습니다. 청나라가 지불한 배상금은 일본의 2년치 세금 수입을 훨씬 넘는 액수였습니다. 일본은 배상금의 80퍼센트 이상을 군비를 확장하는 데 사용했습니다. 청나라는 배상금을 지불하기 위해 서양의 여러 나라에서 차관을 들여올 수밖에 없었습니다. 이때 일본에 당한 수치를 기억하는 이홍장은 다시는 일본 땅을 밟지 않겠다고 결심했고, 미국 방문 후 중국으로 돌아가는 길에 배가 요코하마에 정박했을 때에도 땅에 내리지 않았다고 합니다.

이홍장과 이토 히로부미의 공통점과 차이점은?

이홍장과 이토 히로부미는 서양 열강의 힘을 알고 협상을 통해 문제를 해결하면서 군사력을 강화하고자 했습니다. 서양 강대국은 자신의 요구를 받아들이려는 이들을 협상 대상자로 좋아했습니다. 군부나 강경파가 서양의 요구를 거부하고 무조건 싸우자고 주장할 때 이들은 적절한 타협을 이끌며 열강의 요구를 수용했습니다. 따라서 서양 열강과 협상이 필요할 때는 청나라와 일본 정부도 이들을 회담에 내보낼 수밖에 없었습니다. 이홍장과 이토 히로부미는 서양 정세에 대해 잘 알았고, 이를 활용해 권력자가 될 수 있었습니다.

이홍장과 이토 히로부미는 공통적으로 서양 열강의 막강함을 알고 있었지만 그들이 보았던 서양은 서로 달랐습니다. 이홍장은 서양 무기의 우수성은 알아보았지만 서양의 정치나 사회 제도에는 관심을 갖지 않았습니다. 이토 히로부미는 서양 무기와 기술의 우수함은 그들의 사상과 제도에서 나온다는 것을 알고 있었습니다. 서양에 대한 서로 다른 관점과 관심을 가진 두 사람이 청나라와 일본의 근대화를 주도했기 때문에 두 나라의 근대화 과정과 전개는 다를 수밖에 없었습니다.

이홍장은 전제 군주 국가 체제 속의 고위 관료였고 그를 있게 한 것은 서태후의 지원이었습니다. 서태후는 적극적이고 전면적인 개혁보다는 전통 왕조 체제 내에서 자신의 권력을 유지하고자 했습니다.

말단 무사 출신인 이토 히로부미는 메이지 유신 후 무사들의 불만이 팽배해질 때 그들을 제압하면서 덴노의 지지를 받았습니다. 권력을 잡기 위해서는 막부 체제 안에 있는 고위 관료와 무사, 조정 대신들의 특권을 없애야 했습니다. 그러기 위해서는 적극적으로 서구식 개혁을 추진할 수밖에 없었습니다. 그런 후에 덴노 중심 체제를 만들었고 이토 자신은 그 체제에서 최고 자리를 차지할 수 있었습니다.

더 생각해 볼까요?

- 이홍장과 이토 히로부미는 서양을 어떻게 바라보았나요?
- 이홍장과 이토 히로부미가 추진한 개혁의 한계는 무엇인가요?
- 이토 히로부미에 대한 평가가 한국과 일본에서 다른 까닭은 무엇일까요?

이와쿠라 사절단

일본과 조선의 외교 사절단이 만난 서양

보빙 사절단

14

이와쿠라 사절단
| 1871.12.23~1873.9.13 |

- 1871년 12월 46명이 미국으로 출발
- 대서양을 건너 런던, 파리, 베를린, 로마 등 모두 12개 도시를 시찰하며 제도와 문물을 살펴봄
- 로마를 떠나 인도양을 거쳐 싱가포르, 사이공, 홍콩, 상하이를 지나 1873년 9월 귀국
- 공식 보고서 《특명전권대사 미구회람실기》 제출

보빙 사절단
| 1883.7.15~1884.5.31 |

- 1883년 7월 11명이 미국으로 출발
- 뉴욕에서 아서 대통령에게 고종의 친서 전달
- 워싱턴 디시, 보스턴 등 미국 동부 시찰, 사절단 일부가 먼저 조선으로 귀국 후 고종에게 보고
- 나머지 일행, 대서양 건너 마르세유, 파리, 런던, 로마 등 시찰 후 1884년 5월 귀국

서양 제국주의 국가들은 두 차례 아편 전쟁을 통해 동아시아의 맹주 청나라를 굴복시켰고, 동아시아 전역에 걸쳐 침략적 접근을 해 왔습니다. 이후 일본은 미국에 문호를 개방했고 덴노를 내세워 메이지 유신을 단행했습니다. 조선에서도 고종이 친정을 선언하며 권력을 행사했고, 10년이 채 못 되어 미국과 수호 통상 조약을 체결했습니다. 일본과 조선 두 나라는 12년의 시차를 두고 유럽과 미국에 이와쿠라 사절단과 보빙 사절단을 파견했습니다. 이 두 사절단은 무엇을 위해 떠났고 각각 무엇을 보고 돌아왔으며 어떤 방식으로 자국의 근대화를 이끌었을까요?

제국주의 시대 일본과 조선, 다른 길을 걷다

19세기 유럽과 미국에서는 자본주의가 발달했고, 각국의 기업과 은행들은 산업 혁명을 기반으로 자본을 축적했습니다. 이후 서양 제국주의 국가들은 다른 세계를 침략했고, 더 넓은 판매 시장과 안정적인 원료 수급을 위해 아프리카와 아시아 등 전 세계를 식민지로 만들기 시작했습니다. 동아시아의 맹주 청나라가 아편 전쟁으로 영국의 동인도 회사 소속 군대에 무너졌다는 소식은 조선과 일본에도 전해졌습니다.

제2차 아편 전쟁이 끝나고 약 10년 후인 1852년 11월, 페리 제독이 이끄는 미국 군함 미시시피호는 대서양을 건너 아프리카 남단 케이프타운을 돌아 1853년 홍콩에 입항했습니다. 동인도 함대 사령관 페리는 군함 네 척을 이끌고 류큐를 거쳐 1853년 7월 에도(지금의 도쿄) 앞바다에 나타났습니다. 페리는 일본의 개방을 요구하는 미국 대통령 필모어의 국서를 막부에 전달하고 1년의 유예 기간을 준 뒤 발걸음을 돌렸습니다.

얼마 후 도쿠가와 막부의 쇼군 도쿠가와 이에요시가 사망하자, 페리는 유예 기간을 무시한 채 군함 여섯 척을 이끌고 다시 에도 앞바다에 도착했습니다. 한 달 뒤 미국 군함 세 척이 추가로 도착했고, 결국 막부는 군함과 대포를 앞세운 미국의 무력에 굴복해 1854년 미일 화친 조약에 서명했습니다.

한편 고메이 덴노(천황)는 서양 세력에 개항하는 것을 반대했습니다. 개항에 반대하는 이들은 '덴노를 지지하며 서양을 배척한다'는 '존왕양이' 운동을 벌이며 막부를 비판했습니다. 4년 뒤인 1858년에 막부가 또다시 미일 수호 통상 조약에 서명하자, 일본 내에서 덴노를 지지하는 세력과 막부를 지지하는 세력 사이의 갈등은 더욱 커졌습니다. 이러한 상황에서 영국·미국·프랑스·네덜란드 4개국 연합 함대의 공격까지 이어지자 일본 내 혼란은 극에 달했습니다. 그러던 1866년, 고메이 덴노가 서른여섯 살에 천연두로 갑작스레 사망하자 어린 아들인 무쓰히토가 열여섯 살 나이로 덴노에 즉위했습니다. 이어 실권을 쥔 이와쿠라 도모미는 막부를 폐지하고 신정부 수립을 알리는 '왕정복고(1867년 음력 12월)'를 단행했습니다. 이를 바탕으로 1868년 메이지 유신이 이어졌고, 일본 내 모든 권력은 덴노를 중심으로 재편되었습니다. 이후 일련의 개혁을 단행한 메이지 정부는 서양과 맺은 불평등한 조약의 개정 교섭을 위해 1871년 12월, 이와쿠라 도모미를 중심으로 사절단 마흔여섯 명을 미국으로 파견했습니다.

이와쿠라 사절단이 미국으로 향하는 닻을 올리던 1871년 말, 조선은 흥선 대원군이 미군을 물리치고 전국에 척화비를 세우고 있었습니다. 이로부터 2년 뒤 고종은 친정을 선언했고, 1876년에는 일본과 강화도 조약을 맺었습니다. 조선이 맺은 최초의 조약인 강화도 조약은 매우 불평등한 조약이었습니다. 이로부터 6년 뒤인 1882년, 조선은 서양 국가 중 최초로 미국과 조미 수호 통상 조약을 체결했습니다.

1883년 5월, 미국 공사 푸트가 조선에 들어와 미국 공사관을 설치했고 푸트 공사는 7월 고종을 만나 조선의 특별 사절을 미국에 보낼 것을 논의했습니다. 고종은 민영익을 특명전권대사로 임명해 보빙● 사절단을 꾸리게 했습니다. 민영익을 필두로 열한 명의 사절단은 요코하마에 모여 미국으로 떠났습니다. 12년의 시차를 두고 이와쿠라 사절단의 항로를 따라 미국으로 향한 것입니다.

● 보빙은 초청에 대한 답례로 외국을 방문하는 것을 말한다.

1년 10개월 동안 미국과 유럽을 살펴본
이와쿠라 사절단

이와쿠라 사절단은 특명전권대사 이와쿠라 도모미를 중심으로 부사 기도 다카요시와 오쿠보 도시미치가 보필하고, 야마구치 마스카와 이토 히로부미 등이 합류한 사절단을 부르는 명칭입니다. 사절단 일원들의 시종과 함께 떠난 유학생까지 포함하면 모두 107명에 이르렀습니다. 이와쿠라와 오쿠보가 각각 마흔일곱과 마흔두 살이었고, 기도, 야마구치, 이토가 각각 서른아홉, 서른셋, 서른한 살이었다고 하니 무척 젊은 사절단이라고 볼 수 있습니다. 이들이 미국과 유럽에서 본 선진 문물과 제도는 훗날 일본의 모습이 되었습니다.

이와쿠라 사절단이 미국과 유럽으로 떠난 이유는 서양 열강과 맺은 불

1872년에 촬영한 이와쿠라 사절단 지도부. 왼쪽부터 부사 기도 다카요시, 야마구치 마스카, 특명전권대사 이와쿠라 도모미, 이토 히로부미, 부사 오쿠보 도시미치이다.

평등한 조약을 개정하기 위해서였습니다. 이들은 부푼 꿈을 안고 요코하마를 떠나 태평양을 건너 샌프란시스코에 도착했습니다. 샌프란시스코의 상점들에서 파는 다양한 물품과 번화한 거리는 사절단의 눈과 귀를 사로잡았습니다. 이들이 묵었던 그랜드 호텔은 객실이 300개가 넘는 큰 건물로 호텔 내부 조명, 엘리베이터 등 편리한 기기들이 사절단의 관심

을 끌었습니다. 그랜드 호텔에서 열린 환영식에는 캘리포니아 주지사 등 300여 명의 미국인이 참석했습니다. 이 자리에서 이토 히로부미는 영어로 메이지 유신과 일장기에 담긴 의미를 설명했습니다.

이후 사절단은 미국 동부로 떠나 워싱턴 디시에 도착해 미국 정부에 국서를 전달하고 조약 개정을 위한 교섭을 시작했습니다. 그러나 이들은 조약 개정에 필요한 위임장을 가지고 오지 않아 다시 일본에 다녀와야만 했습니다. 일본에서 위임장을 받아 왔지만 서양 국가들이 조약을 개정해 주지 않자 사절단은 좌절했습니다. 조약 개정은 실패했지만 이와쿠라 사절단은 미국과 유럽을 탐방하며 서양의 제도와 문물을 시찰했습니다. 사절단은 미국의 공화정보다는 같은 섬나라인 영국의 입헌 군주제에 더 관심을 보였습니다. 프랑스에서는 세계의 모든 물건이 모이는 파리의 시장 규모에 놀라면서도 시민들이 참정권을 얻기 위해 치열하게 싸우는 모습도 목격했습니다. 러시아의 상트페테르부르크에서는 귀족 중심의 후진적인 정치 체제를 가진 러시아의 실체를 보고 막연하게 러시아를 두려워했던 시각을 수정하는 계기로 삼았습니다.

이와쿠라 사절단은 벨기에, 네덜란드, 스위스 같은 소국들도 세심하게 살펴보았습니다. 유럽의 소국들은 대국들 사이에서 어떻게 독립을 유지하는지 비결을 알고 싶었습니다. 사절단은 스위스가 자주적 힘을 바탕으로 중립국 지위를 유지하는 모습을 보았고, 벨기에와 네덜란드에서는 국민 한 사람 한 사람이 열심히 공부하고 노력하면 나라의 힘이 커진다는 사실을 깨달았습니다. 나라가 크지 않아도 네덜란드처럼 전 세계에 식민지를 거느릴 수 있다는 사실도 알았습니다.

사절단은 유럽 각국을 돌며 상하수도와 철도, 운하, 교통 시설, 교육 제도, 우편과 전신 등을 꼼꼼히 살펴보았습니다. 또 미국에서 스무 곳, 영국에서 쉰세 곳, 프랑스에서 열두 곳의 공장을 견학하며 산업 혁명의 꿈을 설계했습니다. 고용과 노동자의 권리 등도 꼼꼼히 살펴보았습니다.

이와쿠라 사절단은 1872년부터 1년 동안 미국과 유럽에 머무르며 당시 미국과 유럽의 상황을 경험할 수 있었습니다. 미국은 남북 전쟁이 끝난 지 약 7년이 지난 때였고, 프랑스는 파리 코뮌이 붕괴되고 프랑스-프로이센 전쟁이 끝난 지 얼마 되지 않은 때였습니다. 러시아는 농노 해방령이 실시된 지 10년이 지난 시기였습니다. 독일 제국은 수립 후 1년이 지나지 않았고, 이탈리아의 통일도 불과 2년 전 일이었습니다. 대표적인 선진국이라 할 수 있는 영국과 프랑스에서도 참정권은 일정액 이상 재산을 소유한 남성에게만 있었고 국민 다수는 선거에 참여할 수 없었습니다.

귀국하기 위해 로마에서 출발한 사절단은 1869년에 개통한 수에즈 운하를 통과했습니다. 인도양을 거쳐 싱가포르, 사이공, 홍콩, 상하이를 지나 1873년 9월 13일 요코하마에 도착했습니다. 1년 10개월에 걸친 서양 견문을 마치고 실전으로 들어가야 할 시간이었습니다.

10개월 동안 미국과 유럽을 살펴본 보빙 사절단

조미 수호 통상 조약 체결 후 조선에 파견된 푸트 공사는 미국 공사관을 설치하고 고종을 알현하며 미국에 특별 사절단 파견을 요청했습니다.

임오군란 이후 청나라의 간섭에 시달리던 고종은 청나라로부터 벗어나고자 했습니다. 때마침 베트남을 둘러싸고 프랑스와 청나라 사이에 분쟁이 벌어지자(청프 전쟁), 고종은 이를 틈타 푸트의 조언을 받아들여 미국에 사절단 파견을 결정했습니다. 특명전권대사 민영익, 부사 홍영식과 서광범, 유길준, 최경석, 변수, 고영철, 현흥택까지 여덟 명에, 외국인 통역관 세 명까지 합쳐 모두 열한 명으로 구성했습니다. 구성원의 면모를 살펴보면 민영익이 스물네 살, 홍영식이 스물아홉 살, 서광범이 스물다섯 살, 유길준이 스물여덟 살 등 서구식 근대화

1883년 촬영한 보빙사 일행. 뒷줄 왼쪽부터 현흥택, 최경석, 유길준, 고영철, 변수. 앞줄 왼쪽부터 홍영식, 민영익, 서광범, 미국인 통역관 퍼시벌 로월이다.

에 적극적인 젊은 인물로 구성되었습니다. 이들이 미국에 가는 주요 목적은 고종의 국서를 미국 대통령에게 전달하는 '보빙'이었습니다.

한편으로는 공평무사하다고 알려져 있던 미국이 국제 사회에서 조선의 방파제 같은 역할을 해 주기를 기대했습니다. 더불어 미국의 풍속, 관세, 우편, 공교육, 국방, 군수 공장 등 서양의 제도와 문물을 직접 시찰해 부국강병을 꾀하고자 했습니다. 또 외교, 군대, 교육 분야에서 조선의 근대화 정책 추진에 도움을 줄 미국인을 초빙하고자 했습니다.

보빙사 일행은 일본 요코하마에서 출발해 태평양을 건너 미국 샌프란시스코에 도달했습니다. 보빙사 일행을 이끌던 민영익은 청나라와 일본에 다녀온 경험이 있었고, 홍영식과 서광범도 일본에 다녀온 경험이 있었지만 모두 미국은 처음이었습니다. 보빙사 일행은 1883년 9월 2일 샌프란시스코에 도착한 뒤, 1869년에 완성된 대륙 횡단 열차에 몸을 싣고 미국 동부로 향했습니다. 이후 시카고를 거쳐 9월 15일, 수도 워싱턴에 도착했

지만 당시 미국의 아서 대통령은 워싱턴 디시에 없었습니다.

보빙사 일행은 다시 아서 대통령이 있는 뉴욕으로 향했고, 드디어 9월 18일 애비뉴 호텔 응접실에서 첫 만남을 가졌습니다. 당시 보빙사 일행은 상대국 대통령에게 예를 갖추고자 응접실 문밖에서 한 번, 들어가서 다시 한 번 큰절을 했다고 합니다. 아서 대통령과 일행도 허리를 굽혀 보빙사 일행에게 예의를 갖추었습니다. 이후 보빙사 일행은 고종의 국서를 전달했고, 아서 대통령의 연설이 있었습니다. 아서 대통령의 연설이 끝난 뒤 보빙사 일행은 대통령과 악수하고 응접실에서 나와 다시 큰절을 하고 보스턴으로 출발했습니다.

이후 보빙사 일행은 보스턴에서 만국 박람회를 관람했고, 월코트 농장과 여러 공장을 견학했습니다. 뉴욕에서는 뉴욕 병원, 웨스턴 유니온 전보국, 뉴욕 소방서, 우체국, 티파니 보석상, 브루클린 해군 조병창, 웨스트 포인트 육군사관학교 등을 방문했습니다. 29일에는 뉴욕을 출발해 워싱턴 디시에 도착, 백악관 등 미국 정부의 여러 기관을 견학했습니다.

보빙사의 여정에 필요한 비용은 거의 미국에서 부담했는데, 이는 미국이 조선 정부에 호감을 사려는 목적이었습니다. 조선이 미국식 모델로 근대화하면 미국 물건을 수출할 수 있기 때문입니다. 한편 조선 정부는 미국인 군사·외교 고문을 초빙하려 했으나 미국의 정치 불개입 원칙에 따라 이루어지지 않았습니다. 다만 교육 쪽에서는 훗날 헐버트 등 미국인 교사의 파견으로 이어지게 되고 이들을 통해 조선 정부는 육영 공원*을 운영할 토대를 마련할 수 있었습니다.

미국에서 40여일 일정을 마친 보빙 사절단은 미국 대통령의 배려로 세 가지 선택을 할 수 있었습니다. 첫 번째

* 조선 최초의 근대적 공립 학교로 '육영'은 '젊은 영재를 육성하다'라는 뜻이다. 보빙사의 요청으로 미국 정부가 조선에 파견한 미국인 선교사들에 의해 수업이 진행되었다.

는 미국 정부의 유럽 여행 제안을 받아들여 미국 선박 트렌톤호를 타고 유럽으로 향하는 것이었습니다. 여기에는 사절단 대표인 민영익과 서광범, 변수 등이 함께했습니다. 두 번째는 조선으로 돌아가는 일이었습니다. 부사 홍영식과 나머지 일행은 다시 샌프란시스코를 거쳐 태평양을 건너 같은 해 12월, 먼저 조선에 돌아왔습니다. 이들은 도착 후 고종에게 그간의 성과를 보고했습니다. 세 번째 선택은 미국에 남는 것이었습니다. 수행원이었던 유길준은 미국에 남아 공부를 시작했고 그는 우리나라 최초의 미국 유학생이 되었습니다. 나중에 유길준은 미국과 유럽을 여행하면 겪은 경험을 《서유견문》이라는 책으로 남겼습니다.

한편 유럽으로 떠난 민영익 일행은 프랑스 마르세유에 도착했고, 선박의 연료 주입과 수리 등으로 3주의 시간이 생기자 파리와 런던을 방문했습니다. 민영익 일행은 런던 브리티시 박물관에서 영국군이 약탈한 청나라 유물을 보았습니다. 청나라의 속박에서 벗어나고자 애쓰던 조선인의 눈에 영국은 청나라보다 더 강한 나라로 비쳐졌는지 모릅니다.

런던과 파리를 둘러본 민영익 일행은 트렌톤호에 몸을 싣고 로마를 거쳐 수에즈 운하에 도착해 피라미드를 구경했는데, 그다지 큰 관심을 보이지 않았다고 전해집니다. 이후 홍해를 통과해 인도의 봄베이(지금의 뭄바이)를 거쳐 스리랑카의 콜롬보에 도착했습니다. 스리랑카에 도착한 민영익 일행은 스리랑카의 불교에 큰 관심을 보였다고 합니다. 그리고 싱가포르와 홍콩을 거쳐 나가사키에 도착했습니다. 약 7개월 동안 세계 일주를 마치고 나가사키에 도착한 민영익 일행은 한국 음식부터 찾았다고 합니다. 민영익 일행은 조선에 돌아오자마자 고종에게 그간의 일을 보고했습니다.

두 사절단은 무엇을 바꾸어 놓았을까?

12년의 시차는 있지만 이와쿠라 사절단과 보빙 사절단은 여러 면에서 닮은 점이 많습니다. 먼저 그들은 일본과 조선을 대표해 최초로 미국 땅을 밟았고 세계 일주까지 경험했습니다. 또 외교적 목적을 갖고 떠났으며 매우 젊은 연령대로 구성되었다는 점도 비슷했습니다. 그러나 두 사절단은 많은 것이 달랐습니다.

이와쿠라 사절단은 처음부터 미국과 유럽까지 견문하는 것을 계획에 넣고 여정을 시작했습니다. 불평등한 조약 개정을 위해 노력한 뒤, 서구 열강의 각종 제도와 문물을 시찰하고자 한 것입니다. 100명이 넘는 사절단이 1년 10개월이라는 짧지 않은 기간 동안 미국과 유럽 각국을 훑어보았습니다. 반면 보빙 사절단은 미국과 외교 관계를 돈독히 하는 것이 주요 목표였고 유럽 여행은 계획에 없었습니다. 미국 대통령의 배려로 여정이 6개월 정도 늘어났지만 처음부터 계획된 시찰이 아니었기에 구경하는 수준에 머무를 수밖에 없었습니다.

두 사절단의 구성원들은 각각 일본과 조선으로 돌아와 조국의 근대화에 매진했습니다. 이와쿠라 사절단은 시찰했던 서양 여러 나라의 제도와 기구, 재정·경제·산업·군사·사회·교육·문화 등 모든 분야를 정리해《특명전권대사 미구회람실기》라는 책을 펴냈으며 보고 듣고 경험한 내용을 토대로 일본의 근대화에 착수했습니다. 사회 전 분야에 걸쳐 근대화 작업을 진행했고 이에 저항하는 세력은 토벌했습니다. 이러한 일본의 근대화 방식은 서양의 제도와 문물 중 부국강병에 필요한 것만 선택적으로 받아들이는 방식이었고, 국민의 권리에 관한 것은 철저히 무시되는 한계가 존재했습니다.

　보빙 사절단의 임무를 마치고 돌아온 민영익은 친청 세력으로 변모했고 홍영식과 서광범 등은 조선의 근대화를 위해 부단히 노력했습니다. 우편 제도를 들여와 통신 체계를 개선하고자 우정총국을 개설했고, 미국에서 시찰한 농장처럼 농무 목축 시험장을 운영해 각종 작물과 채소, 과수를 재배했으며 가축의 품종 개량과 사육 방법 등을 개선하려 했습니다. 미국 상인들로부터 각종 기계와 종자를 들여왔고 미국에서 들여온 농기구를 활용하려 노력했습니다. 또 사절단이 귀국하고 얼마 뒤에는 에디슨 전기 회사를 통해 궁궐에 전등을 가설하기도 했습니다. 그러나 1884년 우정총국 개설 축하연에서 일어난 갑신정변의 실패로 근대화를 위한 여러 노력은 물거품이 되고 말았습니다.

더 생각해 볼까요?

- 두 사절단의 공통점과 차이점은 무엇일까요?
- 두 사절단은 미국과 유럽에서 각각 무엇을 보았을까요?
- 두 사절단은 각각 일본과 조선의 무엇을 바꾸었을까요?

고종 황제

동갑내기 국왕, 조국의 근대화를 추진하다

메이지 덴노

고종 황제

| 이희(李㷩), 1852~1919 |

- 1852년 9월 조선 한성 운현궁에서 출생
- 1863년 12세에 즉위
- 1873년 친정 시작
- 1897년 대한 제국 선포, 황제로 즉위
- 1899년 최초의 근대적 헌법 〈대한국 국제〉 반포
- 1907년 강제 퇴위
- 1919년 한성 덕수궁에서 사망

메이지 덴노

| 무쓰히토(睦仁), 1852~1912 |

- 1852년 11월 일본 교토에서 출생
- 1867년 16세에 즉위
- 1868년 메이지 유신 선포
- 1889년 〈대일본 제국 헌법〉 제정
- 1895년 청일 전쟁 승전
- 1905년 러일 전쟁 승전
- 1910년 대한 제국 강제 '병합'
- 1912년 도쿄 메이지궁에서 사망

19세기 서양 제국주의 열강은 동아시아로 침략 범위를 넓히기 시작했습니다. 이러한 상황은 동아시아의 맹주였던 청나라에도 이웃 나라인 조선과 일본에도 영향을 미쳤습니다. 19세기 내내 서양 열강의 선박들은 동아시아 곳곳에 나타나 통상과 수교를 요구했습니다. 동아시아 삼국은 대체로 문을 걸어 잠그며 대처했습니다. 1840년에 청나라는 아편 전쟁에서 영국에 패배한 뒤 통상 요구를 들어주었고 일본도 미국에 굴복하며 개항했습니다. 이러한 격동의 시기인 1852년, 장차 조선과 일본을 이끌어 가게 될 두 사람이 태어났습니다. 고종 황제와 메이지 덴노는 각각 열두 살과 열여섯 살에 왕위에 오르며 나라의 운명과 함께했습니다.

운현궁에서 경복궁을 거쳐 아관으로

1852년 11월, 고종은 흥선군 이하응의 둘째로 태어났습니다. 1862년 조선은 겹겹이 쌓인 세도 정치의 폐단이 드러나면서 진주를 시작으로 전국적인 봉기가 일어났습니다. 이듬해인 1863년, 제25대 임금 철종이 후사없이 사망하자 왕실 어른인 조대비는 흥선군과 논의해 흥선군의 둘째 아들을 왕위에 앉혔습니다. 이때부터 흥선군은 왕의 생부, 대원군이 되는데 흔히 흥선 대원군이라 부릅니다.

흥선 대원군은 열두 살의 나이로 왕위에 오른 고종을 대신해 실권을 쥐고 정치 개혁에 나섰습니다. 벼슬아치들의 부정부패와 비리의 온상이라 생각해 서원을 철폐하는 등 각종 개혁을 펼쳐 나갔고, 왕실의 위엄을 갖추고자 임진왜란 후 폐허로 남아 있던 경복궁 중건에 나섰습니다.

한편 서양 열강들은 조선을 가만히 두지 않았습니다. 1866년에는 프랑스 함대가 쳐들어왔고(병인양요), 1871년에는 미국이 군대를 보내 조선을 위협했습니다(신미양요). 흥선 대원군은 프랑스와 미국의 군함을 물리친 뒤 전국에 척화비를 세우며 적극적인 통상 수교 거부 정책을 펴 나갔습니다.

어느덧 고종이 즉위한 지 10년이 되었고, 흥선 대원군의 하야를 촉구하는 최익현의 상소가 올라오자 성인이 된 고종은 그늘에서 벗어나고자 했습니다. 1873년부터 친정을 시작한 고종은 개화사상을 가진 박규수를 우의정에 임명했습니다.

젊은 고종은 흥선 대원군과 달리 서양의 신문물에 관심을 보였습니다. 친정을 시작한 지 2년 뒤인 1875년, 일본은 운요호를 보내 조선에 통상 수교를 요구했습니다. 고종도 박규수 등의 지지 속에 일본과 강화도 조약을 맺으며 서양 열강 중심의 〈만국 공법〉* 체제에 발을 디뎠습니다. 이제 고종은 서양이 만들어 놓은 불평등 체제인 만국 공법 체제 속에서 변화를 모색해야만 했습니다.

당시 조선에서는 일본보다 개화가 늦어진 만큼 개화 정책을 빠르게 추진하자는 이들도 있었고, 전통을 지키며 개화 속도를 조절하자는 이들도 있었습니다. 또 개화에 반대하는 양반과 유생들도 있어서 각계각층의 반응을 두루 살펴 정책을 추진해야 했습니다. 결국 고종은 개화 쪽으로 결단을 내리고, 통리기무아문**을 설치해 본격적으로 개화 정책을 추진해 나갔습니다. 일본에 조사 시찰단을 보내고, 청나라에도 영선사를 보내 일본과 청나라가 받아들인 서양의 제도와 문물을 배워 오게 했습니다.

● 조선 후기 우리나라에 유입된 국제법 서적이다. 미국의 법학자 휘튼의 저서를 중국에서 활동하던 미국인 선교사가 한역해 출판했고, 중국에서 서유럽을 인식하는 기본 서적이 되었다. 《만국 공법》은 조선 후기 지식인 사회에 전해지며 개화파와 위정척사파를 가리지 않고 수용되었다.

●● 1880년 고종이 개화 정책을 추진하기 위해 설치한 관청이다. 조선 후기 군국 기밀과 일반 정치를 총괄했다.

창덕궁 후원의 농수정에 앉아 있는 고종. 보빙 사절단의 통역을 맡았던 퍼시벌 로웰이 1884년에 찍은 사진이다.

조선의 개화 정책을 둘러싼 세력 간의 대립은 임오군란과 갑신정변 같은 무력 충돌로 번지기도 했습니다. 청나라와 일본은 조선에 대한 영향력을 강화하며 호시탐탐 조선을 넘보았고, 고종은 개화 정책의 내부적 합의를 이끌어 내는 한편 외세의 간섭도 물리쳐야 하는 어려운 상황에 처해 있었습니다.

　　그런데 고종은 개화 정책을 제대로 추진하지 못했습니다. 자신의 권력과 안위를 지키고자 중전 민씨와 그 일가친척에게 의지하며 혼돈의 시간을 보내고 있었습니다. 미국에 의지해 국권을 지키고자 했지만, 미국이 자신의 이익과 상관없는 조선을 도와줄 리 만무했습니다. 이러한 상황 속에서 열강의 경제적 침투는 계속되었고, 민씨 가문을 등에 업은 관리들은 부정부패에 빠져 있었습니다. 결국 1894년, 동학이라는 이름 아래 대대적인 봉기가 일어났습니다. 동학 농민군은 곳곳에서 관군을 제압했습니다.

　　이에 놀란 고종과 중전 민씨는 청나라에 도움을 요청했습니다. 청나라가 이를 수락하자, 조선 침략의 기회를 노리고 있던 일본마저 그를 빌미로 조선에 군대를 파견했습니다. 청나라군과 일본군이 조선에 상륙하자 동학 농민군은 조선 정부와 전주 화약을 맺고 자진 해산했습니다. 동학 농민 운동이 진압되자 고종은 청나라와 일본 양국에 군대 철수를 요구했는데 일본군은 이를 거부하고 돌연 경복궁을 점령한 뒤 청일 전쟁을 일으켰습니다. 동학 농민군이 다시 일어났으나 일본군을 몰아내기에는 역부족이었습니다.

　　고종이 친정을 한 지 20년이 넘었지만 조선의 힘은 미약하기만 했습니다. 고종은 일본군이 청나라군에 거듭 승리하는 것을 지켜봐야 했고, 일본의 채근 속에 갑오개혁을 추진했습니다. 청나라군에 대승을 거둔 일본군은 고종을 더욱 강하게 압박했고, 고종은 러시아를 끌어들여 일본의 힘을 무력화해 보려 했습니다. 그러나 고종은 자신의 궁궐인 경복궁에서 왕비가 일본인들에 의해 처참히 살해되는 것조차 알지 못했습니다. 어느덧 고종의 나이는 40대에 들어섰으나 여전히 급변하는 세계에 적응하지 못했고, 조선의 서양식 근대화는 표류하고 있었습니다.

고종은 신변의 안전을 도모하기 위해 미국과 러시아에 보호 의사를 타진했습니다. 1896년 2월 11일 새벽, 고종은 왕세자와 함께 궁녀의 가마를 타고 경복궁에서 러시아 공사관으로 거처를 옮겨 피신했습니다(아관파천). 조선 왕실의 위엄을 높이고자 지은 경복궁에서 고종의 마지막 모습이었습니다.

조선 말기 어진 화가 채용신이 그린 조선 26대 왕 고종. 1897년 대한 제국으로 변경된 뒤 황제가 되었기 때문에 황색 곤룡포를 착용했다.

교토를 떠나 신민의 정신적 지주가 된 메이지

1852년 11월, 교토에서 고메이 덴노(천황)의 넷째 아들 무쓰히토가 태어났습니다. 무쓰히토가 태어난 시기 일본은 에도 막부 시절로, 실질적 정치 지배자였던 쇼군은 에도(지금의 도쿄)에 머무르며 일본 열도를 통치했고 천황은 교토의 황궁에 머물렀습니다.

무쓰히토가 태어나기 전 일본 주변 바다에서는 영국과 프랑스 군함이 자주 나타나 침략의 기회만 엿보고 있었습니다. 무쓰히토가 태어난 이듬해인 1853년, 미국의 페리 제독은 증기 군함 네 척을 끌고 에도 앞바다에 나타났고, 1854년에는 미일 화친 조약을 맺으며 일본은 서양의 〈만국 공법〉 질서에 편입되었습니다. 개항을 반대하는 이들은 막부를 비판하며 "덴노를 받들고 오랑캐를 물리치자"는 존왕양이 운동을 벌였습니다. 4년 뒤 미국은 또다시 막부에 개항 압력을 넣었고, 에도 막부는 미일 수호 통상 조약(1858년)을 체결하며 요코하마, 나가사키, 고베 등 항구 다섯 곳을 개항했습니다.

개항의 의사 결정 과정에서 소외된 고메이 덴노는 격노했고, 존왕양이 세력들은 막부를 비판하며 덴노에게 힘을 실어 주었습니다. 일본은 막부를 따르는 이들과 덴노를 따르는 이들로 나뉘어 치열한 권력 다툼이 연이어 일어나며 혼란스러웠습니다. 여기에 영국, 미국, 프랑스, 네덜란드 4개국 연합 함대가 무력을 앞세워 일본을 뒤흔들었습니다. 한편 규슈의 서남부 지역인 사쓰마 번과 조슈 번은 '사쵸 동맹'을 맺고 왕정복고를 추진했으며 이들은 덴노의 권위를 등에 업고 막부와 대립했습니다.

이러한 상황에서 1866년 말, 고메이 덴노가 급사하자 이듬해 1월 황태자 무쓰히토가 열여섯의 나이로 덴노에 즉위했습니다. 형들이 어릴 때 모두 요절한 탓에 황태자가 되었고 천황의 자리에까지 올랐지만, 열여섯 소년인 메이지 덴노가 할 수 있는 일은 없었습니다. 막부를 타도하고 권력을 잡은 이들은 덴노의 권위에 편승해 1867년 12월 막부를 폐지하고 왕정복고를 선언했습니다.

왕정복고를 선언하며 신정부를 구성한 이들의 대표는 이와쿠라 도모미였습니다. 그는 고메이 덴노의 독살 의혹을 받았지만 신정부의 대표로서 실권을 장악하고 있었습니다. 이와쿠라 도모미는 자신을 반대하는 세력을 덴노 반대 세력으로 몰아 토벌했고, 그 기세를 몰아 1868년 메이지 유신을 단행했습니다. 이듬해인 1869년에는 덴노의 거처를 교토에서 도쿄로 옮겼습니다. 메이지 신정부는 덴노의 권위를 이용해 자신들의 권력을 안정시키고자 했습니다. 표면적으로 일본 내 권력의 일인자로 떠받들어진 메이지 덴노에게 정작 실제 권력은 없었습니다.

1871년 메이지 정부는 청나라와 청일 통상 장정을 체결하며 대등한 관계에 올라섰고, 12월에는 메이지 신정권의 실력자인 이와쿠라 도모미를 비롯해 오쿠보 도시미치, 기도 다카요시 등이 포함된 이와쿠라 사절단을 유럽과 미국에 보내 근대화 개혁을 위한 사전 작업을 시작했습니다. 서양 열강의 부강한 국력을 보고 돌아온 이와쿠라 사절단 일행은 조선 정벌보다는 국력을 키우는 것이 우선이라 판단해 개혁에 매진했습니다. 개혁이 어느 정도 궤도에 오르자 1874년에는 대만을 침공했고, 1875년에는 강화도 앞바다에서 운요호 사건을 일으켜 조선과 강화도 조약을 체결했습니다. 1879년에는 류큐국을 오키나와현으로 개편하며 일본 영토로 편입했습니다. 이 모든 사건에서 메이지 덴노의 자리는 없었습니다. 메이지 신정부의 실력자들은 덴노를 상징적인 존재로만 섬길 뿐 덴노의 정치 참여에는 선을 그었습니다.

한편 일본 내에서는 자유 민권 운동*이 전국으로 확산되었습니다. 자유 민권 운동의 확산으로 메이지 정부에서도 헌법 제정과 국회 개설에 관한 논의가 진행되었습니다. 이러한 논의 속에는 10년 안에 국회를 개설하겠다는 방침

* 1870년대 후반부터 1880년대에 걸쳐 메이지 정권에 맞서 민주적 제도를 요구한 정치 사회 운동. 헌법 제정, 국회 개설, 의회 수립, 불평등 조약 개정 등을 요구했다.

도 포함되어 있었습니다. 이토 히로부미는 덴노의 권위가 흔들리지 않으면서도 근대적인 법체계를 갖추고자 했습니다. 이토 히로부미의 바람대로 황제 중심의 프로이센식 헌법을 도입했고, 1889년 2월 11일 입헌 군주제를 도입한 〈대일본 제국 헌법〉(메이지 헌법)이 발포되었습니다.

헌법은 만세일계[•] 신화를 근거로 덴노는 국가의 주권을 가진 신성불가침의 존재라는 사실을 법적으로 명시했고 모든 권력이 덴노에게 있다고 규정했습니다. 그렇지만 이러한 내용은 문서상으로만 존재할 뿐, 덴노가 직접 국가 통치에 관여하는 일은 거의 없었습니다. 즉위 때부터 일관되게 덴노는 상징적으로만 존재할 뿐이었습니다. 자유 민권 운동을 지지했던 이들도 대체로 새 헌법에 만족했고, 헌법이 공포된 뒤 일본 전역은 축제의 장이 되었습니다.

• 일본 황실의 혈통이 한 번도 단절되지 않고 2000년 이상 이어져 왔다는 뜻으로 덴노 체제 국가 이데올로기의 근간을 이룬다.

메이지 헌법 체제 안에서 덴노의 이름으로 발표하는 모든 것들은 일본 국민에게 성전처럼 받아들여졌습니다. 1890년에는 역대 덴노의 덕을 기리고 국민의 충성을 강조한 교육 칙어가 전국의 학교에 배포되었고 덴노의 초상인 '어진영'이 함께 배치되었습니다. 이때 배포된 메이지 덴노의 초상은 1888년 이탈리아 화가 코소네가 그린 것으로 천황의 본래 얼굴에 서양인의 얼굴 모습이 더해진 듯 보입니다. 이 초상화는 근대 국가의 이상적인 군주상을 보여 주는 것으로 국민에게 천황에 대한 숭배를 이

역대 덴노의 덕을 기리고 국민의 충성을 강조한 교육 칙어와 함께 1890년 전국의 학교에 배포된 메이지 덴노의 초상. 이탈리아 화가 코소네가 그렸으며 근대 국가의 이상적인 군주상을 보여 준다.

끌어 내는 데 유용하게 쓰였습니다.

이렇듯 메이지 덴노의 이미지는 메이지 정부의 주요 정치 지도자들에 의해 '만들어진 이미지'였으며 실제 존재하는 것이 아니었습니다. 덴노도 메이지 헌법하에서 만들어진 자신의 역할을 충실히 수행해 나갔습니다. 본인이 국가의 중심임을 잊지 않으면서도 메이지 정부가 추진하는 일을 지지하고 협력하는 역할에 최선을 다했습니다.

메이지 정부는 메이지 덴노의 권위를 통해 군인을 통제했고 덴노를 정점으로 모든 상관에게 절대복종하는 분위기를 만들었습니다. 또 군인 칙유를 통해 덴노가 군인의 대원수임을 밝히며 충절·예의·무용·신의·검소 등을 군인의 의무로 제시했습니다. 이렇듯 메이지 정부는 덴노에 대한 충절과 상관에 대한 복종을 미화해 나갔습니다.

1894년, 일본은 조선에 군대를 보내 경복궁을 점령했고 청나라군을 기습 공격하며 청일 전쟁을 일으켰습니다. 메이지 덴노는 히로시마에 꾸려진 대본영의 거처에서 7개월 동안 머물면서 일본군의 정신적 지주 구실을 했습니다. 실제로 전쟁의 작전이나 지휘에는 관여하지 않았지만 군복을 입고 병사들과 함께 생활했다고 합니다. 이듬해 일본이 승리하자 메이지 덴노는 도쿄의 황궁으로 돌아왔고 국민의 열광적인 환영을 받았습니다. 메이지 덴노는 일본 국민 통합의 아이콘으로 자리하고 있었습니다.

고종 황제와 메이지 덴노의 같지만 다른 삶

청일 전쟁을 전후해 메이지 덴노가 국민에게 경배받는 존재가 된 것에 견

환구단과 황궁우의 모습. 고종은 환구단에 나아가 천지에 고하는 제사를 드린 뒤 대한 제국 황제에 즉위했다. 조선 총독부는 환구단을 헐고 웨스틴 조선 호텔을 세웠으며, 지금은 조상신과 하늘신을 모셨던 황궁우(맨 왼쪽 건물)만 남아 있다.

주어, 고종은 러시아의 보호를 받는 처지가 되었습니다. 메이지 덴노는 실제로 아무런 권력이 없었지만 일본의 군사력과 국제적 위상은 날로 커졌고, 고종은 모든 권력을 가졌으나 조선의 국권은 위태롭기만 했습니다.

1897년 고종은 러시아 공사관에서 나와 경운궁(지금의 덕수궁)으로 환궁한 뒤 대한 제국을 수립하고 '광무'라는 연호를 쓰는 황제 자리에 올랐고, 늦었지만 서양식 근대화에 박차를 가하고자 노력했습니다. 그렇지만 국제 정세는 대한 제국을 기다려 주지 않았습니다. 일본과 러시아는 호시탐탐 대한 제국을 차지하기 위해 경쟁했고, 영국과 미국 등 서양 열강들도 동아시아의 상황을 자국에 유리한 방향으로 만들려고 했습니다.

1901년, 청나라에서 의화단 운동이 일어나 서양인이 공격당하자 열강

중명전은 대한 제국 시기에 지어진 서양식 건물로 덕수궁 안에 있었지만 현재는 덕수궁이 축소되면서 궁 밖에 있다. 황실 도서관으로 지어졌으나 1904년 덕수궁이 불탄 뒤 고종의 집무실로 사용되었으며, 1905년 일본의 강압으로 을사늑약이 체결된 곳이기도 하다.

8개국은 군대를 파견했습니다. 일본도 기회라 여기고 청 나라에 대군을 파견하며 자신의 힘을 과시했습니다. 이후 일본은 러시아와 대결을 준비하며 자신과 이해관계가 일치했던 영국과 동 맹을 맺었습니다.

• 영국, 프랑스, 러시아, 독일, 미 국, 오스트리아, 헝가리, 이탈리 아, 일본이 연합군으로 참전했다.

　　1904년에 일본은 대한 제국을 차지하기 위해 러시아와 전쟁을 벌였습 니다. 원활한 전쟁 수행을 위해 일본은 한반도에 서둘러 경부선과 경의선 철도를 건설했고 독도를 무단 침탈했습니다. 고종 황제는 국외 중립을 선 언했지만, 대한 제국을 서로 차지하겠다고 벌이는 강대국들 간의 전쟁을 막을 능력은 없었습니다. 러일 전쟁에서 승리한 일본은 대한 제국을 자신 들의 영향력 아래 놓을 수 있었습니다. 영국과 미국, 러시아가 연이어 이에 동의했고 일본은 이 기세를 몰아 이토 히로부미를 대한 제국에 파견해 강제로 을사늑약을 맺고 대한 제국의 외교권을 강탈했습니다.

고종 황제는 헤이그 만국 평화 회의와 미국 정부에 도움을 요청했지만 서양 열강들은 대한 제국을 외면했습니다. 고종 황제는 일본의 강요 속에 황위를 순종에게 넘기고 퇴위할 수밖에 없었습니다.

메이지 덴노는 순종 황제에게 축전을 보내 축하했으나 존호를 황제에서 왕으로 격하시켰습니다. 일본은 퇴위한 고종이 거처하던 경운궁을 '편안히 살라'는 뜻의 '덕수궁'으로 이름을 고치게 했고 고종은 1910년 대한 제국이 일본에 강제 '병합' 당하는 모습을 지켜봐야만 했습니다.

러일 전쟁이 한창이던 1904년, 당뇨에 시달리던 메이지 덴노는 전쟁 후 만성 신장염이 번지며 건강이 악화되었습니다. 대한 제국 강제 병합 후 메이지 덴노의 병세는 더욱 위중해졌고, 1912년 7월 30일, 심장 마비로 예순한 살의 생을 마감했습니다.

• '이씨 왕가'라는 의미의 이왕(李王)은 일제가 우리나라를 식민지로 삼은 이후 대한 제국 황실을 일본 황실로 편입시키기 위해 만든 지위이다.

한편 고종은 대한 제국 멸망 후에도 덕수궁에 기거하며 모진 생을 이어갔습니다. 순종 황제도 '이왕*'으로 격하된 채 숨죽여 지냈습니다. 그렇게 10여 년의 시간이 흐른 뒤인 1919년 1월 21일, 고종 황제는 예순여덟의 나이로 숨을 거두었습니다. 갑작스러운 고종의 죽음은 백성들에게 큰 충격을 안겼고 이후 3·1 운동이 일어나는 도화선이 되었습니다. 역사상 가장 큰 민족 운동인 3·1 운동으로 조선 민족의 의지를 세계만방에 알렸지만, 3·1 운동 이후에도 조선은 20년 넘게 일제의 가혹한 통치에 시달려야 했습니다.

같은 해에 태어나 똑같이 십 대 소년 시절 왕위에 올랐던 고종 황제와 메이지 덴노는 여러모로 비슷한 점이 많았습니다. 그러나 두 사람의 행보는 엇갈렸습니다. 고종은 아버지 흥선 대원군으로부터 왕권을 회복했지만 국제 정세에 어두웠고, 처가인 민씨 일파에게 휘둘리며 시대적 과제였던 부국강병에 실패했습니다. 대한 제국을 수립했지만 백성을 국민으로 만들어 내지 못했고, 황제의 자리에서 내려와야 했습니다. 결국 국권을 빼앗기며 망국의 군주로 역사에 남았습니다.

메이지 덴노 부부를 신으로 모신 메이지 신궁. 메이지 덴노는 권력은 없는 상징적 존재였지만 국민 통합의 아이콘으로 메이지 정부의 성공을 도왔으며 지금까지도 일본 국민의 존경과 사랑을 받고 있다.

메이지 덴노는 국가의 주권을 가진 신성불가침의 존재였지만 실질적 권력은 없는 메이지 정부의 상징적 존재였고 국민 통합의 아이콘으로 메이지 정부의 성공을 도와 지금까지도 일본 국민의 사랑과 존경을 받고 있습니다.

더 생각해 볼까요?

- 고종 황제와 메이지 덴노, 두 사람의 공통점은 무엇일까요?
- 고종 황제와 메이지 덴노는 일본과 조선에서 어떤 위치에 있었을까요?
- 고종 황제와 메이지 덴노는 근대화 과정에서 어떤 역할을 했을까요?

이삼평

전쟁으로 바뀐 삶을 산 사람들

김충선

이삼평

| 李參平 1579~1655 |

- 1579년 조선 충남 공주 출생
- 1598년 임진왜란 때 일본으로 끌려감
- 1616년 규슈 아리타에서 일본 최초의 백자를 구움
- 1655년 사가현 아리타에서 사망

김충선

| 金忠善, 사야가(沙也可), 1572~1642 |

- 1592년 임진왜란 때 일본군 장수로 조선 침략, 조선에 투항
- 1597년 정유재란에서 공을 세움
- 1603년 항왜와 함께 북방 근무
- 1624년 이괄의 난 참전
- 1636년 병자호란 때 경기 광주에서 전투
- 1642년 대구 가창면 우록동에서 사망

1592년, 도요토미 히데요시의 명령을 받은 일본군의 조선 침략은 동아시아 3국을 전쟁으로 몰아넣었습니다. 그리고 이 전쟁 때 자신이 태어난 조국을 떠나 전쟁 상대국에 살게 된 사람들이 있습니다. 일본 사람 사야가는 1592년 일본군이 조선을 침략했을 때 가토 기요마사의 선봉장으로 부산에 왔습니다. 그러나 바로 조선에 항복해 조선에서 살며 선조로부터 김충선이라는 이름을 받았습니다. 김충선은 조선의 성리학적 가치를 실천하며 살고자 노력했습니다.

이삼평은 충청도 출신의 도자기 장인입니다. 임진왜란 때 일본군에게 끌려가 그때까지 일본이 만들지 못했던 도자기를 만들어 일본 도자기의 시조가 되었습니다. 이삼평이 생산 가능하게 한 일본 도자기들은 일본 문화와 함께 유럽으로 전해졌습니다. 역사의 소용돌이에 떠밀려 조국이 아닌 다른 나라에서 살며 업적을 쌓은 이들의 삶을 살펴보겠습니다.

조선의 장수가 된 일본 무사

"전쟁에 나서고 싶지는 않았지만 동방예의지국인 조선의 제도와 풍습을
직접 보고 싶어 오게 되었다."

1592년 임진왜란 당시 침략군으로 온 사야가는 조선에 오게 된 경위를
이렇게 말했습니다. 그 후 사야가는 경상도 지역에서 일본군과 싸우며 계
속해서 승전고를 올렸고 선조는 그를 직접 불러 종2품의 벼슬을 내렸습
니다. 사야가는 조선이 일본과 싸워 이기기 위해서는 무엇보다 조총을 만
들어야 한다고 건의했고 그 건의가 받아들여져 조선군은 우수한 조총을
만들 수 있었습니다. 사야가가 이끌고 온 부대의 주무기가 조총이었기 때
문에 큰 도움이 되었습니다. 1593년 경주 근처 전투에서 사야가가 큰 공
을 세우자 도원수였던 권율은 조정에 포상을 요청했고 선조는 사야가에게
'김충선金忠善'이라는 이름을 내려 주었습니다. 사야가는 이제 일본인이 아
닌 명실상부한 조선인 김충선으로 살아갈 수 있게 되었습니다.

　　김충선이 된 일본인 사야가沙也可에 관해서는 연구자마다 주장이 다릅
니다. 한 연구자는 사야가를 센고쿠 시대* 와카야마 지역
출신의 '사이카'라 불린 조총 부대를 이끌었던 스즈키 마
고이치라고 합니다. 김충선이 조선에서 조총과 화약을 만
들어 활약할 수 있었던 것도 그가 조총 전문가였기 때문이라는 주장입니
다. 또 다른 연구자는 사야가를 일본에서 반란을 일으켜 처형된 가토 기요
마사의 가신 오카모토 에치고노카미라고 추정합니다. 자신이 모시던 주군
이 처형당한 일이 조선에 항복하는 배경이 되었다는 것입니다. 일본의 유

<!-- 방주 -->
● 일본의 15세기 후반부터 16세
기 말까지 사회적·정치적 변동이
이어지던 내란의 시대를 말한다.

명한 소설가 시바 료타로는 사야가를 쓰시마 사람으로 추정했습니다. 일제 강점기에는 "김충선 이야기는 조선에서 조작했다"는 주장도 나왔습니다. 일본인 무사가 조선에 항복했다는 사실을 일본 제국주의자들은 인정하고 싶지 않았기 때문입니다.

김충선의 출신이나 본명이 정확하게 남아 있지 않은 것은 일본에 남겨진 그의 가족을 배려하기 위해서라고 합니다. 조선에 투항한 것이 알려지면 일본에 있는 가족이 피해를 볼 것이기 때문이지요.

일본에서 만든 도자기

일본 규슈 섬의 사가현 아리타 지역은 도자기 산지로 유명한 곳입니다. 아리타 시내가 내려다보이는 산 위에 커다란 비석이 세워져 있는데 일본 도자기의 시조 이삼평을 기리는 비석입니다. 조선인 도공 이삼평은 임진왜란으로 아버지와 동생을 잃고 일본군에 잡혀 일본으로 끌려갔습니다. 도요토미 히데요시는 조선을 침략하러 떠나는 일본군 장수들에게 금속이나 도자기 기술자 및 손재주가 있는 여자들을 잡아 오도록 명령했습니다. 당시 일본으로 끌려간 도공들은 규슈의 여러 지역에 흩어져 살았습니다. 조선의 도자기가 워낙 귀하고 비쌌기 때문에 영주들은 이들에게 도자기를 생산하도록 지원했습니다.

당시 도자기를 만들 수 있는 나라는 명나라와 조선밖에 없었습니다. 유럽에서는 1709년 독일 마이센 지역에서 처음으로 경질 자기 '마이센'이 만들어졌습니다. 임진왜란보다 100년도 더 지난 시기의 일입니다. 경질은 단단하다는 뜻인데 단단한 도자기를 만들려면 높은 온도에서 구워야 합니다. 그릇을 빚어 가마에 넣고 구우면 그릇의 크기가 20퍼센트 정도 줄어드는데, 이때 좋지 않은 흙으로 만든 그릇은 터져서 못 쓰게 되었습니다.

이삼평이 오기 전 일본의 자기는 1000도 내외의 불로 구운 연질 자기였습니다. 1000도 내외 온도에서 그릇을 굽는 것은 세계 여러 나라에서 가능했습니다. 하지만 단단한 자기를 만들려면 불의 온도를 1250도까지 올려야 했고, 그렇게 높은 온도에서 자기를 굽기 위해서는 두 가지 조건이 충족되어야 했습니다. 한 가지는 가마를 높은 온도까지 만들어 유지하는 것이고, 다른 한 가지는 높은 온도에서 구워도 터지지 않는 흙으로 자기를 빚는 것입니다. 가마의 온도를 올리는 것이 가능해도 흙이 그만한 온도를 견디지 못하면 단단한 도자기를 만들 수 없습니다. 이삼평이 끌려간 시기는 1597년이었고, 규슈에는 이삼평보다 먼저 끌려온 조선의 도공들이 있었습니다. 그런데도 이삼평이 '도자기의 조상'이라는 의미의 '도조陶祖'로 불리는 까닭은 그가 단단한 도자기를 만들 수 있는 좋은 흙을 찾아내 도자기를 만들었기 때문입니다.

1605년 이삼평은 아리타의 이즈미야마에서 백자를 만들 수 있는 흙을 발견했습니다. 도자기를 만들 수 있는 흙은 운모와 석영이 주성분입니다. 철분 함유량도 1퍼센트를 넘지 않아야 좋은 흙이 됩니다. 철분 함유량이 많으면 도자기가 백색을 띠기 어렵기 때문입니다. 아리타의 영주는 이삼평이 찾아낸 귀한 흙을 엄격하게 관리해 아무나 접근하지 못하게 했습니다. 그리고 자신의 영지에 가마를 열었는데, 이것이 나중에 세계적으로 인기를 얻은 일본 도자기의 원조가 되었습니다.

일본에서 꽃피운 도자기

이삼평이 도자기를 만들어 내자 다른 지역에 있던 도공들도 아리타에 와서 품질 좋은 도자기를 만들기 시작했습니다. 아리타의 영주 나베시마는 적극적으로 도공을 후원했고 아리타 도자기는 점점 유명해져 일본 도자기의 표준이 되었습니다. 아리타에서는 푸른 안료를 사용한 청화 백자를 비롯해 다양한 색깔과 무늬를 새기거나 일본 전통 문양이 들어간 도자기를 생산했습니다.

이렇게 만들어진 아리타 도자기가 빛을 발하는 시기가 왔습니다. 1644년

도조 이삼평비. 아리타시가 내려다보이는 산 위에 있으며, 올라가는 길에 한일 교류의 역사를 기록한 많은 조형물이 있다.

명나라를 무너뜨리고 화북을 차지한 청나라가 남쪽으로 진격하면서 중국 최대의 도자기 생산지였던 징더전이 초토화되고 만 것입니다. 당시 유럽에서는 귀족들이 중국산 도자기를 사들이며 자신의 부와 권위를 드러내는 것이 유행이었는데, 징더전의 초토화로 중국 도자기 수입이 어려워지고 말았습니다. 이때 유럽 국가 중 유일하게 일본과 교역하던 네덜란드 상인들이 일본산 도자기를 수입해 유럽에서 팔았습니다. 이삼평이 만들어 중흥을 이룬 일본 도자기는 유럽에서 비싼 가격에 판매되었습니다.

한편 일본에서는 도자기를 수출할 때 도자기가 깨지지 않도록 종이로 감싸 나무 상자에 넣었는데 도자기를 감쌌던 포장지 중에는 우키요에가

모네, 〈기모노를 입은 카미유〉
모네의 아내 카미유가 일본 전통 의상 기모노를 입고 있다. 그림 속의 벽과 바닥에는 우키요에를 그린 부채가 가득하다.

그려진 종이도 있었습니다. 우키요에는 당시 일본에서 유행하던 풍속화입니다. 판화 작품이어서 대량 제작이 가능했기 때문에 도자기 포장용 종이로 많이 사용되었지요.

유럽 사람들은 일본산 도자기와 함께 도착한 우키요에의 색채나 형태에 매료되었습니다. 마네, 모네, 고흐, 고갱 등 인상파 화가들은 우키요에 화풍을 따라 하거나 우키요에 작품을 모사했습니다. 이렇게 당시 서양 미술계에서는 일본 화풍이나 일본 문화를 선호하던 현상이 유행했는데 이를 '자포니즘japonism'이라고 합니다.

성리학에 심취하다

사야가의 항복과 관련해 일본의 고등학교 교과서에는 "가토 기요마사의 선봉장 사야가는 조선 침입 직후 일본군을 배반하고 조선군에 가담했다.

기록에 따르면 사야가는 예의와 중화 문물이 발달한 조선의 모습을 흠모해 부하를 이끌고 조선 측에 투항했다고 한다"라고 기록되어 있습니다. 한편 김충선은 자신의 문집에 이런 글을 남겼습니다.

> 내가 이 나라에 귀화한 것은 잘되기를 구함도 아니요, 명예를 취함도 아니다. 처음부터 두 가지 계획이 있었으니 하나는 요순과 삼대(하·은·주)의 유풍을 사모해 동방 성인의 백성이 되고자 함이요, 또 하나는 자손을 예의의 나라에 남겨 대대로 예의의 사람을 만들고자 함이라.
>
> _《모하당문집》_

김충선은 지금의 대구시 우록동에 정착해 가정을 이루고, 가훈과 함께 마을 사람들이 지켜야 할 규약인 향약 15개조를 지었습니다.

> "하나, 부모에게 효도한 뒤에야 온갖 행실이 바르게 되는 것이니 남녀노소를 막론하고 부모에게 효도함을 근본으로 할 것이다.
> 하나, 관(官)에 대한 납품이나 세금은 첫 기일을 넘기지 말 것이다.
> 하나, 이웃이 병에 걸리거나 특수한 사정으로 농사일을 하지 못하게 될 경우 모두 힘을 합해 모내기나 추수 시기를 놓치지 않게 할 것이다."

김충선은 스스로 공자의 사상이 풍미한 세상에서 살기를 바랐듯 성리학적 가치관에 충실했습니다. 이괄의 난 때에는 반군을 잡아 바치기도 했고, 병자호란 때에는 환갑이 넘은 나이에도 군대를 끌고 나가 싸웠습니다.

대구광역시 달성군 가창면 우록리에 있는 녹동서원. 임진왜란 당시 조선으로 귀화한 뒤 조총 제작 기술을 전수하고 여러 전투에서 큰 공을 세운 김충선의 위패가 봉안되어 있다. 녹동서원은 조선의 유교적 문물과 예의를 중시한 김충선의 뜻을 기려 1789년 건립되었다.

이삼평과 사야가, 어떻게 기억될까?

이삼평은 일본에서 도공으로 살면서 아름다운 도자기를 만들기 위해 노력했습니다. 자신의 의지와 무관하게 고향을 떠나 일본으로 끌려갔지만, 주어진 환경에서 최고가 되겠다는 노력과 열정은 400여 년이 지난 오늘날에도 많은 사람이 이삼평을 기억하게 했습니다.

사야가는 임진왜란 때 평소 흠모하던 조선에 들어오게 되었습니다. 조선에 귀화한 뒤 그는 총부리를 돌려 일본군과 싸웠습니다. 또한 조선이 위급할 때마다 나아가 싸우기를 주저하지 않았습니다. 새로이 정착한 조선에서 그는 학문을 쌓아 갔고, 훗날 사람들은 그의 노력을 칭송했습니다.

대구의 녹동서원 옆에는 달성 한일 우호관이 있습니다. 임진왜란을 전쟁으로만 기억하지 않고 교류와 우호의 장으로 활용하려는 노력이라 할 수 있습니다.

임진왜란으로 동아시아는 전쟁의 늪에 빠졌고 조선의 국토는 황폐해졌습니다. 애꿎은 백성은 일본군의 총칼에 쓰러지고 일본에 끌려가는 일도 있었습니다. 그렇게 일본에 끌려간 조선인 중에는 노예가 되어 유럽으로 팔려 가는 사람도 있었습니다. 전쟁이 개인의 삶을 송두리째 바꾸어 놓은 것입니다. 이러한 역사의 소용돌이에서 이삼평과 김충선은 자신의 소질과 노력을 통해 후대에 길이 남을 업적을 쌓았습니다.

더 생각해 볼까요?

- 이삼평과 김충선의 운명은 왜 갈리게 되었을까요?
- 이삼평이 일본에서 도조로 불릴 수 있던 계기는 무엇일까요?
- 김충선이 오늘날에도 많은 이들에게 회자되는 까닭은 무엇일까요?

고려왕 왕만

몽골과 관계 속 고려왕실의 내부 투쟁

심왕 왕고

고려왕 왕만

| 王燾, 1294~1339 |

- 1294년 고려 충선왕의 아들로 출생
- 1313년 고려 제27대 왕으로 즉위
- 1316년 원나라 복국장공주와 혼인
- 1321년 왕고의 무고로 연경에 강제 체류
- 1330년 세자(충혜왕)에게 양위
- 1332년 충혜왕이 폐위되어 복위
- 1339년 개경에서 사망

심왕 왕고

| 王暠, ?~1345 |

- 고려 강양공의 아들로 출생
- 1313년 충숙왕 즉위 후 세자로 책봉
- 1316년 심왕에 즉위
- 1321년 심왕 옹립 운동 시작
- 1339년 심왕파인 조적이 군사를 일으켜 충혜왕과 교전
- 1345년 고려에서 사망

쿠빌라이가 예케 몽골 울루스(백성, 부족, 국가 등 몽골 내 여러 단위의 정치체를 가리키는 말)의 대칸이 된 후, 쿠빌라이의 정통성을 인정하지 않는 일파가 반기를 들어 몽골 울루스는 30여 년 동안 분열기를 겪어야 했습니다. 그러나 14세기 초에는 적대 관계가 해소되어 몽골 울루스 내의 연대성이 회복되었고, 원나라는 몽골의 대칸이 지배하는 울루스로 정통성을 인정받게 됩니다. 그런데 원나라에서 새로운 문제가 고개를 들었습니다. 대외적 지위는 단단해졌으나 황위를 둘러싼 갈등이 첨예하게 나타난 것입니다.

원나라 내부의 갈등은 부마국인 고려왕실에도 영향을 미쳤습니다. 특히 고려 충숙왕 왕만과 심왕 왕고의 대립은 원나라의 정치 변동과 연관된 대표적인 갈등 사례입니다. 심왕이란 어떤 지위이며 고려왕족인 왕고가 왜 그 자리에 오르게 됐을까요? 그리고 고려의 왕과 심왕은 왜 갈등을 빚게 되었을까요?

쿠빌라이 카안의 외손 충선왕의 기묘한 행보

40여 년 동안 몽골에 항전한 끝에 고려는 종묘사직을 보전할 수 있게 되었습니다. 이후 원나라 황실은 고려왕을 부마(황제의 사위)로 삼는 것을 관례로 삼아 양국의 결속을 강화합니다. 당시 동아시아의 강대국이었던 원나라 공주와의 혼인은 고려왕실의 위상을 높이는 일이었습니다. 그러나 한편으로는 고려왕실의 자주성을 저해하고 원나라의 간섭을 초래하기도 했습니다.

고려의 왕 가운데 최초로 원나라 황실의 부마가 된 왕은 고려 제25대 국왕 충렬왕입니다. 충렬왕은 세자 시절 원나라에 가서 쿠빌라이 카안의 딸 제국대장공주와 혼인합니다. 이후 왕위에 오른 충렬왕은 제국대장공주와의 사이에서 왕장이라는 아들을 낳았습니다. 왕장은 고려왕실의 적자인 동시에, 쿠빌라이 카안의 외손자이기도 했습니다. 황금 수저를 물고 태어난 격이지요. 왕장은 부친이 그랬던 것처럼 원나라에 체류하며 쿠빌라이 카안의 손녀인 계국대장공주와 혼인합니다. 그리고 이후 고려왕에 즉위해 막강한 권세를 누리게 됩니다. 그가 바로 고려 제26대 국왕인 충선왕입니다.

충선왕은 대대적인 개혁에 나섰습니다. 원나라 간섭기 들어 격하되었던 행정 조직을 격상하는 한편 불필요한 재상과 관청의 수를 줄여 행정 효율화를 시도했습니다. 또한 사림원이라는 왕명 출납 기구를 강화해 강력한 왕권을 행사하고자 했습니다.

그러나 충선왕의 왕권 강화 노력은 수포로 돌아가고 맙니다. 충선왕이 여러 명의 아내를 두고 계국대장공주에게 소홀했던 것이 화근이었습니다. 계국대장공주는 충선왕의 총애를 받는 후궁이 자신을 저주해 충선왕과 멀어지게 되었다며 원나라 황실에 거짓으로 고발합니다. 이에 원나라 황실은 충선왕을 퇴위시킨 뒤 원나라로 소환하고, 선왕인 충렬왕을 복위시키는 강력한 조치를 취합니다.

그 후 충선왕은 10년간 원나라에서 지내야 했습니다. 이때 충선왕은 원나라에서 발생한 황위 계승 분쟁에 참여해 원나라의 제3대 황제 무종을 옹립하는 데 큰 공을 세웁니다. 충선왕은 그 공을 인정받아 1308년 심왕에 책봉되었고 같은 해에 충렬왕이 죽어 고려왕위도 다시 차지하게 됩니다.

심왕이란 충선왕에게 최초로 주어진 봉호로, 고려인이 다수 거주하던 원나라의 선양(심양)과 랴오양(요양)을 관할하는 왕위입니다. 본래 심양왕이라고 불렀으나 1310년에 심왕으로 개칭되었습니다. 당시 원나라 제국 내에는 여러 왕위가 존재했는데, 심왕은 고려의 왕보다 격이 높은 자리였습니다. 심왕과 고려왕을 겸한 충선왕의 입지는 매우 강력해졌습니다. 그러나 이는 앞으로 고려에서 발생할 기나긴 내분의 씨앗이었습니다.

고려왕위를 다시 차지하게 된 충선왕은 즉위식 참가를 위해 잠시 고려에 귀국했다가 석 달 만에 원나라로 돌아가 버립니다. 그리고 1313년, 세자에게 왕위를 넘길 때까지 한 번도 귀국하지 않고 원나라에 머무르며 고려를 통치했습니다. 사실 충선왕의 정체성은 고려인에 국한된 것이 아니었습니다. 그는 날 때부터 고

충선왕 시기 고려와 심양 일대

려왕실의 적자이자 쿠빌라이 카안의 외손자였고, 유년 시절부터 수차례 원나라에 왕래하며 자신에게 쏟아지는 쿠빌라이 카안의 총애를 확인할 수 있었습니다. 게다가 무종 즉위 과정에서도 공을 세웠기 때문에 무종도 충선왕을 크게 아꼈지요. 무종의 뒤를 이은 인종도 마찬가지였습니다. 고려왕과 심왕을 겸임한 충선왕이 자신의 정치적 토양을 원나라로 생각하는 것도 무리는 아니었습니다.

그러나 고려의 신하들에게 왕의 부재는 매우 곤란한 일이었습니다. 다음 기록은 충선왕의 부재가 고려에 미친 영향을 잘 보여 줍니다.

충선왕이 원에 머물자, 김심이 밀직사 이사온과 더불어 의논해 말하기를, "원 황제와 태후가 여러 차례 왕에게 환국하라 했으나 왕은 갈 뜻이 전혀 없습니다. 원에는 해마다 베 10만 필과 쌀 400곡을 보내게 하고 다른 물건도 헤아릴 수 없을 정도이니 백성들은 물자를 실어 나르는 일 때문에 더욱 어려워지고 있습니다. 여러 수행하는 신하도 모두 여행에 지쳐 돌아가고 싶어합니다."

_《고려사》

신하들의 가장 큰 불만은 고려왕이 고려에 없다는 것이었겠으나, 충선왕의 체류 비용을 마련하기 위해 백성들이 흘리는 고혈도 만만치 않았습니다. 충선왕은 고려로 환국해 달라는 요청을 무시하고 환국 여론을 주도한 신하들을 유배시켰습니다. 돌아올 뜻이 전혀 없었던 것이지요.

하지만 원나라 황제까지 충선왕에게 귀국을 명령하자 충선왕도 더는 원나라에 머무를 명분이 없어졌습니다. 그러자 충선왕은 원나라에 머무

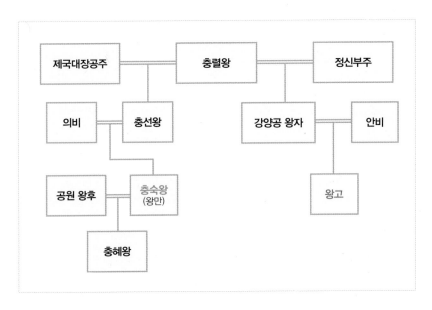

충렬왕 이후 고려왕위 계보도

르기 위해 고려왕위를 포기하는 파격적인 결정을 내리고 1313년에 세자 왕만(고려 제27대 충숙왕)에게 왕위를 물려줍니다. 이에 그치지 않고 충선왕은 형의 아들인 조카 왕고를 충숙왕의 세자로 책봉했으며, 3년 후인 1316년에는 왕고에게 심왕의 지위를 물려주었습니다.

고려왕과 심왕의 경쟁, 심왕 옹립 운동에서 입성론까지

충선왕이 고려왕위와 심왕위를 모두 내던진 이유는 알 수 없으나 그 행동이 충숙왕과 심왕의 갈등을 유발한 것은 명백합니다. 그 후 충선왕은 일부러 충숙왕의 권위를 낮추고 심왕의 권위를 추켜세우는 행동까지 감행합니다. 충숙왕보다 심왕을 먼저 원나라 황제의 부마로 만든 것입니다.

충렬왕 이래 고려왕실에서는 세자가 원나라에 머무르며 원나라 공주와 혼인해 부마가 된 후 고려왕위에 오르는 절차가 마련되어 있었습니다. 이 중 가장 중요한 절차는 바로 부마가 되는 일입니다. 원나라 황제의 부마라는 지위는 고려 왕이 갖춰야 할 필수적인 권위였던 셈입니다.

심왕이 충숙왕보다 먼저 부마가 된 것은 충숙왕의 권위를 크게 훼손하는 일이었습니다. 정작 충숙왕은 즉위한 지 3년이 지났는데도 부마가 되지 못하다가, 심왕이 먼저 부마가 되고 4개월 후에 원나라 공주와 혼인합니다. 그뿐만이 아닙니다. 충선왕은 충숙왕에게 왕위를 물려준 후에도 원나라에 머무르며 고려의 중대사를 직접 결정했습니다. 게다가 충숙왕의 측근을 유배 보내고 자기 측근이 고려 국정을 장악하게 했습니다. 자신을 은근히 지지하는 듯한 충선왕의 행동과, 충숙왕의 미약한 왕권을 보면서 심왕은 자신도 고려왕이 될 수 있다고 생각했습니다. 이내 고려 조정도 충숙왕파와 심왕파로 분열되어 정쟁을 벌이게 됩니다.

충숙왕 7년(1320년)에 충선왕을 후원하던 원나라 인종이 죽고 원나라 황실 내에서 권력 투쟁이 발생합니다. 투쟁 끝에 즉위한 영종은 충선왕을 곱게 보지 않았고, 결국 충선왕을 토번으로 유배시켰습니다. 충숙왕은 충선왕이 힘을 잃은 틈을 놓치지 않고 충선왕의 측근을 제거하며 친정 체제를 구축했습니다. 그러나 영종의 총애를 등에 업고 고려왕위를 노리는 심왕의 공세가 시작되었습니다. 심왕을 지지하는 이들은 지속적으로 충숙왕을 모함하며 권력에 생채기를 냈습니다.

충숙왕 9년(1322년), 충숙왕은 원나라 황제의 조서를 찢었다는 모함을

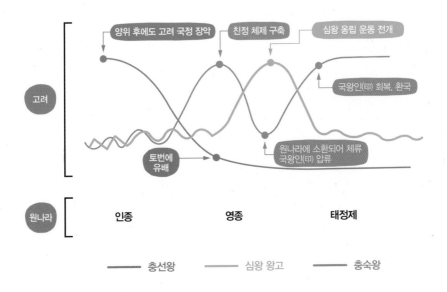

원나라 인종~태정제에 이르는 기간 정치적 역학 관계 흐름

받고 원나라에 억류당해 1325년까지 고려로 돌아오지 못합니다. 충숙왕
이 원나라에 머무르던 시기에 심왕 지지 세력은 심왕을 고려의 왕으로 세
우려는 심왕 옹립 운동을 전개합니다. 심왕 옹립 운동을 주도한 이들은 대
부분 충숙왕 때 정권에서 배제된 충선왕의 측근이었습니다.

　충숙왕이 원나라에 머무르는 동안 크고 작은 모함과 뇌물 공세가 이
어졌습니다. 심왕 지지 세력이 원나라 조정에 뇌물을 준 것입니다. 그러나
심왕 옹립 운동은 실패로 돌아갑니다. 심왕 측의 모함이 모두 거짓으로 판
명되고 심왕파의 핵심 인물 중에서 이탈자가 생겨 세력이 와해되었기 때
문입니다.

충숙왕 8년(1321년)

- 심왕 왕고가 고려왕위에 임명되었다고 거짓을 퍼뜨림
- 충숙왕비 정화 공주(복국장공주)의 죽음에 의혹을 제기해 원나라 사신이 관련자를 문책하게 함

충숙왕 9년(1322년)

- 충숙왕이 원나라 황제의 조서를 찢었다고 모함해 영종이 충숙왕의 국왕인國王印을 거두게 함
- 심왕을 고려왕으로 추대하는 서명부를 작성해 원나라에 제출하려 했으나 거부당함

충숙왕 10년(1323년)

- 고려를 원나라의 행성(지방 행정 구역)으로 편입하자는 '입성론'을 제기함

심왕 옹립 운동의 주요 사건

　　원나라 황실 상황도 심왕에게 불리한 방향으로 전개되었습니다. 영종이 시해된 후 1323년에 즉위한 태정제가, 1324년 충숙왕의 국왕인印을 돌려주고 환국을 허락한 것입니다. 또한 원나라 황실에서도 한 인물이 제국의 두 개 왕위를 겸직하는 것은 옳지 않다고 판단해 심왕 옹립 운동에 제동이 걸렸습니다. 고려를 원나라의 행정 구역으로 만들겠다는 발상도 고려를 일개 행정 구역으로 만들어 심왕이 그 행성의 장이 된다면 겸직 논란 없이 심왕위와 고려왕위를 모두 차지할 수 있다는 판단에서 나온 것이었습니다.

　　충숙왕의 뒤를 이은 충혜왕 때에는 심왕파가 군사 천여 명을 이끌고 궁을 습격했다가 토벌당하기도 했습니다. 이처럼 끊임없는 모략과 군사 행동마저 서슴지 않았던 심왕 왕고는 끝내 고려왕위를 차지하지 못하고 충목왕 1년(1345년)에 죽었습니다.

고려왕과 심왕의 대립은 선뜻 이해하기 어려운 충선왕의 결정이 촉발한 사건입니다. 그러나 고려가 원나라의 부마국이었으며 고려왕위가 원나라 제국 내의 여러 왕위 중 하나였던 사실이 갈등의 더 본질적인 원인이라 할 수 있습니다. 심왕위는 왕고가 죽은 이후 한동안 비어 있다가 공민왕 3년(1354년)에 왕고의 손자 톡타부카에게 이어졌습니다. 이때도 공민왕의 정적들이 공민왕을 폐위하고 심왕을 고려의 왕으로 옹립하려 했으나 심왕 본인이 사양해 실패했습니다. 이후 우왕 2년(1376년), 심왕 톡타부카가 사망할 무렵에는 원나라가 이미 명나라에 밀려 위세를 상실한 상태였고, 새로운 심왕은 더는 책봉되지 않았습니다.

더 생각해 볼까요?

- 원나라 제국의 부마라는 지위는 고려에 어떤 의미였을까요?
- 심왕의 서열이 고려왕보다 높은데도, 심왕 왕고는 왜 고려왕위에 집착했을까요?
- 고려왕이면서도 몽골인으로서의 정체성과 자부심을 가졌던 충선왕을 어떻게 평가할 수 있을까요?

배중손

몽골에 맞선 두 무장에 대한 역사의 평가

쩐흥다오

-18-

배중손
| 裵仲孫, ? ~ 1271 |

- 고려 출생
- 1231년 몽골이 고려 공격 시작
- 1232년 고려 무신 정권 강화도 천도
- 1270년 개경 환도, 배중손이 진도에 신정부 수립
- 1271년 진도 함락 때 사망(추정)
- 1273년 제주도에서 삼별초 항쟁 종결

쩐흥다오
| 陳興道, ? ~ 1300 |

- 베트남 쩐 왕조의 왕족으로 출생
- 1225년 베트남 쩐 왕조 수립
- 1257년 몽골, 베트남 1차 침입
- 1285년 몽골, 베트남 2차 침입
- 1288년 몽골, 베트남 3차 침입. 쩐흥다오가 박당강 전투에서 대승
- 1300년 사망

13세기 세계 역사에서 빼놓을 수 없는 인물 칭기즈 칸, 그는 몽골의 여러 부족을 통합하고 호라즘 등을 멸망시켜 몽골을 제국으로 만들었습니다. 칭기즈 칸이 죽은 후에도 그의 후계자들은 정복을 이어갔습니다. 우구데이 카안과 뭉케 카안은 서쪽으로 진출해 이슬람 세계와 유럽을 공포에 빠뜨렸으며, 쿠빌라이 카안은 남송을 정복해 중원 전체를 차지했습니다. 한반도의 고려와 베트남의 쩐 왕조(대월)도 몽골의 공격을 피할 수 없었습니다. 고려는 40여 년 동안, 쩐 왕조는 30여 년 동안이나 몽골에 맞서 싸웠습니다. 몽골에 저항한 두 나라의 대표 장수로 고려 삼별초의 수장 배중손과 쩐 왕조의 왕족 쩐흥다오를 들 수 있습니다.

그런데 배중손에 대한 평가가 시기에 따라 크게 요동친 것에 견주어, 쩐흥다오는 꾸준히 베트남 역사 최고의 영웅으로 평가받습니다. 왜 이런 차이가 생겼을까요?

몽골의 팽창과 고려 무신 정권의 붕괴

12세기경 동아시아는 고려, 금나라, 남송, 대월, 서하, 일본 등이 복합적으로 세력 균형을 이루고 있었습니다. 당시 동아시아 각국은 스스로 세상의 중심이라 여기며 서로를 의식하고 공존하는 다원적 국제 질서를 수립했습니다. 그러다 13세기에 몽골이 동아시아의 패권 국가로 등장하게 됩니다. 예전의 다원적 국제 관계를 유지할 수 없게 된 동아시아 각국은 최강국 몽골의 침입에 대응해 어떻게 나라를 지킬 수 있을지 고민해야 했습니다.

고려도 마찬가지였습니다. 당시 고려는 무신이 왕을 허수아비로 삼고 집권하던 시기였습니다. 무신 정권의 지배자 최우는 개경에서 몽골을 막을 수 없다고 판단해 강화도 천도를 결정했습니다. 그러나 무신 정권은 천도 이후 몽골에 적극적으로 대항하지 않고 정권을 유지하는 데에만 급급했습니다. 몽골의 침략으로 인한 고통은 고스란히 뭍에 남은 백성들의 몫이었습니다.

강화도는 몽골에 항전하기에 좋은 입지였습니다. 개경에서 가까워 행정력을 발휘하기에 유리했고 거센 해류로 접근이 쉽지 않았으며 섬 주위가 대부분 갯벌로 둘러싸여 있어 상륙이 쉽지 않은 점도 강화도의 강점이었습니다. 몽골은 쉽게 강화도를 공격하지 못하다가 강화 천도 후 20여 년이 지난 1250년대부터 본격적으로 강화도를 공략했습니다. 이에 강화도의 고려 정부도 몽골의 공격에 대비해야 했습니다. 무신 정권은 결사 항전을 외쳤습니다. 몽골에 항복하면 무신 정권의 집권력이 크게 흔들릴 것이기 때문입니다. 한편 무신 정권에 억눌려 있던 고려왕실은 몽골과 화의를 맺어 왕권을 회복하고자 했습니다. 결국 몽골의 지지를 받은 고려 원종

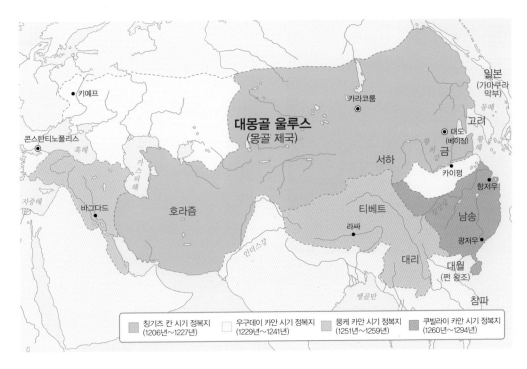

지도의 범례:
- 칭기즈 칸 시기 정복지 (1206년~1227년)
- 우구데이 카안 시기 정복지 (1229년~1241년)
- 뭉케 카안 시기 정복지 (1251년~1259년)
- 쿠빌라이 카안 시기 정복지 (1260년~1294년)

12세기~13세기 말 동아시아 정세

이 무신 정권을 해체하는 데 성공했고, 개경 환도가 결정되었습니다. 그런데 개경 환도를 거부하며 고려왕실에 반기를 든 세력이 있었습니다. 바로 무신 정권의 세력 기반인 삼별초입니다. 그리고 삼별초의 중심에는 배중손이라는 인물이 있었습니다.

삼별초의 항쟁과 최후

배중손은 고려 중앙군의 세 번째 서열에 해당하는 '장군' 관직을 가진 무

진도 용장성은 진도 정부의 도성이자 군사 거점이었다. 용장성의 규모와 짜임새 등을 고려했을 때 삼별초가 진도로 거점을 옮기며 급히 조성한 것이 아니라, 천도를 대비해 사전에 설계와 조성이 이루어진 것으로 볼 수 있다.

신이었습니다. 원종이 강화도의 관료들에게 개경 환도를 명령하자 배중손은 이에 반발하며 국고와 병기고를 탈취했습니다. 이에 원종이 삼별초를 해체하라는 명령을 내리자 배중손과 무리들은 반란을 일으켜 왕족 왕온을 새 왕으로 옹립하고 독자 정부를 수립했습니다. 그리고 강화도의 재물과 백성들을 붙들어 진도로 향했습니다.

배중손이 새 정부의 거점으로 삼은 진도는 육지와 섬을 연결하는 교차 지점이었으며, 서해와 남해의 뱃길이 만나는 요충지였습니다. 그러나 고립무원의 섬만으로는 한계가 있었기 때문에, 배중손의 진도 정부는 나주 등 전라도의 여러 지역을 공격해 배후지로 삼으려 했습니다. 나주 공략이 실패하자 진도 정부는 남방의 여러 섬과 제주를 공략해 거점으로 삼았습니다. 또한 진도 정부는 일본에 국서를 보내 공동 전선 구축을 시도했습니다. 당시 일본도 몽골의 침략을 경계하고 있었기 때문에 진도 정부와 제휴할 가능성이 높다고 판단했던 것입니다. 결과적으로 진도 정부와 일본의 제휴는 이루어지지 않았으나, 우리는 진도 정부의 외교 노력을 통해 당시 몽골이 동아시아 정세에 미친 영향을 알 수 있습니다.

고려와 몽골 연합군이 진도를 공략한 초기, 배중손과 진도 정부는 연합군의 공격을 효과적으로 방어했습니다. 그러나 항전 1년여 만인 1271년에 결국 연합군에게 패해 진도를 빼앗깁니다. 배중손에 대한 기록이 이 시점에서 끊어지는 것을 보면 그는 진도가 함락될 때 전사한 것으로 추측됩니다. 김통정 등이 남은 삼별초를 이끌며 제주도에서 저항했으나 1273년 연합군에게 패하면서 삼별초의 항쟁은 막을 내렸습니다.

쩐 왕조와 남송, 몽골의 이해 관계

베트남의 쩐 왕조(1225년~1400년)를 세운 타이똥(태종)은 건국 초기 내부 안정을 도모하기 위해 1229년 남송에 조공을 바치고 책봉을 요청했습니다. 그런데 남송에서는 7년 후인 1236년에야 타이똥을 국왕으로 책봉합니다. 남송 황실이 타이똥의 책봉을 미루며 쩐 왕조를 압박하려다가, 1235년 몽골의 침입이 시작되자 쩐 왕조와 우호 관계를 맺기 위해 급히 책봉한 것으로 보입니다.

몽골이 강해지자 쩐 왕조도 남송과 화친이 더욱 절실해졌습니다. 팽창하는 몽골을 막기 위해서는 베트남과 몽골 사이의 남송을 완충 지대로 삼아야 했기 때문입니다. 이해관계가 일치한 쩐 왕조와 남송은 몽골의 침입을 대비해 공동 전선을 구축했습니다.

몽골로서도 쩐 왕조는 반드시 부딪쳐야 할 상대였습니다. 쩐 왕조는 남송을 공략하는 데 변수로 작용할 수 있으며, 동남아시아 방면으로 진출하기 위한 교두보였기 때문입니다. 이에 몽골은 1257년 쩐 왕조에 사신을 보내 항복을 요구했으나 쩐 왕조가 불응하자 침공합니다. 이후 몽골은 1285년에 2차, 1288년에 3차 침입을 감행합니다. 완충 역할을 해 주던 남송이 1279년에 이미 멸망했기 때문에 쩐 왕조는 몽골의 공격을 정면으로 받아 내야 했습니다. 이때 몽골군을 격퇴해 베트남의 국민 영웅으로 부상한 인물이 바로 쩐흥다오입니다.

쩐 왕조의 구국 영웅 쩐흥다오

베트남 호찌민시에 있는 쩐흥다오 동상. 하노이시와 호찌민시에는 쩐흥다오의 이름을 딴 거리가 있다. 베트남 주요 도시에 그의 이름을 딴 거리가 조성되어 있다는 것만으로도 쩐흥다오의 위상을 짐작할 수 있다.

쩐흥다오는 쩐 왕조의 왕족으로서, 몽골의 2차, 3차 침입 시기에 큰 공을 세운 인물입니다. 몽골의 2차 침입 때 쩐 왕조의 황제 년똥(인종)은 쩐흥다오를 총사령관으로 임명했습니다. 쩐흥다오가 이끄는 군대가 몽골군에 맞섰으나, 전력 차이를 극복하지 못하고 수도 탕롱(지금의 하노이시)을 빼앗기고 맙니다. 상황이 악화되자 황제는 쩐흥다오에게 몽골에 항복하는 게 어떨지 물었습니다. 그러나 쩐흥다오는 끝까지 싸우겠다는 굳은 의지를 보이고, 〈격장사〉라는 글을 지어 왕조의 위급을 알리며 장수와 병사들의 용기를 북돋웠습니다. 쩐흥다오는 다시 탕롱을 탈환했고, 우기를 맞아 진흙탕에 빠진 몽골군을 물리칠 수 있었습니다.

절치부심하던 몽골군은 1287년에 3차 침입을 감행합니다. 쩐흥다오는 군대를 탕롱에서 아예 철수시켜 몽골군을 입성시킨 후, 보급 선단을 격파해 몽골군을 퇴각시킵니다. 그리고 퇴각하는 몽골 수군을 박당강에서 공격합니다. 이때 쩐흥다오는 강에 말뚝을 박아 두었다가 조수 간만의 차를 이용해 몽골 수군을 고립시킨 후 격멸했다고 합니다.

몽골의 3차 침입까지 격퇴한 쩐 왕조는, 곧 몽골에 조공하고 전쟁 포로를 송환하는 등 평화 분위기를 만들기 위해 노력합니다. 이후 전쟁을 주도한 쿠빌라이 카안이 사망하자 몽골은 쩐 왕조를 더는 공격하지 않았습니다.

몽골이 베트남 공격을 중단한 것은 몽골 내의 권력 분쟁과 정복지 곳곳에서 벌어진 몽골에 대한 저항 등 여러 요소가 복합적으로 작용한 결과이기도 했습니다. 그러나 쩐 왕조의 저항과 쩐흥다오의 활약이 몽골의 베트남 공격 중단에 결정적 영향을 미쳤음은 부정할 수 없습니다.

배중손과 쩐흥다오를 둘러싼 역사적 평가

배중손과 쩐흥다오는 13세기 세계 초강국이었던 몽골의 침입에 결사 항전한 무장입니다. 그러나 전쟁이 끝난 후 두 사람에 대한 평가는 극명하게 나뉘었습니다.

배중손은 왕명을 거부하고 몽골에 맞섰기 때문에 역적이 되었습니다. 배중손을 역적으로 보는 관점은 조선 시대에도 이어졌습니다. 조선 초기

1972년 발행한 교과서. 제목에서 드러나듯 민족의 국난 극복사를 담았다. 박정희 정권은 시련 극복의 역사를 통해 민족 감정을 고양하고 국가주의, 권위주의 체제 합리화에 활용하고자 했다.

에 편찬된 《고려사》의 〈반역 열전〉에 배중손이 실려 있다는 점이 이를 단적으로 보여 줍니다.

반면 쩐흥다오는 전쟁에서 공로를 인정받아 생전에 이미 왕으로 봉해졌으며, 사후에는 '인무흥도대왕仁武興道大王'이라는 영예로운 시호를 받았습니다. 지금도 쩐흥다오는 베트남의 위대한 전쟁 영웅으로 추앙받고 있습니다.

조선 시대까지 역적으로 인식되었던 배중손에 대한 평가는 현대 한국에서 극적으로 바뀝니다. 광복 이후 민족주의 역사가들에 의해 영웅으로 복권된 것입니다. 이승만 정부 시기인 1950~1960년대에 집필된 역사 교과서는 "군인 정신과 민족적 자주정신", "고려의 무인 정신"이라는 말로 삼별초를 수식하고 있습니다. 배중손이 이끄는 삼별초에 대한 긍정적 인식을 확인할 수 있습니다.

박정희 정부 때는 삼별초에 대한 긍정적 해석이 더욱 힘을 얻습니다. 조국 근대화와 반공을 국시로 내걸었던 박정희 정부는 이를 실현하기 위해 '민족적 자부심과 자주정신 고양'을 목표로 내걸었습니다. 한국사 교육 과정과 교과서도 이러한 정책 목표에서 벗어나지 못했습니다. 삼별초에 대한 민족주의적 연구 성과들은 정부 정책과 맞물려 역사 교과서의 삼별초 서술의 근간이 되었습니다. 삼별초의 '난'은 '항쟁'으로 재평가되었고, 그들의 항쟁은 '고려인의 독립 자존의 정신과 꺾이지 않는 기개'를 보여 주는 상징이 되었습니다. 박정희 정부 시기 삼별초 항쟁 전적지를 사적으로 지정하고 보수 사업을 벌인 것도 같은 맥락에서 전개된 일입니다.

독재 정권이 몰락한 1990년대 이후에는 삼별초의 항쟁을 '기득권 유지를 위한 사적인 전투'로, '무인 집권기 하층민 항쟁의 연장'으로 보는 등 새로운 관점이 제시되었습니다. 지금까지도 배중손과 삼별초에 관해서는 다양한 해석이 이루어지고 있습니다.

배중손과 쩐흥다오, 두 무장은 몽골에 맞서 죽음을 무릅쓰고 항전했다는 공통점이 있으나, 항전의 최후와 사후 평가는 극명히 달랐습니다. 두 인물은 역사적 사건과 인물에 대한 평가가 시대와 지역, 그리고 정치 상황에 따라 완전히 달라질 수 있다는 것을 보여 줍니다. 현재 우리의 기억 속에 배중손과 쩐흥다오는 어떤 인물로 기억되고 있나요? 또 앞으로 그들의 기억은 어떤 모습으로 남게 될까요?

더 생각해 볼까요?

- 몽골과 전쟁이 끝난 후 배중손과 쩐흥다오에 대한 평가가 극명하게 갈린 까닭은 무엇일까요?
- 배중손과 삼별초의 항전을 어떻게 기억하고 있었나요?
- 역사적 인물이나 사건을 둘러싼 정치적 논쟁이 벌어진 최근의 사례를 탐색해 볼까요?

현장

불법을 찾아 여행을 떠난 스님들

엔닌

-19-

현장

| 玄奘, 602~664 |

- 602년 당나라 허난성 뤄양 출생
- 629년 서역으로 출발
- 645년 장안성으로 돌아옴
- 646년 《대당서역기》 완성
- 664년 장안성 대자은사에서 사망

엔닌

| 圓仁, 794~864 |

- 794년 일본 시모쓰케노쿠니 출생
- 808년 출가해 천태종 공부
- 838년 견당사와 함께 중국 유학
- 847년 귀국해 전등대법사에 임명됨, 《입당구법순례행기》를 펴냄
- 864년 교토 엔랴쿠지에서 사망

불교는 오래전부터 동아시아에서 큰 영향력을 가진 종교입니다. 인도에서 성립한 불교는 기원을 전후해 중앙아시아를 거쳐 중국에 들어왔고 4세기에 한반도로, 6세기에 일본으로 전파되었습니다. 각국의 왕실은 불교를 통해 왕권을 뒷받침하려는 생각에서 왕실을 위한 큰 절을 짓고 승려에게 관직을 주며 불교 연구에 지원을 아끼지 않았습니다. 승려는 불경뿐 아니라 유학을 비롯한 다양한 분야를 공부한 최고의 지식인으로 사회에서 존경받았습니다. 승려들은 불법을 공부하기 위해 이름난 스승을 찾아다니고, 일부는 먼 외국까지 갔습니다. 당나라의 현장과 일본의 엔닌도 불법을 구하러 먼 길을 떠났습니다. 두 승려의 여행길에서 어떤 일들이 있었는지 지금부터 살펴볼까요?

동아시아에 불교가 자리잡다

처음 불교가 중국에 전해졌을 때 중국은 유가와 도가 사상이 지배적이었습니다. 유가와 도가는 죽은 뒤의 세상보다 현재의 삶을 주로 다루었기 때문에 당시 중국인들은 현세와 사후 세계를 연결해서 설명하는 '윤회'나 '업' 같은 불교의 개념을 이해하지 못했습니다.

그래서 서역의 승려들은 유가나 도가의 개념 중 비슷한 것을 빌려서 설명할 수밖에 없었습니다. 한문에 익숙하지 않은 승려들이 산스크리트어* 불경을 한문으로 번역하다가 오류가 생기기도 했습니다.

불경이 제대로 번역된 것은 5세기 초입니다. 서역 출신의 승려 쿠마라지바(구마라습)는 불심이 깊은 후진後秦** 왕실의 요청으로 30여 종의 불경을 한문으로 번역했습니다. 쿠마라지바는 상좌부 불교와 대승 불교***를 모두 통달한 고승으로 이름이 높았고, 산스크리트어와 중국어에도 능통했습니다.

쿠마라지바는 기존 번역본을 산스크리트어 원문과 대조하며 잘못을 바로잡고, 주석을 달아 의미를 설명했습니다. 이후 불교가 중국에서 한반도, 일본, 베트남 등 동아시아 각국으로 확산되면서 쿠마라지바의 불경도 같이 전해지게 되었습니다.

● 인도 북부에서 쓰이던 인도의 고전 언어로, 대승 불교 경전은 산스크리트어로 기록되었다.

●● 5호 16국 중 하나로 수도는 장안에 있었다.

●●● 상좌부 불교는 개인의 해탈을 중시한 반면, 대승 불교는 더 많은 중생 구제를 이상으로 삼는다.

불법을 얻기 위해 먼 길을 떠나다

중국 불교계에서는 쿠마라지바의 새로운 번역본을 보고 여러 경전을 비교하며 해석해 체계화하는 연구가 이루어졌습니다. 어떤 경전과 경전 해석을 더 중요하게 여기는가의 문제는 읽는 사람의 생각에 따라 달라질 수 있으므로 비슷한 생각을 가진 승려들끼리 자연스럽게 모이며 종파를 형성하게 되었습니다. 또한 불교를 더욱 깊게 공부하려고 서역과 인도로 가는 승려들도 나타났습니다.

현장은 허난성 뤄양의 불교를 믿는 관료 집안에서 태어나 어릴 때부터 불교와 유학을 모두 배웠습니다. 십 대에 출가해 불경을 꼼꼼하게 공부하면서 아직 중국에 들어오지 않은 불경이 많음을 안타깝게 여겼습니다. 현장은 모든 경전과 이론에 통달했다는 인도의 고승 계현 법사[*] 이야기를 듣고 불교의 본고장인 인도에 가서 직접 가르침을 받기로 결심했습니다. 현장이 출국을 요청했으나

• 날란다 사원에서 최고 존칭을 받은 인도 승려 실라바드라의 한자 표기 이름이다.

돌궐과 전쟁을 앞둔 당나라 정부는 통행을 허락하지 않았습니다. 현장은 포기하지 않고 몰래 길을 떠났습니다. 국경을 넘다가 붙잡히면 처벌받는다는 사실도 그의 결심을 꺾지 못했습니다.

불법을 공부하기 위해 먼 길을 떠난 승려는 일본에도 여럿 있었습니다. 그중에서 엔닌은 중국에서 들어온 천태종을 일본에 토착화시키는 데 기여했습니다. 엔닌도 어릴 때부터 유학과 불교를 모두 배웠지만 불교에 더 관심을 갖고 열다섯 살이 되던 해 천태종의 총본산인 히에이산 엔랴쿠지[**]에 가서 사이초의 제자가 되었습니다.

•• 히에이산은 교토 북동쪽에 있으며 8세기 후반 승려 사이초가 엔랴쿠지라는 절을 세웠다.

사이초는 중국에서 천태종의 이론을 배우고 돌아와 일본 천태종을 처음 연 승려입니다.

스승 사이초가 세상을 떠난 후, 엔닌을 비롯한 천태종 승려들은 공부와 수행을 하면서 생기는 의문점들을 해결할 수가 없었습니다. 그들은 천태종의 본거지인 중국에 가서 직접 고승들의 가르침을 받으며 해답을 얻고 싶었습니다. 마흔네 살이 되던 해, 드디어 엔닌은 견당사와 함께 단기 유학승으로 당나라에 다녀올 수 있는 기회를 얻었습니다. 그는 천태종에 관한 일본 승려들의 서른 가지 질문과 지쿠젠*의 태수가 청해진 대사 장보고에게 보내는 소개장을 가지고 일본을 떠났습니다.

● 규슈 서북쪽에 있는 도시로, 당시 대외 교섭의 창구였다.

《대당서역기》와 《입당구법순례행기》에 기록된 순례길

현장과 엔닌은 모두 자신의 구법 여행에 관한 자세한 기록을 남겼습니다. 현장의 《대당서역기》에는 그가 지나간 110여 개의 나라(도시 국가)와 2만여 킬로미터의 구법 여행이 자세히 기록되어 있습니다. 7세기 전반 중앙아시아나 인도에 관한 역사 기록이 별로 없기 때문에 《대당서역기》는 그 지역 연구에 매우 중요한 자료입니다. 이 책에 실린 내용들은 고고학적인 발굴로 사실임이 증명되었습니다. 중국의 비단 직조법이 어떻게 서역에 전해졌는지를 설명하는 《대당서역기》의 기록은 호탄에서 발견한 그림과 놀랍도록 일치합니다.

<잠종서점전설도>. 20세기 초 영국의 탐험가 스타인이 호탄의 한 사원 터에서 발견했다. 그중 한 부분으로 호탄 사람이 뽕과 누에 종자를 숨긴 신부의 왕관을 가리키는 장면이다.

"우전국(호탄) 사람들은 뽕과 누에를 원했으나 구할 수 없었다. 우전국 왕은 중국에 혼인을 청하고 신부에게 뽕과 누에를 가져와 스스로 비단옷을 만들어 입으라고 했다. 그 말을 들은 신부는 남몰래 뽕과 누에 종자를 구해 자신의 왕관에 숨겨 우전국에 가져왔다."

천신만고 끝에 인도에 도착한 현장은 석가모니의 유적지를 두루 순례했습니다. 당나라에서 온 고승이라고 환영받기도 했지만, 길에서 도적 떼를 만나 생명의 위협을 겪기도 했습니다.

현장은 당나라를 떠난 지 3년 만에 드디어 날란다 사원에서 계현 법사를 만났습니다. 인도의 날란다 사원은 당시 불교학의 중심지로 아시아 전역에서 모여든 1만여 명의 승려가 날마다 100여 개씩 열리는 강의를 자유롭게 듣고 토론하는 곳이었습니다. 인도 왕실에서 사원의 모든 운영비를 지원해 주었기 때문에 유학승들은 공부에만 몰두할 수 있었습니다. 당시 계현 법사는 백 살이 넘는 나이였지만 현장에게 몇 달 동안 강의를 해 주었습니다.

현장은 날란다 사원에서 5년간 공부한 뒤, 다시 길을 떠나 많은 승려와 토론하면서 불교를 넓고 깊게 공부했습니다. 그리고 당나라를 떠난 지 17년 만에 귀국길에 올랐습니다.

엔닌도 일본을 떠나 10년 만에 귀국할 때까지 겪은 일을 일기체로 꼼꼼하게 기록해 《입당구법순례행기》라는 책을 남겼습니다. 이 책에는 엔닌의 구법 순례 과정과 함께 당나라와 일본 간의 무역을 주도하는 신라 상인들의 활동 모습, 당나라 적산에 법화원을 세운 장보고에 관한 기록, 신라인들의 불교 의례 기록 등 당시 산둥반도 일대의 신라인 사회를 보여 주는 귀중한 기록이 담겨 있습니다.

엔닌 일행은 당나라에 도착한 직후 배가 부서지는 어려움을 겪었습니다. 견당사가 업무 수행을 위해 장안성에 다녀오는 동안 엔닌은 양주에 머무르며 산스크리트어를 배우고 불법을 공부했습니다. 그는 천태산과 오대산[*]의 순례 허가를 신청했으나 당나라 관리로부터 거절당해 크게 실망했습니다. 하는 수 없이 귀국선을 탔지만 날씨 때문에 몇 차례나 표착하게 되자 엔닌은 당나라에 남기로 마음먹고 견당사 일행과 헤어졌습니다. 어떻게든 불법을 공부하고 순례를 하겠다는 결심이었습니다.

엔닌이 머문 곳은 산둥반도의 적산촌인데 그곳은 신라인들이 사는 마을이었고, 장보고가 세운 법화원이라는 절도 있었습니다. 엔닌은 법화원에서 겨울을 보내고 신라인들의 도움으로 통행증을 발급받아 오대산으로

* 문수보살이 머무는 곳으로 알려져 있어 중앙아시아와 인도의 승려들이 순례했던 성지이다.

순례 여행을 떠날 수 있었습니다. 엔닌은 법화원의 승려들과 신라인들에 대한 고마움을 장보고에게 보내는 편지에 남겼습니다.

전라남도 완도군에 위치한 청해진 유적지 장군섬. 장보고는 이곳에 청해진의 본진을 설치하고 해상권을 장악한 뒤 신라, 일본, 당나라를 왕래하며 청해진을 삼국 중계 무역의 요충지로 만들었다.

지금까지 삼가 만나 뵈옵지는 못했습니다만 오랫동안 높으신 인덕을 들어 왔기에 흠모의 정은 더해만 갑니다. 봄은 한창인데 대사님께 만복이 있기를 빕니다. 이 엔닌은 오랜 소원을 이루기 위해 당에 머물고 있습니다. 미천한 몸이 다행스럽게도 대사님이 발원하신 적산 법화원에 머물고 있습니다. (⋯) 제가 고향을 떠날 때 지쿠젠 태수의 편지를 부탁받아 대사께 전해 올리려 했으나 배가 얕은 바다에 가라앉아 부탁받은 편지도 물결에 흘러가 버렸습니다. 언제 만나 뵐지 기약할 수 없지만 대사를 경모하는 마음은 더해 갈 뿐입니다. 삼가 글을 올려 안부를 여쭙니다.

청해진 장보고 대사님께, 일본국 구법승 엔닌 올림

엔닌은 제자들과 오대산 곳곳의 절을 찾아 유명한 승려들의 불경 강의를 들으며 두 달 동안 순례를 했습니다. 그리고 당나라 수도 장안성의 자은사라는 절에서 불법을 공부하고, 필요한 불경을 베껴 쓰고 불화를 주문하며 3년 동안 머물렀습니다.

이 무렵 당나라의 황제 무종은 도교를 신봉해 절의 재산을 빼앗고 불상을 부수며 승려들을 환속시키는 등 불교를 탄압했습니다. 엔닌도 추방 명령을 받아 장안을 떠나게 되었습니다. 그는 귀국길에도 적산의 신라방에 들러 신라인들의 도움을 받았습니다. 엔닌은 신라 상인의 배를 타고 무사히 일본으로 돌아왔습니다. 일본을 떠난 지 10년 만이었습니다.

불교 발전에 기여하다

현장과 엔닌 두 승려는 서로 다른 시기에, 다른 나라에서 살았습니다. 그러나 두 사람에게는 공통점이 있습니다. 진리를 찾기 위해 온갖 어려움을 무릅썼다는 것이지요. 그들은 부처님의 뜻을 깨달았고, 자기 나라 불교의 수준을 높이는 데 기여했습니다.

현장은 귀국하면서 조정에 서신을 보냈습니다. 그가 비록 국법을 어기고 국경을 넘기는 했으나, 당나라 태종은 현장을 매우 반기며 환영했습니다. 그리고 서역에 다녀온 경험을 글로 남기도록 했습니다. 현장이 17년 동안 보고 들은 서역의 정보는 당나라 조정에도 매우 요긴할 테니까요. 위에서 살펴본 《대당서역기》가 바로 그 책입니다.

몇 년 후 태종은 장안성 안에 대자은사를 짓고 현장을 주지승으로 삼았습니다. 그 절의 이름을 따서 현장의 전기를 《대당대자은사삼장법사전》이라 합니다. 삼장 법사란 경장, 율장, 논장 등 세 가지 경전 즉, 모든 불경에 통달한 승려에게 붙이는 존칭입니다. 이 책에는 공적인 기록에는 남기기 어려

• 경장(經藏)은 석가모니의 설법을 받아 적은 글, 율장(律藏)은 불교의 규칙과 의례에 관한 글, 논장(論藏)은 석가모니의 설법을 제자들이 해설한 글이다.

웠던 개인적인 경험담이 많이 남아 있습니다. 당시 중국 사람들은 현장의 여행 이야기를 흥미롭게 읽었고 단편적인 경험담들은 연극 대본이나 단편 소설로 각색했는데, 이를 엮은 것이 유명한 《서유기》입니다. 또한 태종은 대안탑을 세워 현장이 가져온 불경과 불상, 부처의 사리를 보관했는데, 이 탑은 지금도 남아 있습니다.

현장은 세상을 떠날 때까지 20년 가까이 자신이 가져온 불경의 번역에 몰두했습니다. 대승 불교뿐 아니라 상좌부 불교의 경전도 한문으로 번역했고,《노자》나《대승기신론》같은 중국 경전을 산스크리트어로 번역하기도 했습니다. 또한 기존의 잘못된 번역을 바로잡으며 오늘날까지 통용되는 불경 번역의 원칙을 세웠습니다.

중국 불교는 현장의 새로운 번역을 바탕으로 깊이 있는 연구가 이루어져 불교의 주요 종파(천태종, 화엄종, 정토종, 선종)가 대부분 이 시기에 정립되었습니다. 이 불경과 불교 종파는 승려들의 교류와 함께 한반도와 일본에도 전해져 동아시아 불교 사상의 발전을 가져왔습니다.

엔닌은 일본에 돌아가 덴노에게 보살계*를 내리며 최고위 승직인 전등대법사에 임명되었습니다. 그는 일흔두 살에 세상을 떠날 때까지 엔랴쿠지에서 지내며 밀교, 선불교 등 다른 종파의 이론을 융합시킨 일본 천태종의 교리를 정립했습니다. 엔닌이 살았던 헤이안 시대**의 일본 불교는 특정 종파만 고집하지 않고 다른 종파의 수행 방법이나 경전 해석도 거부감 없이 잘 받아들였습니다. 더 나아가 인도의 부처가 중생을 구제하기 위해 모습을 바꿔 일본의 신이 되었다고도 하는데 이런 교리를 신불습합神

* 대승 불교 수행자가 지키는 계율이다.

** 794년~1185년. 가나 문자의 등장, 신불습합처럼 여러 방면에서 일본만의 특징이 드러나기 시작했다.

일본 교토시 슈가쿠인에 있는 적산선원 본전. 엔닌이 당나라에서 유학할 때 적산 법화원에서 신라인들의 도움을 받은 것에 대한 감사의 뜻을 담아 세웠다.

佛計合 이라 합니다.

한편 엔닌은 적산 법화원에 머물 때 무사히 귀국할 수 있도록 적산의 산신에게 기도한 일이 있었습니다. 엔닌이 세상을 떠난 후 그의 제자들은 히에이산에 적산선원을 세우고 적산명신을 모셨습니다. 적산명신은 엔닌이 적산 법화원에서 신라인들의 도움을 받은 데 대한 감사의 뜻을 신격화한 존재입니다. 일본인들은 체계적인 교리나 경전이 없어도 자신에게 영향을 미치는 영적인 존재를 신으로 모시는 전통이 있는데, 엔닌도 이러한 일본의 전통에 따라 적산의 산신을 자신의 수호신으로 삼았을 것입니다.

더 생각해 볼까요?

- 현장과 엔닌이 목숨을 걸고 여행길에 나설 수 있었던 동력은 무엇일까요?
- 국립 중앙 박물관에 있는 경천사 십층 석탑과 탑골 공원에 있는 원각사 십층 석탑의 기단부에는 모두《서유기》의 한 장면이 새겨져 있습니다. 두 탑은 또 어떤 공통점이 있을까요?
- 당시의 불교는 왕권 강화에 기여하고 왕실을 뒷받침해 줌으로써 세력을 키웠습니다. 종교와 국가 권력 간의 바람직한 관계는 어떤 모습일까요?

신라의 구법승, 혜초

현장과 엔닌처럼 구법 여행을 한 승려 중에는 신라 출신의 혜초도 있습니다. 혜초는 723년부터 5년 동안 인도와 중앙아시아 지역을 여행하고 《왕오천축국전》이라는 책을 남겼습니다. 제목만 알려져 있던 《왕오천축국전》은 실크로드에 있는 둔황의 막고굴에서 수만 점의 문서와 함께 섞여 있다가, 1908년 프랑스 학자가 발견하면서 세상에 알려졌습니다. 두루마리로 된 《왕오천축국전》은 발견 당시 이미 앞부분 절반쯤은 사라졌고 뒷부분도 온전한 상태는 아니었습니다.

혜초의 《왕오천축국전》은 말 그대로 '다섯 개의 천축국(인도를 동서남북과 중앙의 다섯 개 지역으로 나눈 것)을 다녀와서 쓴 글'입니다. 대부분의 구법승처럼 혜초도 광둥에서 배를 타고 출발했습니다. 그는 갠지스강 유역에 흩어져 있는 석가모니의 8대 성지(탄생, 깨달음, 최초의 설법, 열반 등 석가모니의 일생에서 중요한 일이 있었던 여덟 곳)를 순례하고 도시 국가 곳곳을 두루 여행했습니다. 《왕오천축국전》에 중앙아시아와 이란 지역의 여러 도시 국가에 관한 기록이 담긴 것을 보면 중국으로 돌아갈 때는 서역을 거쳐 가는 육로를 선택한 것으로 짐작됩니다. 혜초는 가는 곳마다 그 지역의 정치 상황과 생활 풍습, 언어 등을 기록했는데 이는 8세기 초반 인도와 중앙아시아에 관한 유일한 기록으로 매우 소중한 자료입니다.

혜초는 신라인으로 십 대에 당나라로 건너가 인도 출신의 승려 바즈라보디(금강지)에게 밀교를 배웠습니다. 혜초가 구법 여행을 떠난 것도 스승 바즈라보디의 권유 때문이었는데 다시 장안으로 돌아온 후에도 스승과 함께 밀교를 연구하고 경전을 번역했습니다. 혜초는 다시 신라에 돌아오지 않고 780년경 중국의 오대산에서 세상을 떠난 것으로 알려져 있습니다. 생의 대부분을 당나라에서 살았던 혜초는 중국 밀교의 계보에서 중요한 인물로 꼽힙니다. 당시 승려들은 출신 국가를 따지지 않고 서로 배우고 가르치며 함께 진리를 깨닫고자 노력했습니다. 현장, 엔닌, 혜초뿐 아니라 인도와 서역 출신으로 머나먼 중국에 와서 불법을 연구했던 승려, 이들이야말로 진정한 의미의 세계시민이 아닐까요?

선덕여왕

고대 동아시아의 여성 군주들

무측천

⑳

선덕 여왕

| 善德女王, ? ~647 |

- 632년 신라 27대 왕으로 즉위
- 635년 당나라로부터 신라 왕으로 봉해짐
- 642년 대야성 함락, 고구려에 동맹 요청 거절당함
- 645년 황룡사 구층 목탑 건축
- 647년 상대등 비담 반란, 질병으로 사망

무측천

| 武則天, 624년~705 |

- 636년 당나라 태종의 후궁으로 입궁
- 655년 당나라 고종의 황후가 됨
- 683년 고종 사망, 셋째 아들 이현(李顯)을 중종으로 즉위시켰으나 이듬해 폐위하고 넷째 아들 이단(李旦)을 예종으로 즉위시킴
- 690년 국호를 주(周)로 고치고 황제 즉위
- 705년 국호가 다시 당으로 바뀌고 중종이 황제로 복위, 질병으로 사망

남성 중심의 고대 사회에서 여왕 또는 여황제의 집권은 매우 드문 일이었습니다. 무엇보다 왕이나 황제를 보좌하는 신하들이 모두 남성이었기 때문에 이들이 여왕이나 여황제를 받아들일 가능성은 매우 희박했을 것입니다. 이러한 사회 구조 속에서도 신라에는 선덕 여왕이, 당나라에는 무측천이라는 여황제가 있었습니다. 이들은 어떻게 최고의 자리에 올랐으며 자신의 권력을 유지할 수 있었을까요? 또한 이 두 여성 군주에 대한 평가는 어떠했으며, 그 평가는 적절했을까요? 지금부터 살펴보겠습니다.

격동하는 6세기~7세기 동아시아의 정세

오랫동안 분열되었던 중국은 581년 수나라에 의해 통일되고, 618년에는 당나라가 수나라를 이어받았습니다. 수나라와 당나라는 자기 나라를 중심으로 동아시아 질서를 만들고자 했습니다. 고구려는 수나라와 당나라의 요구를 순순히 받아들이지 않았습니다. 중국의 침입에 대비해 고구려는 북쪽의 돌궐, 남쪽의 백제 및 왜와 외교 관계를 맺으려 했습니다.

한반도에서는 6세기 중엽 신라가 백제와 동맹을 깨고 한강 유역 전체를 차지합니다. 그러자 고구려와 백제는 한강 유역을 되찾기 위해 함께 신라를 공격합니다. 고구려는 수·당과 맞서느라 남쪽의 신라에는 전적으로 신경 쓰지 못했지만, 백제는 7세기 무왕 대부터 적극적으로 신라를 공략했습니다. 이러한 상황에서 즉위한 신라의 선덕 여왕(재위 632년~647년)은 당나라와 외교를 통해 백제와 고구려의 압박에서 벗어나고자 했습니다. 6세기 말과 7세기 동아시아 정세는 남북 대 동서 진영으로 대치하고 있었으며, 고구려와 수·당의 전쟁 및 삼국 통일 전쟁이 일어났습니다.

급변하는 동아시아 정세에서 나라의 생존과 발전을 위해서는 주변 국가들과 대외 관계를 잘 이끌어 갈 지도자가 필요했습니다. 그러나 고구려에서 일어난 연개소문의 정변이나 643년 백제 왕자 부여풍과 고위 관리들이 집단으로 왜국으로 건너간 상황처럼, 외교 정책 및 내정을 둘러싸고 권력층 내부에서 갈등이 발생할 가능성도 매우 컸습니다. 이러한 시기에 신라와 당나라에서는 최고 지배자로 여성이 등장했습니다.

최고 권력자로의 즉위 과정

신라 제27대 왕인 선덕 여왕은 진평왕의 장녀로 태어났습니다. 이름은 덕만으로 성격이 너그럽고 인자하며 일에 대한 판단력이 뛰어났다고 합니다. 세 가지 신비로운 일을 예측했다는 이야기 '지기삼사'를 통해 선덕 여왕에게는 예리한 통찰과 선견지명이 있었던 것으로 전해 내려옵니다.

지기삼사 知幾三事

- 당나라에서 모란꽃 그림과 꽃씨를 보내왔을 때, 이 꽃은 향기가 없을 것이라고 예견했는데 꽃씨를 심어 보니 꽃이 피었다가 떨어질 때까지 향기가 없었던 일.
- 겨울에 개구리가 모여 우는 것으로 백제군의 침입을 알아내고 물리친 일.
- 자신이 죽을 날을 예언해 장사 지낼 장소를 지정해 놓은 일.

선덕 여왕은 성골 출신의 남자가 없어서 왕이 되었다고 알려져 있지만 사실 진골과 성골의 구분은 선덕 여왕 이전까지는 없었습니다. 아버지 진평왕이 덕만을 왕으로 세우기 위해, 즉 왕으로서 정통성을 세우기 위해 성골과 진골을 나누었다고 볼 수 있습니다.

진평왕 53년, 고위 관리였던 칠숙과 석품은 덕만을 왕으로 세우려는 것에 반대해 반란을 일으켰습니다. 여성을 왕으로 세우려는 것에 대한 반대도 있었지만, 성골과 진골을 구분하고 차별하는 것에 대한 반발도 컸습니다. 칠숙과 석품의 반란은 진압되었지만 선덕 여왕은 재위 기간 내내 왕으로서 정통성 시비에 시달려야 했습니다.

무측천은 중국 역사상 유일한 여성 황제로 무후, 무측천, 측천후, 측천제, 측천 여제, 측천 여황 등 다양하게 불리지만 공식적으로는 '무측천'이라고 쓰는 것이 합당합니다. 무측천의 이름은 '조'이고 624년에 목재를 파는 상인이었다가 수나라 말부터 당나라 초에 출세해 당 태종 때 예부 상서까지 지낸 무사확의 둘째 딸로 태어났습니다. 뛰어난 미모로 열네 살에 당 태종(재위 626년~649년)의 후궁이 되었지만 총애를 받지 못했고 태종 사후에는 감업사라는 절에 머물렀습니다. 그러다 황제인 고종(재위 649년~683년)이 소 숙비를 총애하는 것을 시기한 황후가 무조를 다시 궁으로 불러들입니다. 황후의 도움과 고종의 총애를 받으면서 무조는 다시 후궁이 되어 4남 2녀의 자녀를 낳았습니다.

무측천은 황후가 태어난 지 얼마 되지 않은 자신의 딸을 죽였다고 모함해 쫓아내고 655년에는 고관 대신들의 반대에도 자신이 황후 자리에 오릅니다. 절에서 비구니로 살고 있던 무조를 궁으로 불러들여 후궁이 될 수 있도록 도와준 황후는 무측천의 야망 때문에 죄인으로 지내다 고통스럽게 죽었습니다.

당시 고종은 고질병이 심해 정사를 제대로 돌볼 수 없었습니다. 고종의 총애를 받던 무측천은 고종과 함께 '2인 천자天子'로 불렸습니다. 무측천은 자신을 반대하는 관리들은 무조건 제거했는데 자식도 예외가 아니었습니다. 당시 고종과 이전 황후에게서 태어난 아들인 황태자를 제거하고 자신의 큰아들 이홍을 세웠는데, 자신을 비판하자 독살시킵니다. 둘째 아들 이현李賢을 황태자로 세웠다가 5년 후에 또 살해합니다. 683년에 병치레가 잦았던 고종이 죽자, 무측천은 셋째 아들 이현李顯을 중종으로 즉위시키고 자신은 태후가 됩니다. 그러나 3개월 만에 중종도 폐위시키고 넷째 아들이단을 예종으로 즉위시키지만, 690년에는 예종도 폐위시키고 무측천 스스로 황제 자리에 올랐습니다.

인재 중용

선덕 여왕은 즉위 전부터 진골 귀족들의 반란을 겪었기 때문에 왕권을 안정시키기 위해 외교 방면에는 김춘추를, 군사 방면에는 김유신을 중용했습니다. 김춘추의 어머니는 진평왕의 딸인 천명 부인으로 선덕 여왕과는 이모와 조카 관계입니다. 김춘추의 할아버지는 진지왕으로, 즉위한 지 4년 만에 정치를 잘못해 왕위에서 쫓겨난 적이 있었습니다. 그래서 김춘추의 집안은 고위 진골 귀족들에게 홀대당했습니다. 김유신은 금관가야 왕실의 후손이지만 선덕 여왕으로부터 신뢰를 받았습니다. 백제가 수시로 신라를 괴롭힐 때마다 선덕 여왕이 "나라의 존망이 그대에게 달렸으니 수고로움을 꺼리지 말고 가서 처리하길 바란다"라고 말할 정도로 신뢰했습니다.

해마다 백제의 공격을 받던 신라는 다른 국가와 동맹을 맺어 위기를 벗어나려고 했습니다. 특히 선덕 여왕 11년, 백제의 공격으로 대야성 등 40여 성을 빼앗기고 난 후 바로 백제에 복수하기 위해 김춘추를 고구려에 보내 군사를 청했지만 거절당합니다. 다음 해에는 당나라에 김춘추를 사신으로 보내 도움을 청합니다. 신라는 진평왕 때부터 당과 교류를 시작했고 619년부터는 사절단을 파견해 조공하고 있었습니다. 당나라 태종은 신라는 여자가 임금이어서 이웃 나라들이 업신여긴다며 자신의 친족을 신라의 왕으로 세우면 군사를 보내겠다고 말하기도 했습니다. 당나라의 이러한 무례한 태도에도 선덕 여왕은 신라가 처한 어려움을 극복하기 위해 다음 해에도 당나라에 사신을 보냈습니다. 결국 당 태종은 고구려에 관리를 파견해 신라와의 전쟁을 멈추지 않으면 공격하겠다고 위협했습니다.

645년, 당나라가 고구려를 공격할 때 선덕 여왕도 군사 3만을 보내 고구려를 공격했습니다. 그러나 백제가 이 틈을 노려 신라의 성 일곱 곳을 빼앗자 신라는 급히 군대를 후퇴시켰습니다. 선덕 여왕의 고구려전 참전은 진골 귀족들로부터 거센 반발을 불러일으켰습니다. 선덕 여왕의 병이 위독해지자, 상대등 비담 등이 반란을 일으켰습니다. 그러나 반란은 선덕 여왕이 중용했던 김유신과 김춘추에 의해 진압되었고, 선덕 여왕의 뒤를 이어 진덕 여왕이 즉위했습니다.

당나라 초기에는 수도인 장안 부근에 근거지를 두고 서로 혼인 관계를 맺으며 고위 관직을 독점하는 관롱 집단이 정치를 장악하고 있었습니다. 이들은 무측천이 집안이 좋지 않다며 고종의 황후가 되는 것을 반대했습니다. 자기 가문에 콤플렉스가 있던 무측천은 자신의 가문인 무씨를 높이는 내용을 담은 《성씨록》을 편찬하기도 했습니다. 또한 자신의 지지 세력을 이용해 자신이 황후가 되는 데 반대했던 신하들을 좌천시키거나 죽음에 이르게 했습니다.

무측천의 가문 콤플렉스는 과거 출신자들을 더 우대하는 계기가 되었습니다. 그래서 당대 과거 제도는 관리 선발에서 주요한 위치를 차지하게 됩니다. 당시 과거 제도에는 유학 경전의 암송을 중시해 시험을 치는 명경과와 시와 문장을 작성하고 경전 등을 시험 보는 진사과가 있었습니다. 무측천이 명경과보다 진사과를 우대하자 과거 응시자들은 진사과로 몰렸습니다. 그 영향으로 당시 "명경을 서른 살에 급제하면 늙은 편이고, 진사를 쉰 살에 급제하면 빠른 편이다"는 말이 유행할 정도였습니다. 당 태종 즉위 기간에 205명의 진사를 배출한 것에 견주어 무측천이 정권을 장악한 50년여 동안에는 1,000명의 진사를 배출했습니다. 중국에 과거제가 정착하고 진사과의 비중이 높아진 것은 무측천의 업적 중 하나입니다.

불교 장려

선덕 여왕은 인재 등용과 함께 불교를 장려했습니다. 물론 동아시아 국가들 모두 불교를 수용할 때는 국가를 지키고자 하는 호국적인 성격이 강했으며, 불교를 통해 왕권을 강화하려는 의도가 있었습니다. 신라는 왕명을 불교식으로 사용하기도 했고, 심지어 불경에 나오는 이름이나 부처 집안의 이름을 그대로 사용하기도 했습니다. 선덕 여왕의 이름인 '덕만'은 불교 경전에서 석가모니의 죽음을 지켜본 인물입니다. 아버지 진평왕의 이름인 '백정'은 싯다르타(부처)의 아버지 이름이며, 어머니 이름인 '마야 부인'은 싯다르타의 어머니 이름과 같습니다.

선덕 여왕은 불교 진흥을 위해 분황사와 영묘사 등 사찰 스물다섯 곳을 지었습니다. 선덕 여왕과 불교의 관계에서 가장 중요한 사적은 황룡사 구층 목탑입니다. 이 탑은 "신라는 여왕이 주인이라 덕은 있되 위엄은 없으니 황룡사에 구층 목탑을 세우면 주위 아홉 나라가 항복하고 왕권이 안정되리라"는 자장 법사의 건의를 받아들여 만들었습니다. 목탑의 각 층은 일본, 중국, 오월 등 하나의 국가를 가리킵니다. 목탑에 불교의 힘으로

경주시 보문동에 있는 선덕 여왕릉. 선덕 여왕은 첨성대와 분황사, 황룡사 구층 목탑을 세웠으며 삼국 통일의 기초를 닦았다.

주변국들에 위세를 보여 침입을 막고, 백성을 보호하고 왕권이 강해지기를 바라는 마음을 담았던 것입니다.

무측천은 어렸을 때부터 출가하고 싶다고 했을 정도로 불교에 심취했습니다. 무측천은 미륵 신앙*을 이용해 황제 자리에 올랐습니다. 몇몇 승려들이 여인이 황제가 될 것인데 이를 거역하면 하늘이 징벌한다는 내용이 담긴 《대운경》과 《대운경소》를 만들어 바치자 무측천은 뤄양을 비롯한 전국 각지에 대운사를 짓고 《대운경》을 강설하게 합니다. 미륵이 여황제로 이 땅에 내려온다는 이야기가 민간에 널리 퍼졌고, 무측천도 자신을 미륵이라고 말했습니다. 뤄양

* 미래의 부처님인 미륵이 나타나 세상을 구원한다는 신앙이다. 현세의 어려움에서 벗어나고자 하는 사람들에게 인기가 높았다.

의 수많은 신하와 백성이 무측천에게 황제가 되어 달라는 청을 거듭 올렸습니다. 무측천은 690년 9월 9일에 황제로 즉위합니다. 나라 이름을 주周로 바꾸고 연호는 천수天授로 정했습니다.

당시 당나라 황실에서는 도교의 도사가 불교 승려보다도 항상 앞에 서는 등 불교보다 도교를 더 우대했습니다. 무측천이 황제로 즉위한 후에는 불교 승려가 항상 맨 앞자리에 서게 했습니다. 무측천은 재위 기간 동안 《화엄경》 60권 등 많은 불교 경전을 번역하도록 했습니다.

두 여성 군주에 대한 후대의 평가

김부식은 《삼국사기》의 〈선덕여왕조〉를 쓴 뒤에 "무측천은 어리고 나약한 임금을 만나 조정에서 천자처럼 행했다. (…) 사람으로 말하면 남자는 존귀하고 여자는 비천하다. 어찌 늙은 할멈이 안방에서 나와 나라의 정사를 처리할 수 있겠는가?"라는 평을 달았습니다. 그리고 나라가 망하지 않은 게 다행이라고 덧붙였습니다.

신라는 진흥왕 시기에 고구려군과 백제군을 물리치면서 영토를 많이 확장했지만, 진평왕 대에 고구려와 백제의 공격을 받으면서 여러 성을 빼앗겼습니다. 선덕 여왕 대에도 백제에 40여 성을 한꺼번에 빼앗겼고, 심지어 수도인 경주가 위험에 빠지기도 했습니다. 하지만 선덕 여왕이 당나라와 외교 관계를 맺으려 했던 노력은 진덕 여왕 대에 나당 동맹(648년)이라는 결실로 이어졌습니다. 나당 동맹 체결 후 신라가 삼국 통일을 완수하는 데에는 김춘추와 김유신의 공이 컸고, 이들을 중용한 사람이 선덕 여왕이

무측천의 무덤 앞에 세워진 비석. 무측천은 자신의 비석에 글자를 새기지 말라는 유언을 남겼다. 글자가 없다고 해서 무자비(無字碑)라고 한다.

었습니다. 더구나 나당 동맹이 체결되기까지 당의 무례한 태도에도 꾸준히 대당 외교를 지속시킨 군주의 역할도 컸다고 볼 수 있지요.

28년 동안 황후로, 6년 동안 태후로, 15년 동안 황제로 살다간 무측천은 여든한 살에 죽었습니다. 죽기 전에 자신을 황제가 아닌 '측천대성황후則天大聖皇后'라 부르라고 선포했습니다. 폐위되었던 중종이 무측천의 뒤를 이어 황제가 되면서 무측천이 세운 나라인 주는 다시 당이 되었습니다.

무측천에 대한 평가는 극과 극입니다. 성리학자들은 무측천을 "무자비한 관리를 등용해 황실과 고위 관리들을 죽인 일은 매우 끔찍했다"고 비난합니다. 심지어 무측천의 아홉 가지 죄상을 들면서 "고대로부터 지금까지 가장 흉악한 사람"이라고 평가하기도 합니다. 또한 무측천을 비난할 때 빠지지 않는 것이 음탕한 군주라는 점입니다. 대표적인 예가 장영지, 장창종 형제에게 화려한 옷을 입히고 화장을 시켜 시중들게 한 일입니다. 형제는 무측천에게 총애받으며 방자한 행위를 일삼았습니다.

한편 명대의 사상가 이지는 "무측천이 아끼고 사랑했던 사람은 모두 현인군자였다"라고 평가했습니다. 무측천 시대에는 여성의 지위도 높았습니다. 아버지 생전에 어머니상을 당해도 똑같이 삼년상을 치르게 했으며, 부녀자들에게도 승마와 활쏘기, 남장, 공차기 등을 허용했습니다. 황실 집안과 고위 관리들은 탄압받았지만, 무측천 시절에 일반 백성의 삶은 오히려 더 풍족하고 평안했다고 합니다. 무측천이 집권한 약 50년 동안은 인구도 증가하고 영토도 확장되었으며 농민 반란이 한 차례도 없었다는 것이 이를 증명합니다.

음탕했다는 평가도 다시 볼 필요가 있습니다. 중국의 황제는 궁궐에 1,000~2,000명 정도, 조선의 왕은 대략 300명 정도의 여성을 거느리고 있었습니다. 이 여성들은 황제나 왕을 섬기는 일만 했습니다. 이들에게 화려한 옷을 입히고 화장을 시켜 왕이나 황제를 시중들게 했다고 음탕하다고 평가하지 않는 것처럼, 무측천이 시종에게 화려한 옷을 입게 한 것도 음탕하다고 할 수는 없겠지요.

더 생각해 볼까요?

- 김부식은 왜 선덕 여왕과 무측천을 나쁘게 평가했을까요?
- 한 나라의 지도자로서 선덕 여왕과 무측천을 어떻게 평가할까요?
- 선덕 여왕이나 무측천처럼 여성이기 때문에 박하게 평가된 역사 인물을 찾아볼까요?

공자

동아시아 문무의 대표로 추앙받은 사람들

관우

21

공자

| 孔子, 기원전 551~기원전 479 |

- 기원전 551년 노나라 추읍 출생
- 기원전 537년 학문에 뜻을 둠
- 기원전 517년 제자들을 모아 가르침
- 기원전 497년 14간간 천하를 돌아다님
- 기원전 484년 귀국해 《시경》·《서경》·《예기》 정리, 3년 후 《춘추》 집필
- 기원전 479년 사망

관우

| 關羽, 160?~219 |

- 160년경 중국 산시성 하동군 해현 출생
- 184년 황건적의 난 발생
- 189년~190년 유비, 장비와 만남
- 200년 조조에게 포로로 잡힘
- 208년 적벽대전 참전
- 219년 오나라 여몽의 계략으로 전투에서 패배해 참수당함

공자는 유교의 창시자이자 시대를 초월한 스승, 성인이자 학문의 신으로 존경받고 있습니다. 현대 중국에서 한때 나라를 망치는 사상가로 철저히 배격당한 때도 있었지만, 지금은 다시 중국을 대표하는 인물로 평가받고 있습니다. 관우는 위·촉·오 삼국 중 가장 약소국인 촉의 장군으로 생을 마감했습니다. 그러나 죽어서는 '대제', '무신'으로 추앙받고 있습니다. 소설 《삼국지연의》에서 가장 인기 있는 인물이며, 이 인기를 증명하듯 중국과 동아시아 여러 나라에는 관우를 섬기는 사당 수십만 곳이 있습니다. 공자와 관우 두 사람은 중국을 넘어 한국과 일본, 베트남을 포함한 동남아시아 국가들에서 문文과 무武를 대표하는 신적인 존재로 추앙받습니다. 공자와 관우는 어떻게 해서 동아시아의 문무를 대표하게 되었을까요?

공자, 실패한 정치인 그러나 성공한 교육자

기원전 551년 공자는 춘추 시대 노나라 추읍(지금의 산둥성 취푸시 부근)에서 태어났습니다. 이름은 구, 자는 중니입니다. 조상이 송나라에서 이주해 왔다거나 노나라에서 대사구(지금의 법무부 장관)를 지냈다는 등의 경력은 공자를 떠받들기 위해 후대에 덧붙여진 것입니다. 공자 스스로 미천한 신분이라고 말했으며, 어린 나이에 아버지가 죽어 경제적으로 넉넉하지도 않았습니다.

공자가 활동했던 춘추 시대와 전국 시대는 제후국들이 패권 다툼에 열을 올리던 시기였습니다. 국가 간 전쟁뿐 아니라, 한 국가 안에서도 귀족들이 연합해 제후를 쓰러뜨리고 권력을 잡는 일이 잦았습니다. 권력자들은 자신의 나라를 부강하게 만들어 줄 인재와 정책을 널리 구했는데, 이에 부응해 다양한 사상과 학파, 즉 제자백가가 등장합니다. 이중 공자의 사상은 그의 제자들이 발전시켜 '유가'라는 학파를 이루게 됩니다.

공자의 궁극적인 목표는 서주 시대의 질서를 회복하는 것이었습니다. 공자는 서주의 질서를 알기 위해 젊었을 때부터 옛 문헌과 의례 및 제도를 수집하고 정리하는 데 열심이었습니다. 당시 정치적·사회적 혼란을 바로잡기 위해 공자가 제시한 방법은 '정명*'이었습니다. 정명은 사회 구성원 각자가 자신의 영역에서 직분과 이름에 맞게 행동해야 한다는 것입니다. 공자는 이러한 정명을 윗사람부터 솔선해야 한다고 주장했습니다. 공자가 주장하는 정치는 사회 구성원이 각자 자신의 역할에 충실하면서 자발적으로 공동체의 목적을 수행하도록 하는 것입니다.

• 정명(正名)은 이름에 부합하도록 실질을 바르게 한다는 뜻으로 "임금은 임금답고, 신하는 신하답고, 부모는 부모답고, 자식은 자식다워야 한다(君君臣臣父父子子)"는 말에서 나왔다.

공자의 핵심 사상은 인과 예입니다. 인은 사람다움, 즉 남을 사랑하며 배려하는 마음을 갖추는 것입니다. 예는 사람이 지켜야 할 사회적 제도와 규범을 말합니다. 공자는 자신을 수양하며 예를 실천하는 극기복례克己復禮*를 강조합니다. 극기, 즉 이기심을 극복하기 위해 공자는 배움을 강조합니다. 공자는 배움이야말로 자신의 힘으로 운명을 개척하거나 출세의 사다리로 올라갈 수 있는 길이라 보고 매우 중요하게 여겼습니다. 공자 스스로 자신을 '학문(배움)에 몰입해서 시간 가는 줄 알지 못하는 사람'이라고 소개할 정도였습니다. 이를 증명하듯 《논어》**의 첫 구절은 "배우고 때에 맞춰 몸에 익히면 기쁘지 않겠는가? 學而時習之不亦說乎"이며 '배움學'이라는 글자로 시작합니다.

* 자신을 극복해 예로 돌아가는 것을 이른다. 자신을 극복한다는 것은 이기적이고 악한 마음을 없애기 위해 자기를 수양하는 것이고, 예로 돌아가는 것은 궁극적으로 공동체의 목적을 수행하는 것이다.

** 유학 경전인 사서 중 하나로 공자가 죽은 뒤 제자들이 스승의 말과 행동을 기록한 어록이다.

공자의 업적 중 하나는 특정 신분에게만 제공되던 교육의 기회를 일반인에게도 허용했다는 점입니다. 공자 사후 2500년이 지난 지금도 공자가 동아시아 여러 나라에서 학문의 신으로 추앙받는 까닭이 여기에 있습니다. 공자는 배움(학문)의 궁극적인 목표를 국가와 사회를 이끌어 갈 인격의 완성체인 군자가 되는 것이라고 보았습니다. 군자는 자신을 수양해 다른 사람을 편안하게 한다고 말합니다. 바로 수기치인修己治人입니다. 공자에게 정치와 도덕은 긴밀하게 연관되어 있으며 정치가가 되기 위해서는 먼저 개인의 도덕 수양이 필요하고 수양은 배움을 통해 이루어진다고 보았습니다.

공자는 직접 정치에 참여해 서주 질서의 재현이라는 목표를 달성하려 했습니다. 그러나 공자는 정치인들이 흔히 하는 권모술수를 쓰지도 않았고 아첨할 줄도 몰랐습니다. 게다가 당시 출세의 지름길인 전쟁에도 관심이 없었기에 정계 진출은 쉽지 않았습니다. 노나라에서 자신의 정치적 이상을 실현할 기회가 생기지 않자, 공자는 다른 나라의 군주가 자신을 등용해 주기를 기대하며 여러 나라를 돌아다닙니다. 그러나 번번이 거절당하기 일쑤였으며, 심지어 다음과 같은 시련을 겪기도 합니다.

"공자가 정나라로 갔을 때 제자들과 떨어져 혼자 있게 되었습니다. 제자들이 스승을 찾던 중에 어떤 사람이 공자의 행색에 대해 "몹시 지친 것이 먹여 주고 돌봐 줄 주인을 잃은 상갓집 개와 같은 처지였다"고 묘사했습니다. 공자는 제자를 만난 뒤 이 이야기를 듣고서 자신의 신세에 딱 어울린다고 말했습니다."

이에 더해 공자는 죽을 고비도 몇 차례 겪었는데, 이런 모습을 보고 당시 은둔자들은 공자를 무모한 사람이라며 비난했습니다. 그렇지만 공자는 포기하지 않고 14년간 자신을 알아줄 군주를 찾아 돌아다녔습니다. 그러나 어느 나라에서도 등용되지 못하고 고국으로 돌아옵니다.

약육강식의 논리가 지배하던 당시 군주들은 자신의 권력과 나라를 강하게 만들어 줄 현실적인 인재를 필요로 했습니다. 그런 까닭에 인과 예를 강조하는 공자의 등용은 거의 불가능에 가까웠다고 할 수 있습니다. 이렇듯 공자는 자신의 정치적 야망을 실현시키지는 못했지만, 오히려 이것이 그에게 학문을 연구하고 제자들을 가르칠 여유를 가질 수 있도록 만들었습니다.

관우, 충·의·용과 자만

"키가 9척(약 216센티미터)이요, 수염 길이가 2척(약 48센티미터), 얼굴은 익은 대춧빛 같은데 입술은 연지를 바른 듯 빨갛고 봉황의 눈에 누에 같은 눈썹을 지니고 있었다. 당당하고 위엄 있는 모습이다."

소설 《삼국지연의》*에서 관우가 유비와 장비를 만나기 전의 모습을 묘사한 글입니다. 키나 수염 길이는 영웅처럼 묘사하기 위해 과장해서 표현했습니다. 동아시아 각지에 있는 관우상의 얼굴은 대부분 붉은색인데, 붉은 얼굴은 충절과 의리를 상징한다고 합니다. 또한 하루에 천 리를 간다는 적토마를 타고 무게가 82근(약 50킬로그램)이나 되는

• 이미 퍼져 있는 민간의 전설과 송, 원대의 이야기 대본을 편집한 《삼국지평화》를 바탕으로 명나라 사람 나관중이 잡극 등의 요소를 종합해 편찬한 역사 소설. 뛰어난 문학적 표현과 흥미진진한 창작이 관우를 '의(義)의 화신'으로 만들었으며 이런 이미지가 민중들에게 널리 퍼졌다.

청룡언월도를 자유자재로 휘두르는 관우도 볼 수 있습니다. 그러나 이는 소설에서 창작된 것으로 사실이 아닙니다. 중국인들의 완벽한 인격체에 관한 이미지가 소설 속 관우로 묘사된 것입니다.

관우는 후한 말인 160년경 하동군 해현(지금의 산시성 윈청시)에서 태어났습니다. 장성한 뒤 어떤 사건에 연루되어 고향을 등지고 탁군(지금의 베이징 근방)에 망명했다가 유비와 장비를 만납니다. 세 사람은 형제애가 깊었으며, 관우와 장비는 유비를 주군으로 섬깁니다. 정사 《삼국지》**에는 관우의 성격을 이렇게 묘사합니다.

•• 중국 서진 시대 진수가 지은 역사서로 후한 말부터 서진 초까지 역사를 다루고 있다. 모두 65권으로 위서 30권, 촉서 15권, 오서 20권으로 구성되어 있다.

"천 명을 상대할 정도로 무용이 뛰어나며, 한 시대를 풍미하는 강직하고 용맹한 신하였다. 안량을 참해 의를 이루었으니 국사(나라에서 떠받드는

선비)의 기풍이 있었다. 그러나 성격이 강해 자만이 너무 많아 파멸을 불러왔으니 당연한 도리이다."

관우의 비범함은 '괄골료독刮骨療毒'이라는 일화에서도 볼 수 있습니다. 관우가 어느 날 팔에 독화살을 맞았는데도 연회에 참석해 의사에게 팔의 뼈를 긁어내게 하는 치료를 받으면서도 태연하게 술을 마시며 이야기를 나눴다는 것입니다.

관제시죽 탁본. 산시성 시안 베이린 박물관에 있는 비석을 탁본한 것이다.

의로움과 관련해서는 다음 일화가 유명합니다. 관우가 조조의 포로로 잡혀 있을 때, 조조가 원정을 나간 틈에 원소군이 백마를 공격합니다. 급히 회군한 조조군의 선봉인 관우가 적진에 뛰어들어 적장 안량의 목을 베어 적을 격퇴시킵니다. 이 공으로 관우는 조조의 추천을 받아 한 왕실로부터 한수정후라는 작위를 받습니다. 이후 조조는 유비에게 돌아가려는 관우에게 자신 곁에 남으라고 권하지만 거절하고 관제시죽關帝詩竹을 남기며 유비에게 돌아갑니다. 이 그림은 댓잎으로 글자를 표현한 것도 신기하거니와 관우의 성정을 엿볼 수 있는 시의 내용으로도 유명합니다.

불사동군의 不謝東君意　동군의 호의에 감사하지 않으니
단청독립명 丹靑獨立名　선명한 빛깔로 홀로 이름을 세우리
막혐고엽담 莫嫌孤葉淡　외로운 잎 초라하다고 하지 말지니
종구부조령 終久不凋零　끝내 시들어 떨어지지 않으리

위 시에서 동군은 조조를, 외로운 잎은 관우를 나타냅니다. 대나무 잎의 푸름은 계절에 좌지우지되는 게 아니니 동군에게 감사할 필요가 없다는 것입니다. 또한 대나무는 화려한 꽃을 피우지는 않지만 그 잎은 푸르러 시들지 않습니다. 관우가 유비의 생사를 모른 채 잠시 조조에게 있을 때 조조는 관우를 잘 대우했습니다. 하지만 유비의 행방을 파악한 관우는 즉시 유비에게 돌아가지요. 조조로부터 받을 수 있는 부귀영화를 마다하고 유비에 대한 충성과 의리를 지킨 것입니다. 조조도 이런 관우를 '의인'이라 평가했습니다.

한편 관우가 충, 의, 용을 상징한다는 평가와 달리 자만해서 일을 그르쳤다는 평가도 있습니다. 손권 측의 명장인 육손은 관우를 평가하며 이렇게 말했습니다.

"관우는 자신의 용맹함을 과신해 남을 업신여긴다. 초반의 대공에 힘입어 교만 방종해 북진만을 도모하고 우리를 의심하지 않는다. 게다가 지금 당신(여몽)이 병들었다는 사실을 들으면 반드시 방비를 소홀히 할 것이니, 이를 이용하면 반드시 그를 붙잡아 제압할 수 있을 것이다."

관우가 조조의 장수들을 잇달아 격파하며 위세를 떨치자 조조는 손권

과 손을 잡습니다. 손권은 관우와 사이가 좋지 않은 촉나라의 장수 미방과 부사인을 회유합니다. 이런 상황을 전혀 몰랐던 관우는 결국 아들과 같이 오의 장수 여몽에게 붙잡혀 최후를 맞이합니다. 이때가 219년으로 관우의 나이 예순한 살이었습니다.

손권은 관우의 목을 뤄양에 있는 조조에게 바치고 관우의 몸은 당양에 정성스럽게 묻습니다. 조조는 나무로 관우의 몸통을 만들어 제후의 예를 갖추어서 장사를 지내 주었습니다.

왕이 된 공자와 관우

고대 중국에서는 요, 순, 우, 탕, 문왕 같은 성인이 천자(왕)가 되어 정치와 도덕 및 학문까지 담당했다고 봅니다. 학문적으로도 뛰어나고 도덕적으로 완벽한 인간이 정치를 담당한다는 의미였지요. 그러나 춘추 시대 이후로 이러한 성인은 등장하지 않았습니다.

공자의 계승자들은 도덕과 학문에서 완벽한 공자가 왕 같은 지위가 없다는 게 말이 안 된다고 생각했습니다. 그래서 공자를 성인화, 신격화하려고 했지요. 그 결과 유학이 국가의 지배 이념이 된 한대에는 공자를 '소왕*'으로 추앙합니다. 당나라 때는 '문선왕文宣王'이라는 시호가 내려집니다. 공자가 생전에는 누리지 못한 정치 참여의 열망이 죽은 지 1000년이 더 지난 후에 이루어지게 된 것입니다. 이후 송대와 원대에는 각각 '지성至聖'과 '대성大成'이 더해져 '대성지성문선왕'이 됩니다. 계승자들이 이렇게 노력한 것은 공자가 존숭을 받을수록 현

* 왕은 아니나 왕자(王者)의 덕을 갖춘 사람을 말한다.

실에서 자신들의 존재감이 더 커지기 때문입니다. 게다가 공자가 성인으로서 학문과 도덕을 담당하면, 공자의 계승자인 자신들도 학문과 도덕을 담당하는 것이 당연하다고 주장했습니다. 즉, 정치는 황제가, 도덕과 학문은 공자의 계승자인 유학자가 담당한다는 의식이 생겨났고, 이러한 의식은 명대까지 지속되었습니다.

한편 관우가 죽은 후 촉나라에서는 관우에게 '장무후'라는 시호를 내려 주었습니다. 당나라에서는 국가 차원으로 제사를 지냈습니다. 관우에 대한 대중의 추앙은 송나라 때부터 시작됩니다. 도시와 서민 문화가 발달하면서 삼국지의 내용을 읽어 주는 이야기꾼이 등장했는데, 관우가 죽는 장면을 읽을 때마다 청중들이 매우 슬퍼했다고 합니다. 또한 유비가 전쟁에서 지는 장면에서도 아이들이 울고, 조조가 지면 기뻐했다는 이야기가 나올 정도로 삼국 중 촉한을 동정하는 분위기가 강했습니다.

이민족의 침입이 잦았던 송나라 때는 '충', '용', '의'를 모두 갖춘 관우를 무신이자 '호국의 신'으로 섬겼습니다. 전쟁에 나가는 군인들은 관우에게 승리를 기원했으며 관우를 무신으로 숭배했습니다. 남송의 성리학자들이 유비의 촉한을 정통으로 삼은 점도 관우의 인기를 높였습니다. 몽골은 '충'의 화신이 된 관우를 인정하고 숭배하는 것이 중국 지배에 도움이 된다고 여겨 관우에게 왕이라는 칭호를 내려 주었습니다.

영원한 스승이 된 공자, 무신이자 대제가 된 관우

통치 이념으로서 유교가 중국을 넘어 동아시아로 확산되면서 공자를 왕

왼쪽 위부터 시계 방향으로 중국 취푸의 공묘 대성전, 한국 성균관 대성전, 베트남 문묘 대성전, 일본 유시마 성당 대성전. 대성전은 공자의 신위를 모신 곳으로, 대성은 공자가 학문적으로 거대한 성취를 이루었다는 뜻이다. 중국, 한국, 베트남, 일본에서는 지금도 공자를 기리고 있다.

처럼 대우하는 일은 좀 더 체계적으로 이루어집니다. 지방과 수도의 학교에 공자묘를 세워 학교에서 유학을 공부하고 공자에게 제사도 지냅니다. 여기에 과거 제도까지 결합하면서 학문을 연구하거나 관리가 되려는 자는 공자를 존경하지 않을 수 없게 됩니다. 이런 현상은 중국뿐만이 아니라 한국, 일본, 베트남으로까지 전파되어 공자의 이름이 걸린 사원과 학교 및 인재 선발 등이 서로 연계하여 운영되면서 각국의 통치 체제 안정과 권위를 높이는 데 이용됩니다.

공자에게 왕을 비롯한 여러 차례의 시호를 내려 주며 거의 황제와 동등하게 대우하는 현상은 명나라 때까지 지속되었습니다. 명나라를 건국한 주원장은 역대 인물들의 시호가 너무 지나치다고 생각해 대폭 줄입니다. 관우도 왕에서 다시 후로 내려갑니다. 그런데 공자는 '대성지성문선왕'이라는 시호를 그대로 두고 황제처럼 대우합니다.

그러다가 명대 가정제(재위 1521년~1566년)에 이르자 공자의 신분은 왕에서 신하가 되었습니다. 살아생전 공자는 《춘추》에서 자기 멋대로 왕이라고 칭한 자를 비판했는데 정작 본인은 죽은 뒤에 왕으로 불리운다는 논리로 지성선사(至聖先師, 영원한 스승) 이외의 칭호는 삭제했습니다.

만주족이 세운 나라인 청대에는 한족을 지배하고 통치하기 위해 역대 중국 왕조들의 지배 이념이자 중국 문화의 정수인 유교를 창시한 공자를 적극적으로 모셨습니다. 황제가 직접 공자에게 제사를 지냈으며 수차례에 걸쳐 공자의 무덤인 공림에 가기도 했고 공자 탄신일도 지정했습니다.

유교가 국가의 지배 이념이 된 한 무제 이후부터 도덕과 학문의 영역은 정치에 영향을 받을 수밖에 없습니다. 다만 이전까지는 공자를 왕 또는 황제로 대우하는 것이 황제의 권력 유지에 도움이 됐지만, 명나라 가정제 때처럼 유학자들이 권력자의 의지에 반대하는 행위를 하면, 황제 또는 최고 권력자는 유학자들의 주장과 논리의 근거가 되는 공자를 깎아내리거나 심지어 철저하게 탄압하기도 했습니다. 결국 권력자는 정권의 정당성을 위해서는 언제라도 공자를 버리거나 추켜세울 수도 있었다는 것이지요.

한편 공자와 견주어 관우의 사당 수는 압도적으로 많았습니다. 특히 군대에서 필승을 기원하며 관우 묘를 세우는 현상이 유행했습니다. 임진왜란 시기 조선에 들어왔던 명나라 군인들은 곳곳에 관우 사당을 세웠으며 이러한 인기를 바탕으로 명나라 정부는 관우에게 '협천호국충의대제'라는 시호를 내립니다. 관우는 관제關帝이고, 그의 무덤은 관제묘로 불리게 됩니다. 황제와 동등한 대우를 받게 된 것이지요. 이는 문과 무로 양분된 중국의 지배층 사회를 공자와 관우로 양분한 것을 의미합니다. 지식인 중심으로 추종 세력을 가진 공자에 견주어 관우는 민중 속에서 더 많은 인기를 누렸습니다.

관우 숭배는 청대에 절정기를 맞이합니다. 청나라 중기의 관우 묘는 베이징에만 116곳이었고 중국 전국에는 30여 만 곳이 있었습니다. 3,000여 곳이었던 공자 묘와는 비교가 안 되지요.

조선에서의 관우 숭배도 소설의 유행과 관련이 있습니다. 소설이 들어온 선조 대에는 황당무계한 이야기라며 인기를 얻지 못했는데 17세기에는 집집마다 《삼국지연의》를 읽고 심지어 과거 시험 문제에 출제될 정도로 인기가 높았습니다. 그러다 고종 대에 외세의 간섭과 침략을 관우의 힘을 빌어 극복하고자 관우를 기리는 북묘와 서묘를 만들었습니다. 이에 더해 관우를 황제로 추존합니다. 조선과 대한 제국에서도 관우는 무를 대표하는 신으로서 추앙받았습니다.

소설의 유행으로 관우가 최고 신이 되면서 관우에게 신령한 힘이 있다는 속설이 생겨나기도 했습니다. 다양한 계층의 사람들이 관우를 자신을 지켜 주고 복을 주는 신으로 여기며 관우 신앙은 더

산시성 윈청시에 있는 관제묘의 춘추루. 명나라 때 지어진 세계 최대의 관제묘로 관우의 고향에서 가깝다. 건물에 《춘추》를 읽는 관우의 동상이 있어서 춘추루라고 한다.

욱 확산되었습니다. 청대에는 재물 신 이미지까지 더해졌는데 이는 관우 고향 출신의 상인인 진상(산시 상인)들의 역할이 컸습니다. 청대 휘저우 상인과 더불어 전국을 무대로 활약했던 진상들은 각지에 '산서 회관'을 만들어 상부상조했고, 고향의 위인인 관우의 묘를 지어 자신들을 보호하고 재물 운을 가져다주기를 빌었습니다. 이것이 재물 신으로서 관

서울의 동관왕묘(동묘). 관우를 모신 한국의 대표적인 사당으로 임진왜란 후 명나라 황제의 요청으로 건립되었다.

우의 이미지 확산에 큰 역할을 했습니다. 재물 신 이미지까지 더해진 관우 신앙은 일본과 베트남을 비롯한 동남아시아 국가에 관우 사당을 짓고 숭배하게 만들었습니다.

더 생각해 볼까요?

- 공자가 정치에 대한 열망을 쉽게 포기하지 않았던 까닭은 무엇일까요?
- 관우는 조조를 죽일 기회가 있었지만, 예전에 자신에게 은혜를 베풀어 준 점 때문에 죽이지 않고 그냥 보냅니다. 여러분이 당시 관우라면 조조를 죽였을까요, 살려 주었을까요?
- 공자와 관우가 동아시아의 문무를 대표하는 인물이 된 까닭은 무엇일까요?

중화

中華

세상의 중심과 주변, 그 명백한 허구성

東夷
南蠻
西戎
北狄

오랑캐

중화와 오랑캐

- 기원전 214년 진시황제가 만리장성 축조
- 기원전 200년 묵특 선우가 백등산 전투에서 대승
- 1126년 금나라가 송나라의 수도 카이펑 점령
- 1279년 남송이 몽골에 멸망
- 1368년 한족 왕조인 명나라가 중원 회복
- 1729년 청나라 5대 황제 옹정제가 《대의각미록》 간행 반포

우리에게 '오랑캐'라는 말은 부정적인 이미지가 강합니다. 우리는 흔히 오랑캐를 '기마 전술에 능한 침략자', '무력은 강하지만 문화적 소양이 부족한 야만인'으로 상상합니다. 오랑캐 특유의 머리 모양인 변발은 희극인들의 단골 분장으로 소비되기도 하지요.

우리 역사 속 오랑캐도 가까이하기엔 너무 먼 존재였습니다. 발해는 거란에게 멸망했고, 고려는 거란과 여진, 몽골의 침략에 시달렸습니다. 조선은 임진왜란으로 국토가 쑥대밭이 된 후 두 차례 호란(정묘호란, 병자호란)을 겪었고, 삼전도의 굴욕까지 겪으며 청나라와 군신 관계를 맺었습니다. 그런데 오랑캐라는 개념의 역사성을 알면 오랑캐를 좀 더 흥미롭게 볼 수 있습니다. 부정적으로만 보았던 관점을 잠시 내려놓고 오랑캐라는 개념이 만들어진 맥락으로 들어가 보겠습니다.

중화와 오랑캐

지금 우리가 알고 있는 '중국中國'은 본래 일정한 지역이나 공간을 가리키는 말이 아니었습니다. 중국은 '주변 사방과 대비되는 중앙'을 의미하는 말로, 그곳에 사는 자신들이 세계의 중심이라는 세계관이 담긴 표현입니다. 가장 먼저 중국을 자처한 것은 중국 역사의 이상 국가로 여기는 주周 왕실이었습니다. 그들은 주 왕실의 세력 범위인 황허강 중하류 일대 중원을 중국이라 지칭하고 주변과 구분했습니다.

이렇게 만들어진 '중국'이라는 개념에 문화적 우월 의식이 더해져 '중화中華'라는 말이 만들어졌습니다. 중화란 중국 사람들이 자기 나라를 세계 문명의 중심으로 자부하는 문화적 우월감을 드러내는 표현입니다. 그리고 이 중화라는 개념은 중화를 제외한 다른 나라를 모두 '오랑캐'라 칭하며 내려다보는 시각을 만들어 냈습니다. 중화의 관점에서는 한반도 일대에서 융성한 우리나라도 언제나 오랑캐였지요.

중화와 오랑캐 구분은 춘추 전국 시대에 더욱 확고해졌습니다. 각지에 존재하던 오랑캐는 중화를 중심으로 설정된 방위와 결합해 '동이東夷', '남만南蠻', '서융西戎', '북적北狄' 등으로 불렸습니다. '이', '만', '융', '적'은 모두 낮춰 부르는 표현입니다. 오랑캐의 군사력에 대한 두려움을 문화적 우월감으로 가리기 위해 상대를 낮춰 부른 것이지요.

중화는 상대적 의미이기 때문에 시대에 따라 범주도 달라졌습니다. 예를 들어 춘추 전국 시대의 오, 초, 진秦 등은 처음에 오랑캐로 여겼으나, 점차 중화와 동질성이 커지며 중화에 편입되었습니다. 진나라에서 한나라로 이어지는 통일 제국이 수립되면서 중화의 영역은 지금의 중국 일대로 확

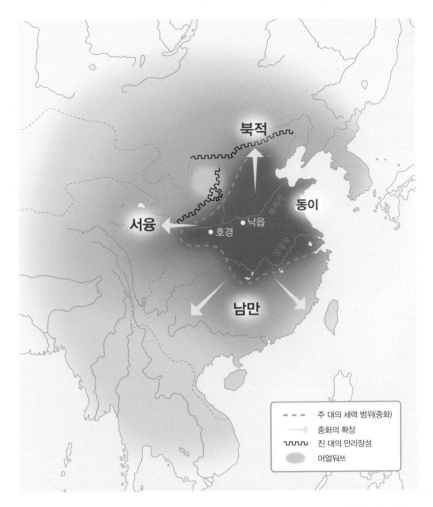

- - - - -	주 대의 세력 범위(중화)
→	중화의 확장
ᗯᗯᗯ	진 대의 만리장성
⬭	어얼둬쓰

중화를 자처하는 이들은 중화의 잠재적 지배 영역을 '천하'로 보았다. 천하란 하늘 아래의 모든 것을 의미하는 말로, 중국과 사방 오랑캐 모두를 가리킨다. 중화를 자처한 역대 왕조들은 천하를 지배하기 위해 주변을 직접 통치하기도 하고, 때로는 조공과 책봉 관계를 맺어 간접적으로 복속시키기도 했다.

장되었습니다. 그러나 통일 제국 수립을 기점으로 중화 개념의 확장은 더 더지고 폐쇄성이 강해졌습니다. 이후 중화는 중원이라는 지리적 속성, 한 족이라는 종족적 속성을 고수하게 됩니다.

천하 통일을 꿈꾸는 중화

유가의 주요 경전인 《대학》에서는 스스로 수양하고 가정을 잘 다스린 후, 천하를 평정하는 것(수신제가 치국평천하)을 궁극적 이상이라고 말합니다. 세상의 중심을 자처하는 중화는 당연히 천하를 평정해 중화 중심 질서를 뿌리내리고자 했습니다. 그런데 유가에서 말하는 천하 평정은 무력으로 정복하는 것이 아니라 덕으로 교화하는 것을 말합니다. 덕으로 주변을 교화한다는 발상 자체가 중화는 문명, 오랑캐는 야만으로 보는 시각의 산물이지요. 중화의 지배자는 주변 오랑캐를 복속해 통일하고 중화 문명을 전파하는 것을 일종의 숙명으로 여겼을 것입니다.

그러나 문화만으로 주변국을 감화시키고 복속시키기는 어렵습니다. 자연히 중화는 오랑캐를 복속시키기 위해 강력한 무력을 동원하게 됩니다. 동아시아 세계의 패자로 군림한 중화는 오랑캐들과 조공 책봉 관계를 맺어 질서를 확립합니다. 오랑캐는 중화의 군주에게 조공을 바치고 중화 중심 질서에 순응했으며, 중화는 오랑캐의 군주를 책봉해 그 권위를 승인하고 많은 하사품을 내려 중화의 문물과 덕을 베풀었습니다.

그러나 중화 중심의 국제 질서만으로는 동아시아의 역사를 설명할 수 없습니다. 이유는 간단합니다. 중화의 군사력과 문물이 오랑캐보다 항상 앞설 수는 없었기 때문입니다. 실제로 오랑캐가 동아시아 질서를 주도하기도 했고, 중화가 오랑캐에게 조공하기도 했으며, 심지어 오랑캐가 중화의 영토를 모조리 차지하는 일도 있었습니다.

진시황제는 전국 시대 각국이 변경을 방비하기 위해 축조한 성들을 연결해 만리장성을 축조했다. 당시의 장성은 대부분 토성이었으며, 현재의 만리장성은 명나라 때 건축된 것이다.

만리장성, 중화와 오랑캐의 경계

대표적인 중화의 맞수로 진秦 – 한漢 제국과 대립한 흉노를 꼽을 수 있습니다. 흉노는 유라시아 동부 초원에서 성장한 유목 집단으로, 일대에서 가장 먼저 국가 체제를 갖추었습니다. 흉노는 기원전 4세기경 전국 시대의 파도에 뛰어들며 처음 역사에 등장합니다. 흉노와 중화의 맞수 관계를 상징적으로 보여 주는 유적은 만리장성입니다. 진시황제는 중국을 통일한 후 흉노를 '막아 내기 위해' 만리장성을 축조했습니다. 만리장성은 진과 흉노의 영토와 문화를 구분하는 경계였으며, 농경 지대와 유목 지대를 구분하는 지리적 경계이기도 했습니다. 만리장성을 경계로 중화와 오랑캐를 구분하는 것이 익숙한 우리는 자연히 중화와 오랑캐를 농경과 유목, 방어와 침공이라는 이분법으로 인식하곤 합니다.

● 중국 한나라의 사마천이 상고 시대 황제부터 한나라 무제에 이르는 중국과 주변 민족의 역사를 저술한 역사책이다. 모두 130편으로 이루어졌으며 동아시아 역사서의 모범으로 평가된다.

그러나 《사기》의 〈흉노열전〉에 따르면 흉노로 추정되는 집단은 본래 중원의 농경 지대 곳곳에 근거지를 갖고 있었다고 합니다. 전국 시대의 여러 중원 국가가 흉노와 대립하며 그들을 북쪽으로 밀어내고 성을 쌓아 경계를 세운 것이지요. 그리고 시황제 대에 장군 몽염이 흉노와 싸워 황허 이남의 어얼둬쓰 지역을 장악한 후 성들을 연결해 만리장성을 축조했습니다. 이러한 사실은 중화와 오랑캐가 농경과 유목, 방어와 침공이라는 이분법으로 설명될 수 없다는 것을 말해 줍니다. 같은 책에 소개된 흉노의 시조 전승에는 이런 내용도 등장합니다.

흉노의 선조는 하후씨의 후예로 순유라고 불렀다.

_〈흉노열전〉

'하후씨'란 중국 역사의 전설적 군주인 요임금과 순임금의 뒤를 이은 우씨의 족속으로, 중국 역사에서 최초의 왕조인 하를 건립한 집단입니다. 중화의 지식인 사마천이 《사기》에서 흉노와 중화가 같은 뿌리라고 기록한 셈이지요.

《사기》의 시조 전승 기록을 사실로 믿는 사람은 많지 않습니다. 그러나 적어도 중원 지역 농경민과 흉노가 어떠한 필요에 의해 시조 전승을 공유하고 있었다는 것은 짐작할 수 있습니다. 중화와 오랑캐 사이에는 우리가 상상하는 것 이상의 교집합이 존재했을지도 모르겠습니다.

화번공주, 중화와 오랑캐의 독특한 가족 관계

중화와 오랑캐는 혼인을 맺어 관계를 다지기도 했습니다. 중국에서는 정치적 목적으로 이민족의 군주에게 황실이나 귀족 가문의 딸을 시집보내는 경우가 있었는데, 그렇게 출가한 여성을 화번공주라고 했습니다. 중화의 황제가 왜 야만의 오랑캐에게 귀한 여인을 출가시켰을까요?

화번공주의 기원은 한 고조(재위 기원전 202년~기원전 195년)와 흉노 묵특 선우*(재위 기원전 209년~기원전 174년)의 대립에서 찾아볼 수 있습니다. 진시황제 때 만리장성 이북으로 밀려나 세력이 위축되었던 흉노는 묵특 선우 재위 기간 국력이 크게 성장했습니다. 진나라가 멸망해 중국이 분열기에 있을 때 주변

> * 선우는 흉노의 군주를 가리키는 말이다. 흉노 이후 유라시아 동부 초원을 재패한 유목 국가의 군주들은 '칸', '카안', '카간' 등의 칭호를 사용했다.

여러 유목 국가를 발밑에 두고 중국과의 경계를 위협한 것입니다. 같은 시기 분열된 중국을 다시 통일한 고조는 친히 군사를 이끌고 흉노와 전쟁에 나섭니다. 그러나 백등산에서 흉노의 전술에 휘말려 괴멸할 위기에 처하고 말았습니다.

고조는 위기를 벗어나기 위해 묵특 선우의 연지**에게 은밀히 예물을 보냈고, 연지가 묵특 선우를 설득해 포위망

> ** 흉노의 왕비를 가리키는 명칭이다

을 풀게 했습니다. 고조는 겨우 목숨을 건졌지만 그러고 나서도 흉노의 공격은 계속되었습니다. 이에 고조는 먼 친척의 딸을 공주라 속여 선우와 혼인시키고 흉노와 화친을 맺습니다. 화번공주는 오랑캐의 무력에 굴복한 중화가 화친을 다지기 위해 보낸 궁중 여인이었던 셈이지요.

흉노로서도 한나라 황실의 여인을 아내로 맞이하는 것은 큰 이익이었습니다. 한나라 황실과 혼인은 선우의 권위를 높여 주었고, 신부가 마련해

남송대의 궁소연이 그린 〈명비출새도〉(부분). 한나라의 궁녀 왕소군이 호한야 선우에게 출가하는 장면을 그렸다.

오는 지참금도 막대했습니다. 또 한나라와 정상적인 통교가 이루어진다면 한나라의 비단과 흉노의 말을 교역해 큰 이익을 거둘 수도 있었습니다. 그래서 오랑캐의 힘이 약할 때는 오랑캐가 중화에 통혼을 요구하고, 중화가 은총을 베풀어 혼인을 허용하는 관계 역전이 벌어지기도 했습니다.

오랑캐가 먼저 혼인을 청한 대표적 사례로 한나라 때 왕소군이 흉노의 호한야 선우에게 출가한 일을 들 수 있습니다. 당시 흉노는 귀족 간 권력 쟁탈전으로 세력이 약해진 상태였습니다. 호한야 선우는 자신의 형 질지 선우와 싸워 패한 후 정치적 위기를 벗어나기 위해 한 황실과 화친을 시도했습니다. 호한야 선우는 직접 장안으로 들어와 한나라 원제를 알현하고 혼인을 요청했습니다. 그러자 원제는 궁녀 왕소군을 호한야 선우의 연지로 보냈습니다. 고조가 묵특 선우에게 화번공주를 보낸 것과는 상황이 다르지요?

역사상 가장 강력했던 통일 제국으로 평가받는 당나라도 토욕혼, 돌궐, 토번, 거란, 회흘 등 강력한 이민족과 관계를 유지하기 위해 화번공주를 적극적으로 활용했습니다. 이 시기에도 당나라와 오랑캐의 세력 차이에 따라 화번공주의 성격은 다양하게 변화합니다. 당시 후돌궐의 우두머리 빌게 카간이 당나라의 사신에게 한 말이 상당히 흥미롭습니다.

개와 같은 토번도 당과 혼인을 했고, 옛날에 돌궐의 노예였던 해와 거란도 이미 당의 사위가 되었습니다. 돌궐이 전후로 화친을 요청했는데도, 유일하게 허락을 못 받은 이유는 무엇입니까? (…) 누차 청해도 사위 자리를 못 얻는다면 실로 다른 오랑캐 보기가 민망스럽습니다.

_《구당서》

당시 후돌궐의 빌게 카간은 내정을 안정시키고 주변 민족을 복속시켜 강한 위세를 떨치고 있었습니다. 돌궐에 적대적이었던 당 현종이 태도를 바꾸어 화친을 청할 정도였지요. 그런 상황에서도 돌궐에 당나라 황실과의 혼인은 경쟁적으로 유치해야 할 매력적인 이벤트였습니다. 이처럼 중화와 오랑캐는 여러 시대에 걸쳐 혼인을 통해 화친을 맺었으나, 그 양상은 정치적 역학 관계에 따라 다양하게 나타났습니다.

또한 빌게 카간의 말에는 토번, 해*, 거란 등 다른 오랑캐를 업신여기는 태도가 드러납니다. 오랑캐라 불린 나라들 사이에서도 자기 나라를 우월하게 여기고 다른 나라를 멸시하는 인식이 만연했다는 뜻이기도 합니다.

* 당나라의 동북부에서 유목 생활을 하던 집단이다. 본래 돌궐의 통치하에 있었다가 당나라에 귀향하여 당의 간접 지배를 받았다.

옹정제, 중화와 오랑캐를 다시 정의하다

앞서 서술했듯, 중화는 '중원이라는 공간'과 '한족이라는 종족'을 의미합니다. 그런데 어떤 시대에는 오랑캐가 중화를 밀어내고 중원을 장악하기도 했습니다. 송宋대에는 거란이 만리장성 이남 영토 일부를 차지했으며, 뒤이어 성장한 금金나라는 화북 일대를 모두 장악하고 송나라를 강남으로 밀어냈습니다. 강남으로 밀려난 이후의 송나라를 남송이라고 부릅니다.

남송의 지식인 주희는 성리학을 집대성했는데, 성리학은 중화를 존중하고 오랑캐를 물리친다는 화이론을 강조해 오랑캐에게 패배한 현실을 회피하는 성향이 드러납니다. 하지만 그러한 관념적 노력이 현실을 개선하지는 못했습니다. 13세기에는 몽골이 세운 원元나라가 남송을 멸하고 이민족 최초로 중화 영역 전부를 차지했습니다.

이후 한족 국가인 명明나라가 원을 몰아내 '중화는 중원의 한족 왕조'라는 성격을 회복합니다. 그러나 만주족이 세운 청淸나라가 중원을 차지하며 다시 중화 개념에 균열이 일어납니다. 청나라 황실은 강남 지방의 한족 지식인들로부터 진정한 중화로 인정받아 그 지배력을 확고히 하고 싶었습니다. 강남은 청나라 황실에 저항한 남명 정권의 중심지이자 중국 경제 문화의 중심지였기 때문입니다. 이에 청나라 황실은 국초부터 강남의 한족 지식인들을 회유하기 위해 애쓰는 한편, 각종 문서에 적힌 글자나 문구를 검열해 반청 사상을 탄압했습니다.

청나라의 5대 황제인 옹정제(재위 1722년~1735년) 때 발생한 '증정 모역 사건'은 한족 지식인의 반청 사상을 여실히 보여 줍니다. 이 사건은 호남성의 유생인 증정이라는 인물이 천섬 총독*에게 청나라 조정에 저항해 거병

할 것을 요청한 사건으로, 천섬 총독이 이를 황제에게 보고하면서 발각되었습니다. 옹정제는 증정이 가진 반청 사상이 화이론에 근거한 점에 주목했고, 증정을 처형하기보다는 그의 사상을 격파해 본보기로 삼고자 했습니다. 옹정제가 증정을 심문한 기록과 증정에게 설파한 논리를 엮어 편찬한 책이 바로 《대의각미록》입니다.

• 지금의 쓰촨성, 산시성을 관할하던 지방관을 가리키는 말이다.

　《대의각미록》에는 증정이 생각하는 중화와 오랑캐의 구분이 잘 드러납니다. 증정은 사람이 태어난 지역에 따라 중화와 오랑캐가 결정된다고 생각했습니다. 중원에서 태어난 자는 덕에 부합해 중화가 되고, 사방 모퉁이에서 태어난 자는 오랑캐가 된다는 것입니다. 한편 옹정제는 하늘이 천명을 내릴 때 태어난 지역을 구분하지 않으며, 청나라 황실이 윤리를 숭상할 뿐 아니라 만방을 보호하고 백성을 안전하게 지켜 주니 어엿한 중화라고 주장합니다. 증정의 화이론이 '종족적 화이론'이라면, 옹정제의 화이론은 '문화적 화이론'이라 말할 수 있습니다.

중화와 오랑캐 개념의 허구성

중화와 오랑캐 개념의 균열은 중원 국가와 연결된 주변국에도 영향을 미쳤습니다. 명－청 교체기에 조선이 겪은 세계관의 혼란이 대표적인 사례입니다. 조선의 지식인들은 청나라를 새로운 중화로 인정하지 않았습니다. 그러한 사고의 바탕에는 임진왜란 때 명나라에 입은 은혜를 숭상하는 '재조지은' 의식과 종족적 화이론이 있었습니다.

• 임진왜란이라는 말에도 화이론이 담겨 있다. 조선의 전 국토를 황폐화하고 인구를 크게 감소시킨 국제 전쟁을 '임진년에 왜구가 일으킨 난동'이라 축소하며 일본을 업신여기는 인식이 담겨 있기 때문이다. 이런 인식을 극복하기 위해 일각에서는 '임진 전쟁'이라는 중립적 용어 사용을 제안하기도 한다.

청나라를 부정한 조선의 지식인들은 명을 대신해 조선이 중화를 계승했다는 '조선 중화 주의'를 주장하기도 했습니다. 이는 언뜻 보면 매우 자연스러운 논리이지만 사실 그 말에는 모순이 있습니다. 종족을 기준으로 청나라를 부정하면 동쪽 오랑캐인 '동이'에 불과한 조선 역시 중화가 될 수 없기 때문입니다. 게다가 청나라를 향한 적개심만으로는 현실을 극복할 수 없었습니다. 한때 청나라에 복수하자는 북벌론이 힘을 얻었으나 점차 쇠퇴했고, 조선은 청나라 중심의 동아시아 질서에 순응해야 했습니다.

아주 오랜 시간 동안 중화는 동아시아 질서의 화두였습니다. 동아시아 여러 집단은 저마다의 기준을 내세우며 중화의 권위를 획득하고자 했습니다. 그러나 강력한 무력 앞에서 중화 개념은 허울로 남는 일도 비일비재했습니다. 영원한 중화도 영원한 오랑캐도 없었던 것이지요.

화이론의 허구성은 현재를 살아가는 우리에게도 시사하는 바가 큽니다. '중화'를 중심으로 동아시아 역사를 바라보는 데 익숙한 우리의 시각과, 종족과 민족을 근거로 인간 사회의 우열을 가리는 세상의 논리를 한 번쯤 되돌아보면 어떨까요?

더 생각해 볼까요?

- 중화와 오랑캐라는 개념이 영원할 수 없는 까닭은 무엇일까요?
- 중화를 중심으로 동아시아의 역사가 해석된 사례를 찾아볼까요?
- 종족 또는 민족을 기준으로 인간 사회의 우열을 나누어 생각해 본 적이 없나요?

동아시아 각국의 독자적 천하 의식

전前 레黎 왕조의 창업 군주인 레호안은 990년 송나라 황제의 조서를 받을 때, "말에서 떨어져 다리를 다쳤다"며 사신에게 절하기를 완곡히 거부했습니다. 사실 다리를 다쳤다는 건 핑계였고, 송나라에 신하의 예를 갖추고 싶지 않았기 때문입니다. 레호안은 송나라와 국교를 맺고 책봉까지 받는 마당에 왜 그런 행동을 했을까요?

남비엣이 한 무제에 멸망당한 후 베트남은 1000여 년간 중국에 복속했습니다. 그러다가 10세기 중엽 중국에서 독립해 딘 왕조를 수립한 후, 베트남 왕조들은 중원 왕조의 신하를 자처하면서도 내부적으로는 황제국을 지향하는 외왕 내제 체제를 구축합니다. 전 레 왕조도 마찬가지였지요. 레호안은 송나라 황제의 책봉을 받는 처지였지만, 국내에서만큼은 송나라에 대한 신하의 예를 피해 왕의 권위를 지키려 했던 것입니다. 레호안의 행위는 궁색해 보일 수도 있으나 이는 대국 중심의 국제 질서에 순응하면서도 황제의 권위를 지켜 독자적으로 자기 나라를 이끌어 가고자 한 고민의 결과로 볼 수 있습니다.

베트남뿐 아니라 한반도 일대와 일본의 역대 왕조도 독자적 천하관을 구축해 왔습니다. 4세기 말 고구려는 영락永樂이라는 독자적 연호를 사용했고, 신라를 동이東夷라고 표현했습니다. 백제 역시 마한의 소국 일부를 남만南蠻이라 칭하고 탐라(제주)로부터 조공을 받는 등 그들만의 천하를 지배했습니다. 607년 일본이 수나라에 보내는 국서에 "해 뜨는 곳의 천자가 해지는 곳의 천자에게"라는 문구를 쓴 것도 독자적 천하관을 보여 주는 유명한 사례입니다. 일본은 지리적 특성상 중원 왕조의 영향력에서 다소 자유로웠기에 이후로도 자국 중심의 천하관을 고수해 나갔습니다.

한족 왕조의 힘이 상대적으로 허약했던 10세기~13세기경에는 동아시아 각국의 다원적 천하관이 더욱 두드러지게 됩니다. 베트남은 딘 왕조 이후 외왕 내제 체제를 유지했으며 고려도 몽골과 전쟁 후 강화를 맺기 전까지 외왕 내제 체제를 고수했습니다.

이처럼 동아시아 세계에는 '중화와 그 신하들'이라는 도식으로는 설명하기 어려운 역동적인 움직임들이 존재했습니다. 동아시아 국가들은 끊임없이 '중화와 오랑캐'라는 도식에 자국과 주변국을 대입해 자국의 위상을 높이고자 했던 것입니다.

찾아보기 ————

참고 문헌

1. 수요시위 vs 금요행동

야마카와 슈헤이 지음, 김정훈 옮김, 《인간의 보루》, 소명출판, 2020

윤미향, 《25년간의 수요일》, 사이행성, 2016

강병근, 〈국제법적 관점에서 본 일제강제징용 배상판결의 주요쟁점에 관한 연구〉, 《저스티스》, 2014

강성현, 〈한국 역사수정주의의 현실과 논리: '반일 종족주의 현상'을 중심으로〉, 《황해문화》, 2019

김민철, 〈강제동원·강제노동 부정론 비판〉, 《역사문제연구》 44, 2020

신기영, 〈글로벌 시각에서 본 일본군 위안부 문제: 한일관계의 양자적 틀을 넘어서〉, 《일본비평(Korean Journal of Japanese Studies)》, 2016, 15.

Newstapa.[Newstapa](2019. 2. 4.). 뉴스타파 목격자들 − [설 특별기획] 나고야의 바보들 [영상]. Youtube. https://youtu.be/0GrMSeC2Rmg

2. 오윤 vs 도미야마 다에코

5·18 민주화 운동 40주년 기념 학술 행사 자료집, 《경계를 넘는 화가, 도미야마 다에코의 삶과 예술》, 5·18 민주화 운동 기록관, 2020

김미정, 〈1960년대 민족 민중 문화 운동과 오윤의 미술〉, 《미술사논단》 40, 한국미술연구소, 2015

김현화, 〈1980년대 민중 미술〉, 《미술사학》 25, 한국미술사교육학회, 2011

마나베 유코, 〈월경하는 화가, 도미야마 다에코의 인생과 작품 세계: 포스트콜로니얼리즘과 페미니즘의 교차지점으로부터〉, 《민주주의와 인권》 21, 전남대학교 5·18 연구소, 2021

연세대학교 박물관, 《기억의 바다로: 도미야마 다에코의 세계》, 2021

유혜종, 〈미술적 상상력과 세계의 확대: 오윤의 현실주의와 몸의 탐구〉, 《현대미술학 논문집》 21, 현대미술학회, 2017

3. 김대중 vs 류샤오보

김대중, 《김대중 자서전》, 삼인, 2011

김대중도서관, 《김대중 전집》, 연세대학교 대학출판문화원, 2019

김삼웅, 《김대중 평전》, 시대의창, 2012

김택근, 《새벽 김대중 평전》, 사계절, 2012

류샤오보 지음, 김지은 옮김, 《류샤오보 중국을 말하다》, 지식갤러리, 2011

홍문숙·홍정숙 엮음, 《중국사를 움직인 100인》, 청아출판사, 2011

박민호, 〈류샤오보, 그의 문학과 저항에서 '자유'를 말하다〉,《오늘의 문예비평》, 오늘의 문예비평, 2017

박민호, 〈류샤오보의 문학관과 그의 자유의식에 관하여〉, 중국인문학회 학술대회 발표논문집, 중국인문학회, 2017

이민자, 〈중국 민주화와 류샤오보〉,《중소연구》제34권 제4호, 한양대학교 아태지역연구센터, 2011

4. 박헌영 vs 저우언라이

덩자이쥔·저우얼쥔 지음, 김승일 옮김,《영원한 정치가의 롤 모델 저우언라이》, 경지, 2020

박병엽,《김일성과 박헌영 그리고 여운형》, 선인, 2010

박종성,《평전 박헌영》, 인간사랑, 2017

손석춘,《박헌영 트라우마》, 철수와영희, 2013

안재성,《박헌영 평전》, 인문서원, 2020

이중,《저우언라이, 오늘의 중국을 이끄는 힘: 현대 중국의 중심에 선 2인자》, 역사의아침, 2012

저우언라이 사상 생애 연구회,《저우언라이 어록》, 구포출판사, 2019

정종욱,《저우언라이 평전》, 민음사, 2020

5. 호찌민 vs 수카르노

박태균,《베트남 전쟁》, 한겨레출판, 2015

배동선,《수카르노와 인도네시아 현대사》, 아모르문디, 2018

소병국,《동남아시아사》, 책과함께, 2020

윌리엄 J. 듀이커 지음, 정영목 옮김,《호치민 평전》, 푸른숲, 2003

이마가와 에이치 지음, 이흥배 옮김,《동남아시아 현대사와 세계열강의 자본주의 팽창》상·하, 이채, 2011

최병욱,《동남아시아사 - 민족주의 시대》, 산인, 2020

6. 양칠성 vs 탁경현

길윤형,《나는 조선인 가미카제다》, 서해문집, 2012

권오청 외 5명,《동아시아 평화로 다시 읽다》, 서울시교육청, 2021

김보림, 〈한일역사교육의 미완 - '남방' 포로수용소 조선인 포로감시원 양칠성을 중심으로〉,《한국일본교육학연구》10, 2005

김용희, 〈B·C급 전범재판과 조선인〉,《법학연구》27, 2007

박균섭, 〈조선의 청년·학도와 가미카제특공대 - 구로다 후쿠미의 탁경현을 기념하는 방식〉,《일본근대학연구》57, 2017

신지영, 〈'난민'과 '인민' 사이 - 梁七星·梁川七星·Komarudin·史尼育唔·中村輝夫·李光輝〉,《상허학보》48, 2016

우쓰미 아이코·무라이 요시노라 지음, 김종익 옮김,《적도에 묻히다》, 역사비평사, 2012

이향철, 〈카미카제 특공대와 한국인 대원〉,《일본연구논집》24, 2006

이형식, 〈태평양전쟁시기 제국일본의 군신만들기 -《매일신보》의 조선인특공대('神鷲') 보도를 중심으로〉,《일본학연구》37, 2012

장신, 〈일제하 조선에서 야스쿠니신사의 표상과 조선인 합사자〉, 《역사문제연구》 25, 2011

7. 하세가와 데루 vs 오노다 히로

강준만, 《한국 근대사 산책 10: 창씨개명에서 8·15 해방까지》, 인물과 사상사, 2007

야마자키 도모코 지음, 김경원 옮김, 《경계에 선 여인들》, 다사헌, 2013

서경식 지음, 이목 옮김, 《사라지지 않는 사람들》, 2007

아이리스 장 지음, 윤지환 옮김, 《역사는 누구의 편에 서는가 – 난징대학살, 그 야만적 진실의 기록》, 미다스북스,
    2014

안종수, 《에스페란토, 아나키즘 그리고 평화》, 선인, 2006

전국역사교사모임, 《역사 선생님이 들려주는 친절한 동아시아사》, 북멘토, 2017

최재호 외 2명, 《한국이 보이는 세계사》, 창비, 2011

한일여성공동역사교재 편찬위원회, 《여성의 눈으로 본 한일 근현대사》, 한울아카데미, 2011

이동철, 〈최후의 사무라이 29년 동안 정글에서 싸운 이유〉, 오마이뉴스, 2014. 01. 18.

일본중국여성사연구회 지음, 이양자·김문희 옮김, 《사료로 보는 중국 여성사 100년 – 해방과 자립의 발자취》, 한
    울, 2010

Beatrice Trefalt, *Japanese army stragglers and memories of the war in Japan, 1950–75*, Routledge,
    2013

Yoshikuni Igarashi, *Homecomings: The Belated Return of Japan's Lost Soldiers*, Columbia University
    Press, 2016.

長谷川テル編集委員會会, 《長谷川テル》, せせらぎ出版, 2007

남상구, 〈잊혀진 의인들 "전쟁은 불행한 일" 日 병사 심금 울린 '매국노 아나운서'〉, 서울경제, 2019. 10. 01.

장성훈, 〈기획 연재 '사무라이 정신은 거짓이다' ⑫일본군의 양면성〉, 일요시사, 2014. 11. 13. 유세진, 〈필리핀
    정글에 29년간 숨어 있던 옛 일본군 마지막 2차대전 참전 군인 오노다 사망〉, 뉴시스, 2014. 01. 17.

제임스 발몬트, 〈'일본 패잔병' 히로 오노다…30년간 정글에 숨어 산 남자〉, BBC NEWS 코리아, 2022. 04. 15.

8. 박열 vs 가네코 후미코

가네코 후미코 지음, 장현주 옮김, 《무엇이 나를 이렇게 만들었는가》, 더스토리, 2017

후세 다쓰지·나카니시 이노스케 지음, 박현석 옮김, 《운명의 승리자 박열》, 현인, 2017

김명섭, 〈박열·금자문자의 반천황제 투쟁과 아나키즘 인식〉, 《한일민족문제연구》 4, 2003

김명섭, 〈박열의 일왕폭살계획 추진과 옥중투쟁〉, 《한국독립운동사연구》 48, 2014

노영희, 〈가네코 후미코의 조선체험과 사상형성에 관한 고찰 : 자서전 《무엇이 나를 이렇게 만들었던가》를 중심
    으로〉, 《일어일문학연구》 34–1, 1999

도면회, 〈한국 독립운동과 외국인 독립유공자〉, 《인문논총》 77–2, 2020

이규수, 〈한국 언론의 후세 다쓰지 인식〉, 《시민인문학》 40, 2021

이규수, 〈후세 다츠지의 한국 인식〉, 《한국근현대사연구》 25, 2003

전상숙, 〈박열의 무정부주의와 민족의식〉, 《한국동양정치사상사연구》 7–1, 2008

9. 형평사 vs 수평사

가노 마사나오 지음, 이애숙·하종문 옮김,《근대 일본의 사상가들》, 삼천리, 2009

김중섭,《평등 사회를 향하여》, 지식산업사, 2015

만인만색연구자네트워크,《한뼘 한국사》, 푸른역사, 2018

한일공동역사교재 제작팀,《한국과 일본 그 사이의 역사》, 휴머니스트, 2012

김중섭,〈한국 형평사와 일본 수평사의 인권 증진 협력 활동 연구〉,《사회와 역사》 84, 2009

김중섭,〈한국의 백정과 일본의 피차별 부락민의 비교 연구〉,《현상과인식》 38 - 1,2, 2014

박세경,〈1920년대 조선과 일본의 신분해방운동 - 형평사와 수평사를 중심으로〉,《일본근대학연구》 23, 2009

신종한,〈근대 신분제도의 변동과 일상생활의 재편 - 형평운동과 백정들의 일상〉,《동양학》 47, 2010

신진균,〈형평운동의 새로운 서사를 모색하다〉, 전국역사교사모임,《역사교육》 130, 2020

최보민,〈1925년 예천사건에 나타난 반형평운동의 함의〉,《사림》 58, 2016

10. 김마리아 vs 추근

박용옥,《김마리아: 나는 대한의 독립과 결혼하였다》, 홍성사, 2003

이병주,《중국 근대화를 이끈 걸출한 인물들》, 지식산업사, 2006

노영희,〈항일운동가, 김마리아의 민족혼에 대한 자각과 실천과정〉,《인문과학연구》 7, 2001

이선이,〈근대와 전통의 결절로서 추근(1879~1907)의 여성해방론〉,《중국사연구》 119, 2019

황민호,〈김마리아의 국내에서의 독립운동과 대한애국부인회〉,《한국민족운동사연구》 99, 2019

11. 룽훙 vs 윤치호

민영환,《해천추범 - 1896년 민영환의 세계일주》, 책과함께, 2008

윤치호,《물 수 없다면 짖지도 마라》, 산처럼, 2002

후징초·첸강 지음, 이정선·김승룡 옮김,《유미유동 - 청나라 정부의 조기유학 프로젝트》, 시니북스, 2005

김화진,〈청말 해외견문록에 나타난 다양한 서양 인식과 개혁 담론〉,《인문과학연구》 39, 2015

정영구,〈記憶과 歷史의 境界: 容閎의 自敍傳과 그의 二重正體性〉,《중국수연구》 88, 2014

12. 박상진 vs 판보이쩌우

김육훈,《민주공화국 대한민국의 탄생》, 휴머니스트, 2012

류시현 외,《미래를 여는 한국의 역사》 5, 웅진지식하우스, 2011

박걸순,《한국의 독립운동가들 051 - 독립전쟁론의 선구자 광복회 총사령 박상진》, 역사공간, 2016

양계초 지음, 안명철·송엽휘 옮김,《역주 월남망국사》, 태학사, 2007

최병욱,《베트남 근현대사》, 산인, 2016

판보이쩌우 지음, 김용태 옮김,《판보이쩌우 자서전》, 소명출판, 2022

김미월,〈베트남 근대 사회진화사상과 독립운동: 판보이쩌우(Phan Boi Chau: 1867~1940)의 계몽운동을 중심으로〉, 계명대학교 대학원 박사학위논문, 2022

다오 투 반,〈베트남에서의 판보이쩌우 연구 현황〉,《한문학보》 38, 2018

박중훈,〈고헌 박상진의 생애와 항일투쟁활동〉,《국학연구》 6, 2001

송방, 〈판보이쩌우의 민족의식과 아시아 인식의 역정〉, 성균관대학교 일반대학원 석사학위논문, 2019

유인선, 〈판보이쩌우 – 방황하는 베트남 초기민족주의자〉, 《역사교육》 90, 2004

조준희, 〈광복회 연구의 성과와 과제〉, 《대종교연구》 2, 2020

13. 이홍장 vs 이토 히로부미

양계초 지음, 박희성·문세나 옮김, 《리홍장 평전》, 프리스마, 2013

이토 유키오 지음, 이성환 옮김, 《이토 히로부미》, 선인, 2014

강문호, 〈이홍장, 이등박문과 19세기 말 동아시아 국제질서 변화〉, 《동학연구》 2009 – 3, 2009

김재선, 〈이홍장의 대외정책연구〉, 《동국사학》 30, 2012

방광석, 〈일본의 한국침략정책과 이등박문〉, 《일본역사연구》 32 – 1, 2010

14. 이와쿠라 사절단 vs 보빙 사절단

다나카 아키라 지음, 김정희 옮김, 《메이지 유신 – 흑선의 내항으로 개항을 시작하여 근대적 개혁을 이루기까지!》,
　　 AK커뮤니케이션즈, 2020

다나카 아키라 지음, 현명철 옮김, 《메이지 유신과 서양 문명》, 소화, 2006

이승원, 《세계로 떠난 조선의 지식인들》, 휴머니스트, 2009

한철호, 《한국 근대의 바다》, 경인문화사, 2016

손정숙, 〈한국 최초 미국외교사절 보빙사의 견문과 그 영향〉, 《한국사상사학회》 29, 2007

이민식, 〈報聘使 派遣 問題를 中心으로 한 韓美關係: 1883～1884〉, 《백산학회》 46, 1996

15. 고종 황제 vs 메이지 덴노

교수신문 기획, 이태진·김재호 외 지음, 《고종황제 역사 청문회》, 푸른역사, 2005

다나카 아키라 지음, 김정희 옮김, 《메이지 유신 – 흑선의 내항으로 개항을 시작하여 근대적 개혁을 이루기까지!》,
　　 AK커뮤니케이션즈, 2020

다나카 아키라 지음, 현명철 옮김, 《메이지 유신과 서양 문명》, 소화, 2006

박진우, 《메이지 천황》, 살림, 2019

연갑수 외, 《한국 근대사》 1·2, 푸른역사, 2016

16. 이삼평 vs 김충선

구로카미 슈텐도 지음, 김창복 옮김, 《일본 도자기의 신 – 사기장 이삼평》, 지식과 감성, 2015

박경하, 〈귀화인 김충선(사야가)의 생애와 역사문화콘텐츠로서 재현사례〉, 《다문화콘텐츠연구》 2015 – 08, 2015

박정이, 〈허구와 사실, 말살과 부활의 교차점으로서 '사야가 – 김충선' : 에미야 다카유키의 〈사야가, 의에 산 항왜
　　 장수〉를 중심으로〉, 《일어일문학》 2021 – 08, 2021

방병선, 〈조선도자의 일본 전파와 이삼평〉, 《백제문화》 32, 2003

이미숙, 〈조선사기장 이삼평의 피납과정과 활동에 관한 연구〉, 《인문과학연구》 26, 2010

17. 고려왕 왕만 vs 심왕 왕고

《고려사》

《고려사절요》

《원사》

김창현, 〈충선왕의 탄생과 결혼, 그리고 정치〉, 《한국인물사연구》 14, 2010

박수현 외, 〈왕고(王暠)와 고려 정치 – 심왕옹립운동에 관한 검토〉, 《복현사림》 38, 2020

이익주, 〈14세기 전반 고려, 원관계와 정치세력 동향 – 충숙왕대의 심왕옹립운동을 중심으로〉, 《한국중세사연구》
　　9, 2000

이정신, 〈忠宣王의 요동회복 의지와 高麗王·瀋王의 분리 임명〉, 《한국인물사연구》 21, 2014

최윤정, 〈13~14세기 몽골과 고려의 부마들 – 통혼의 정치적 의미와 고려왕권의 성격 재론〉, 《중앙아시아연구》
　　24 - 2, 2019

최윤정, 〈14세기 초(1307~1323) 元 政局과 고려: 1320년 충선왕 토번유배 원인 재론〉, 《역사학보》 226, 2015

18. 배중손 vs 쩐흥다오

《고려사》

《고려사절요》

신주백 외, 《처음 읽는 동아시아사 1》, 휴머니스트, 2016

유인선, 《베트남과 그 이웃 중국》, 창비, 2012

강재광, 〈1950~1960년대 독재 권력의 삼별초항쟁(三別抄抗爭) 인식과 서술: 검정 국사 교과서의 서술을 중심
　　으로〉, 《역사와현실》 96, 2015

김순자, 〈교과서의 고려시대 대외관계사 쟁점 연구〉, 《역사교육》 143, 2017

김호동, 〈울루스인가 칸국인가 – 몽골제국의 카안과 칸 칭호의 분석을 중심으로〉, 《중앙아시아연구》, 21(2), 2016

신안식, 〈고려 원종 11년 1270 삼별초항쟁의 배경〉, 《명지사론》 13, 2002

윤승연, 〈13세기 몽골의 베트남 침공과 六事 요구〉, 《베트남연구》 16, 2018

윤용혁, 〈고려 삼별초의 항전과 진도〉, 《도서문화》 37, 2011

윤용혁, 〈삼별초 44년, 강화에서 항파두리까지〉, 《제주학회 학술발표논문집》, 2015

19. 현장 vs 엔닌

샐리 하비 리긴스, 《현장 법사》, 민음사, 2010

엔닌 지음, 김문경 옮김, 《엔닌의 입당구법순례행기》, 중심, 2002

임영애 외, 《유라시아로의 시간 여행》, 사계절, 2018

김선민, 〈현장의 구법여행과 당대 정치〉, 《중국사연구》 38, 2005

이유진, 〈엔닌의 구법여행과 당 문화 체험〉, 《대구사학》 99, 2010

이유진, 〈엔닌의 입당구법과 재당신라인 사회의 정보력 – 입당구법순례행기를 중심으로〉, 《동국사학》 46, 2009

20. 선덕 여왕 vs 무측천

명만 지음, 이준식 옮김, 《여황제 무측천》, 글항아리, 2016

하영애, 《여왕들의 꿈과 리더십》, 세창출판사, 2018

정용숙, 〈신라의 女王들〉, 《한국사시민강좌》 15, 1994

조경철, 〈신라의 여왕과 女性成佛論〉, 《역사와 현실》 71, 2009

이기환 기자의 흔적의 역사, 〈김부식의 막말… "암탉이 울면 집안이 망한다."〉, http://leekihwan.khan.kr/202

21. 공자 vs 관우

나채훈, 《삼국지 관우의 인성 인문학》, 보아스, 2016

신정근, 《공자와 손자, 역사를 만들고 시대에 답하다》, 사람의 무늬, 2014

H. G. 크릴 지음, 이성규 옮김 《공자 – 인간과 신화》, 지식산업사, 1997

김성규, 〈공자의 관을 덮고 나서 – 중국 왕조의 공자 평가 2000년〉, 《역사교육》 139, 2016

김성규, 〈패장에서 무신으로 – 중국 왕조에서 관우 이미지 변천사 소고〉, 《역사교육》 135, 2015

22. 중화 vs 오랑캐

김병준, 〈[사기] 흉노열전의 '흉노 前史'기록 검토〉, 《중앙아시아연구》 21, 2016

김영환, 〈중화주의로서의 유학〉, 《철학사상》 40, 2011

송인주, 〈옹정제(雍正帝)의 사상투쟁 – [대의각미록(大義覺迷錄)]의 화이론(華夷論)과 '중외일통(中外一統)'이론〉,
    《인문과학》 77, 2020

우성민, 〈수당대 화친 정책과 주변국과의 역학 관계에 대한 검토〉, 《중국고중세사연구》 54, 2019

정병준, 〈中國 古代의 國際結婚〉, 《한국고대사탐구》, 2019

정재훈, 〈사마천(司馬遷)이 그린 흉노(匈奴)의 '진상(眞相)'과 후대의 이해 – [사기(史記)][흉노열전(匈奴列傳)] 모두
    (冒頭)의 선조(先祖)와 유목(遊牧) 관련 기록의 재검토〉, 《중앙아시아연구》 25, 2020

이미지 출처

이미지 출처　　293

전국역사교사모임

학생들이 즐겁게 공부하며 건강한 민주 시민으로 자라도록 하는 데 뜻이 있는 '살아 있는 역사 교육'을 실천하는 역사 교사들이 1988년에 만든 모임이다. 현재 전국 각 지역에서 2,000여 명의 회원이 활발히 활동하며 지역사와 한국사, 동아시아사, 세계사 등 교과별 학습 자료를 개발하는 한편, 다양한 교육 방법 연구와 이론화를 위해 노력하고 있다. 역사 교육 전문지인 계간 〈역사 교육〉을 비롯해 여러 권의 단행본을 펴냈으며 역사 교육의 대중화를 위해 힘쓰고 있다.

지은 책으로 《역사 선생님이 들려주는 친절한 동아시아사》, 《살아있는 한국사 교과서 1, 2》, 《살아 있는 세계사 교과서 1, 2》, 《외국인을 위한 한국사》(한국어판·영어판) 등 여러 권이 있다.

박중현　베트남 페니카대학

강수웅　소래고등학교

김용천　구리고등학교

손석영　시흥가온중학교

송치중　불암고등학교

이동욱　상록고등학교

이윤선　영신고등학교

역사 선생님이 들려주는
동아시아 맞수 열전

1판 1쇄 발행일 2022년 10월 7일 1판 2쇄 발행일 2023년 5월 15일
지은이 전국역사교사모임 펴낸곳 (주)도서출판 북멘토 펴낸이 김태완
편집주간 이은아 편집 김경란, 변은숙, 조정우 디자인 책은우주다, 안상준
지도 박은애 마케팅 이상현, 민지원, 염승연
출판등록 제6-800호(2006. 6. 13.)
주소 03990 서울시 마포구 월드컵북로 6길 69(연남동 567-11) IK빌딩 3층
전화 02-332-4885 팩스 02-6021-4885

⬆ bookmentorbooks.co.kr   ✉ bookmentorbooks@hanmail.net
◉ bookmentorbooks__   ⓕ bookmentorbooks

ISBN 978-89-6319-486-8 43910